1001 IDEEN

FÜR DIE

KLASSISCHE ÖSTERREICHISCHE KÜCHE

1001 IDEEN

FÜR DIE

KLASSISCHE ÖSTERREICHISCHE KÜCHE

Vivo buch

Inhalt

Vorwort

Die Vielfalt an Traditionen und vor allem die Herzlichkeit und Gastfreundschaft Österreichs spiegelt sich auch in der Küche des Landes wider. Zahlreiche Einflüsse anderer Länder haben im Lauf der Zeit Einzug in die österreichische Küche gehalten und sie um eine Vielzahl beliebter Rezepte bereichert. Jedes Bundesland hat dabei seine eigenen typischen kulinarischen Traditionen.

Liebe und Hingabe zum Kochen, Freude und Genuss, wenn Familie und Freunde am heimischen Tisch zusammenkommen und fröhliche Stunden bei Festen und Feiern verleben … – in unserer modernen Welt sehnen wir uns immer öfter zurück nach dieser Unbeschwertheit, Einfachheit und Natürlichkeit – des Lebens, aber auch der Küche. Gerade das ist es, was die klassische österreichische Kochtradition ausmacht. Schmackhafte Zutaten aus der Region, frisch geerntet für traditionelle Gerichte im Wechsel der Jahreszeiten, dies hat nicht nur traditionell im Land der Berge einen hohen Stellenwert – es ist auch heute wieder aktueller denn je. Denn die Qualität der heimischen Zutaten und die Frische der saisonalen Produkte machen den guten Geschmack der österreichischen Küche aus.

All das kommt jedoch im Alltag oftmals zu kurz. Nach althergebrachten Rezepten selbst gekochte Gerichte kommen immer seltener auf den Tisch und so manch einer traut sich heute nicht mehr so recht an ihre Zubereitung. Obwohl traditionelle Gerichte in Restaurants und Gaststätten sich einer wachsenden Beliebtheit erfreuen, fehlen uns zu Hause oftmals Zeit, Kochkenntnisse oder einfach nur Inspiration, um sich auch daheim ab und an etwas Gutes aus der Heimat zu gönnen.

Kochen wie einst und die reiche Geschmackswelt Österreichs zu entdecken ist gar nicht so schwer, wie manch einer glauben mag. Faschierte Laiberl, Tiroler Gröstl, Kaiserschmarrn und Co. verwöhnen nicht nur den Geschmackssinn, sondern sind auch unkompliziert und schnell zubereitet. Ob herzhafte Jausen, aromatische Suppen, Deftiges mit Gemüse, Fleisch und Fisch oder verführerische Nachspeisen: Die österreichische Küche hat eine Vielzahl an Gaumenfreuden zu bieten, die jedem gelingen – ob Küchenprofi oder Kochanfänger. Bei der Vielfalt der in diesem Buch vorgestellten Rezepte ist für jeden Geschmack etwas dabei. Rund ums Jahr kann man neue kulinarische Genüsse entdecken – Abwechslung ist garantiert.

Viele Tipps und Tricks helfen dabei, dass bei der Zubereitung nichts schiefgeht. Zahlreiche Variationsmöglichkeiten erleichtern das Kochen und sorgen dafür, dass es in Ihrer Küche nicht langweilig wird. Dazu geben Hintergrundinformationen Einblicke in die Herkunft einzelner Gerichte und kulinarischer Traditionen. Probieren Sie's einfach aus und lassen Sie sich begeistern von der Hingabe an Qualität und Genuss in der österreichischen Küche!

Österreichische Küche
Der gute Geschmack der Heimat

Wie schmeckt Österreich? Ein Land, reich an Historie, voller Mythen und Legenden, erfüllt von einer atemberaubenden Natur und mit einer ebenso vielfältigen und jahrhundertealten Kochtradition.

Beim Bummeln durch belebte Gassen spürt man die Lebendigkeit seiner malerischen Städte, erfährt die Schönheit seiner Landschaft bei einer Wanderung über Berge und Felder und erinnert sich gerne zurück – an einen herrlichen Ausflug, an eine Zeit voller Lachen, Staunen und Genießen. Um in diesen Erinnerungen zu schwelgen, die Berge, die Feste oder gar den Besuch beim Heurigen mit Gästen zu teilen, entdecken Sie in diesem Buch eine Sammlung „typisch" österreichischer Rezepte – wobei typisch Österreichisches seinen Ursprung oft in anderen Ländern hat.

Der Einfluss fremder Länder

Österreich ist, was kulinarische Neuerungen angeht, seit jeher mit anderen Ländern im regen Austausch und steht der Inspiration ferner Kulturen auch heute immer offen gegenüber. So finden sich in der Geschichte zahlreiche Ereignisse, die zu dieser Vielfalt entscheidend beigetragen haben. Selbst blutige Kriege sowie verbissen geführte Belagerungen und Auseinandersetzungen haben sich durchaus auch positiv auf das kulinarische Erbe des Landes ausgewirkt. Meist fallen diese Alltäglichkeiten heute niemandem mehr auf: Wer denkt schon im Alltag auch nur im Entferntesten daran, dass die tägliche Tasse Kaffee oder das Vanillekipferl, das wir uns in der Adventszeit schmecken lassen, auf türkische Einflüsse zurückgeht?

Einen starken Einfluss auf die österreichische Küche haben auch die Länder, die einst Teil der österreichisch-ungarischen Doppelmonarchie waren. Klassische Schinkenfleckerl, Böhmische Knödel, Ungarisches Gulasch und die allseits beliebte gefüllte Paprika etwa verdankt das Land der Äcker und Dome seiner herrschaftlichen Vergangenheit. Mit der Zusammenführung der Königreiche Österreich und Ungarn war eine gesellschaftliche Verschmelzung der Traditionen, Erfahrungen und Gepflogenheiten in allen Lebensbereichen verbunden: Es war nur eine Frage der Zeit, bis sich damals noch exotische Gerichte auch in Österreich durchsetzten. Und viele dieser Schlemmereien lassen auch heute noch Herzen höherschlagen, denn sie wurden mit den Jahrzehnten zu einem Sinnbild für Heimat.

Aus Ungarn stammen beispielsweise Reisfleisch, Gulasch und Letscho – ein Schmorgericht aus Speck, Zwiebeln, Tomaten und Paprika. Mit Faschiertem gefüllte Paprika sowie Krautrouladen – mit Faschiertem gefüllte Krautblätter – gehen ebenfalls auf ungarische Einflüsse zurück.

Salzburger
Stiegl
HOTEL-GASTSTÄTTEN

ROTRÜBE
DOLMA PAPRIKA

Aus Tschechien kommen die als Serviettenknödel bekannten Böhmischen Knödel, die als Beilage zu verschiedenen Eintöpfen und Gerichten mit Soße serviert werden. Auch der Lungenbraten – Rindfleisch in Scheiben mit cremig-sämiger Soße – und Schinkenfleckerl – quadratische Teignudeln mit würfelig geschnittenem Schinken – haben ihre Herkunft in Tschechien.

Selbst die herzhaften Kartoffelpuffer mit Sauerkraut sind ein Produkt der osteuropäischen Küche. Die genaue Entstehung des Rezepts ist nicht bekannt. Das Gericht ist in Polen, Tschechien, Österreich, Luxemburg, der Slowakei, Bulgarien, der Ukraine und in Weißrussland sehr beliebt.

Das isst Österreich

Geformt von einer reichen Geschichte, ist Österreich sowohl politisch als auch kulinarisch und kulturell zu dem herangewachsen, wie es sich heute so reizvoll präsentiert. Ein Land voll Schönheit und Anmut mit Gastfreundlichkeit in jedem Dorf. Das fühlt man allerorten in der Hingabe, etwas Außergewöhnliches zu kreieren, und man schmeckt es in der Qualität der Produkte. Das Land und seine Traditionen vermitteln ein ganz besonderes Lebensgefühl: Wohlbefinden, Leidenschaft, vielleicht ein kleines Stück Seelenheil. Man muss es einfach auf sich wirken lassen – sich die Zeit und Muße nehmen, den Alltag geschehen zu lassen und nicht immer nur nach den Regeln zu leben. Auch das ist Teil des österreichischen Wesens. Man nimmt sich Zeit für die besonderen Dinge, Zeit zum Genießen, Zeit zum Sein.

Traditionell österreichisch

Trotz aller Einflüssen gibt es viel, was als „typisch österreichisch" gilt. Kaiserschmarrn und Co. etwa entspringen ganz der Fantasie und Eingebung kreativer österreichischer Köpfe. Eine Pfanne voller Kaiserschmarrn mit einer dicken Schicht Puderzucker und einem Schöpfer Zwetschgenröster kommt immer gut an und erfreut sich bei Jung und Alt großer Beliebtheit.

Manche mögen's süß, andere dafür sauer: Als pikantes Pendant zu den herrlich süßen Naschereien, die die österreichische Küche zu bieten hat, verzaubern resches Blunzengröstl und deftiges Verhackert so manchen schüchternen „Erstkoster". Die Vielfalt an regionalen Produkten und Gerichten beflügelt die Geschmacksknospen und bietet ein Feuerwerk an Entdeckungen und Geschmackserlebnissen.

Ein Klischee über Österreich betrifft die gute Qualität seines Kaffees – um genau zu sein, des Wiener Kaffees: Man sagt, dass er hier am besten schmeckt. Zwar lässt sich über Geschmack streiten, Tatsache ist jedoch, dass der Kaffee in Wien mit besonders weichem Wasser gekocht wird. Aber auch das Röstverfahren für den österreichischen Gaumen unterscheidet sich von dem anderer kaffeekonsumierender Länder.

Womit wir auch schon beim nächsten Thema wären: Dem Süßen zum Kaffee. Sachertorte und die heiß begehrten Mozartkugeln sind nur zwei Beispiele für die österreichische Leidenschaft für Süßes in allen Varianten!

OFT KOPIERT, NIE ERREICHT – DIE ECHTE SACHERTORTE!

Wer hat's erfunden? Franz Sacher (1816–1907)! Als im Jahr 1832 der Chefkoch zu krank war, um ein Dessert für einen Empfang zu kreieren, packte der 16-jährige Küchenlehrling die Gelegenheit beim Schopf. Traditionell wird die Sachertorte im gleichnamigen Hause Sacher gebacken und mit einem schokoladigen Tortensiegel des Traditionsbetriebs verziert. Ein Mantel aus Marillenmarmelade und eine Schicht der fruchtigen Marmelade in der Mitte der Torte unterscheiden sie von der einfachen Schokoladentorte. Ein Guss aus lippenwarmer Schokoladenglasur ummantelt die Spezialität. Garniert mit einer Sahnehaube, genießt sie sich noch besser! In Cafés in ganz Österreich und anderen Gastbetrieben versucht man sich an der allseits beliebten Wienerin – jedoch schmecken verwöhnte Gaumen den feinen, aber verräterischen Unterschied! Im Café Demel erhält man z. B. „Demel's Sachertorte" – hier fehlt die Marmeladenschicht in der Mitte.

Doch die österreichische Küche ist in erster Linie herzhaft und gut bürgerlich. Auf der Speisekarte eines jeden Gasthauses oder gutbürgerlichen Restaurants findet man ein Schnitzel. Was nicht unbedingt heißt, dass es ein gutes, geschweige denn ein echtes Wiener Schnitzel ist. Das Original kommt vom Kalb. Weil Kalbfleisch jedoch relativ teuer ist, verwenden viele Köche Schweinefleisch. Fairerweise führen manche Gasthäuser die Fleischsorte auf der Karte an. Eine weitere Tatsache unterscheidet das echte Wiener Schnitzel vom billigen Imitat: Man brät es in Butterschmalz, bis es goldbraun ist. Bei der Mogelpackung wird das panierte Fleisch frittiert. Den Unterschied schmeckt man!

Wer isst wie und wo?

In der Regel schmeckt immer das am besten, was die jeweilige Region frisch anbietet. Im östlichen Teil Österreichs bevorzugt man, beeinflusst von der osteuropäischen Küche, Fleischgerichte in Kombination mit Gemüse. Insbesondere Paprika, Tomaten und Kraut sind hier sehr beliebt. Im Süden spielt das angrenzende Italien mit Südtirol eine große Rolle. Doch auch Fischgerichte aus den zahlreichen Flüssen und Seen erfreuen sich hier großer Beliebtheit. Und je näher man dem Gebirge rückt (Tirol und Vorarlberg), umso gehaltvoller gestaltet sich der Pfanneninhalt.

Jedes Eck des Landes schielt zum jeweiligen Nachbarn und holt sich von dort seine Inspiration. Und so versucht sich ein Salzburger Koch schon mal an den Kärntner Kasnudeln und ein Tiroler an einem Wiener Schnitzel – das Ergebnis kann überragend sein! Herkunft macht nicht das Können eines Kochs aus.

Wenn sich der kleine Hunger zwischendurch meldet, hat nicht jeder die Zeit, sich in ein gemütliches Beisl zu setzen, um zu speisen. Oft knurrt der Magen auch noch zu später Stunde, und es verlangt einen nach etwas Pikantem. Zu viel soll's nicht sein – nur ein „Magentratzerl". Für den Fall der Fälle stehen auf Österreichs Straßen neben den weltweit bekannten Buden und Geschäftslokalen der Fast-Food-Ketten kleine mobile

Food Trucks. Sie bieten an, wonach der Gaumen lechzt: Leberkäs, dazu die passenden Beilagen, aber auch Pommes frites und Grillhendl. Und last but not least: die Wurst. Denn nichts geht dem Fleischgenießer über ein heißes Paar Würstel. Ob Frankfurter (auch bekannt als Wiener), Debreziner, Käsekrainer oder eine Weißwurst (gerne auch das Münchner Original) – ein ordentliches Paar Würstel mit Senf zieht ein Österreicher einem Burger stets vor.

Würzig und geschmackvoll steht beispielsweise die heiße Bosna mit Senf und Zwiebeln – ähnlich dem amerikanischen Hot Dog, doch geschmacklich damit nicht vergleichbar – ihren brotlosen Genossen in nichts nach. Viel würziger und schärfer ist die Salzburger Version der Original-Fusion aus Rostbratwürsten, Currygewürz, Senf, Zwiebeln und Petersilie.

Darüber hinaus finden gewisse Speisen irgendwann in jeder Küche eine Heimat – wie zum Beispiel die ursprünglich aus Norditalien stammende Polenta. Im 17. Jahrhundert galt Polenta dort als das Armenessen schlechthin. Bis heute ist sie in Norditalien so beliebt, dass die Süditaliener ihre Landsleute aus dem Norden witzelnd „polentoni" nennen. Da Beilagen in Österreich generell sehr nahrhaft ausfallen, verbreitete sich auch der Brei aus Maisgrieß von Tirol bis in die Steiermark. In Österreich wird Polenta schon seit Jahrhunderten zubereitet. Egal ob gerührt oder fest – noch immer erfreut sie sich hierzulande großer Beliebtheit. Südlich des Alpenhauptkamms wird insbesondere gelber Maisgrieß gekocht, nördlich des Alpenhauptkamms bevorzugt man weißen Maisgrieß.

Alltag und Auszeit

Nun sollte man nicht meinen, die Österreicher würden tagtäglich ihrer Küche frönen. Tatsächlich essen sie sehr fleischhaltig und sparen auch nicht beim Genuss von Milchprodukten, aber sie gönnen sich nicht jeden Tag ein Schnitzel und ein Stück Sachertorte als Nachtisch. Jedoch an Feiertagen, zu Festen und in geselliger Runde schlagen sie gerne schon mal richtig zu. Da ist es erfreulich, dass sich Feste und Erntezeiten über das gesamte Jahr verteilen. Jedes Ereignis und Fest hat dabei seine eigenen kulinarischen Besonderheiten. Sei es das wilde Treiben in den Raunächten – erfüllt von Spannung und Ungeduld – oder die ausgelassene Lebensfreude auf Jahrmärkten. Mit jedem Auftakt geht ein neues Gefühl einher. Es kribbelt in der Magengegend und fährt bis in die Fingerspitzen. Es ist die Vorfreude auf das, was einen erwartet. Ein sich Sehnen nach mehr.

Gutes Essen hebt die Stimmung! Deshalb ist eine Feierlichkeit ohne delikate Sinnesfreuden kaum vorstellbar. Ganz im Sinne der Lust kann Völlerei wohl kaum eine Sünde sein. Schließlich möchte man von jedem Leckerbissen naschen und es bleibt einem nichts anderes übrig, als sich dem reichen Angebot hinzugeben. Man konzentriert sich einfach nur auf die schönen Seiten des Lebens. Das gilt zu jeder Jahreszeit. Die Osterzeit etwa wird geschmacklich durch Milchbrot, pikante Osterpinzen und zartes Lammfleisch geprägt. Zu Ostern wird generell viel gebacken. Der allseits beliebte Osterzopf etwa erhält eine dünne Schicht Zuckerguss, die den Zopf umso saftiger macht. Schelmisch steckt in der Mitte des traditionellen Osterpinzen ein buntes Osterei. Damit hat man eine kleine Jause für zwischendurch!

Richtig zubeißen kann man insbesondere im Herbst, wenn der Bauernherbst den Landwirten die feinsten und leckersten Köstlichkeiten entlockt. Jeder ist herzlich eingeladen, bei einer herzhaften Jause in einem Buschenschank oder direkt am Hof eines der unzähligen Bio-Bauern einzukehren und dabei edle Tropfen zu probieren – wie auch bei so manch einem Weinfest in den beschaulichen Straßen und Gässchen der umliegenden Dörfer und Ortschaften. Bei Fröhlichkeit und heiterem Beisammensein speist es sich gleich noch mal so gut.

Selbst in der stillsten Zeit im Jahr feiert man in Österreich und lässt es dabei krachen. Nicht ohne Grund – denn um die Ruhe der Weihnacht und des Advents genießen zu können, müssen zuvor böse Geister und Dämonen, die es sich das ganze Jahr über in Haus und Hof gemütlich gemacht haben, vertrieben werden. Das ist die Aufgabe der Krampusse und Perchten in ganz Österreich. Die teuflischen Gesellen stellen sich dabei öffentlich zur Schau und um das Publikum bei nassem, kaltem Wetter bei Laune zu halten, werden Punsch, Glühwein und leckere Kleinigkeiten angeboten. Zwischen all der Aufregung um die schaurigen Larven versorgt man sich auch gern einmal mit Maroni.

MÄRKTE UND KIRTAGE

Weil das eine oder andere Brauchtum eine Veranstaltung mit sich zieht und das ordentliche Essen mit Messer und Gabel im Getümmel der Märkte, Kirtage etc. mit nur wenigen Sitzplätzen schwerfällt, werden hier praktische Speisen angeboten. Hierfür steht eine Vielzahl an Ständen bereit, die ihre Köstlichkeiten auf kleinen Papptellern oder einfach mit einer Serviette reichen. Manche Veranstaltungen bieten auch die Möglichkeit, in einem Bierzelt mit zünftiger Musik Platz zu nehmen und Speisen und Getränke dort zu konsumieren.

Saisonal genießen

Genuss kennt keine Grenzen. So kocht man auch in Österreich mit fast allem, was uns Mutter Natur rund ums Jahr schenkt. Neben den vielen Köstlichkeiten, die Feinschmecker das gesamte Jahr über beglücken und sozusagen zu den „Evergreens" auf den Speisekarten der Gaststätten gehören, hat jede Jahreszeit auch immer ihre besonderen Highlights, die es nur in dieser Zeit gibt: So freut man sich beispielsweise das ganze Jahr auf Eierschwammerl im Sommer, den ersten Spargel im April, Wildgerichte im Oktober und frischen Most im Herbst – Köstlichkeiten, auf die sich das Warten lohnt – und gerade das schürt die Vorfreude auf besondere Leckereien.

Die kulinarischen Genüsse beginnen bereits im Frühling: Mit den steigenden Temperaturen decken die Wirte ihre sonnigsten Tische im Gastgarten und laden zu mehr Leichtigkeit und neuer Lebensfreude ein. Um den Lenz zu feiern, lässt man sich raffinierte Spargelgerichte kredenzen. Ob klassisch mit Sauce hollandaise, brauner Butter oder gehüllt in einen Mantel aus Rohschinken – ein Glas Weißwein begleitet den Spargel im Frühling am besten. Auf den Märkten findet man Bärlauch, der nicht nur hierzulande als wahres Wunderkraut gilt. Auch frisch gepflückt aus dem Wald ist er ein geschmacklicher Hochgenuss.

Der Sommer verführt mit leichten Gaumenfreuden – ob süß oder pikant. Pilzgerichte und frischer Fisch versüßen einen heißen Sommertag. Als Klassiker heiß begehrt sind die Eierschwammerl in allen Variationen. Reiche Ernte verspricht jedoch nur ein schwüler Sommer. Viel Hitze und zwischendurch Regen sind die besten Voraussetzungen, um eine beträchtliche Menge des „Goldschatzes" zu sammeln.

Nie wieder im Jahr ist das Angebot an Früchten und Beeren so groß wie im Sommer! Die herrliche Süße erfrischt unser Gemüt und erhellt die Stimmung. Weil man im Sommer eigentlich zu beschäftigt ist, um an aufwendigen Desserts zu basteln, setzt man auf simple Süßspeisen, die ohne viel Zutun entstehen, wie z. B. Heidelbeertatscherl oder abwechslungsreiche Frucht-Parfaits.

Ungeduldig wartet man im Herbst darauf, dass die Winzer ihre Ernte einbringen, die Fässer öffnen und zu Wildgerichten und deftigen Speisen ihren „Sturm" anbieten. Der auch Most genannte Jungwein fließt süß die Kehlen hinunter. Wegen seiner Fruchtigkeit trinkt man ihn in den Herbstmonaten zu kleinen Mahlzeiten und schmackhaften Jausen oder auch ganz ohne begleitende Speise. Wenn dann die Kälte durch die Gassen und über die Plätze fegt und die Menschen in warme, gemütliche Stuben ausweichen, genießen sie den beliebten Jungwein als heißen Glühmost.

Neben zahlreichen heimischen Weinen und frischem Gerstensaft geht es in Österreichs Küchen vor allem im Herbst wild und deftig zu: Ob Hirsch, Reh, Gans oder Wildschwein – verfeinert mit Rotkraut, Knödeln und Maroni, wärmen die herbstlichen Gerichte Leib und Seele allein schon bei ihrem Anblick.

Im Winter wärmt man sich dann bei einer Tasse heißem Glühwein oder Punsch. Dazu lässt man sich ein herzhaftes Brot mit Verhackertem oder mit Forellentatar mit einer Idee Sahnekren und Zitrone darauf schmecken.

BIRNEN
APFEL
Wein-
trauben

Ausflüge in die österreichische Geschmackswelt

Österreich will mit allen Sinnen erlebt werden. Und ein Land lernt man am besten kennen, indem man es erkundet – seine Landschaft, seine Städte und die Menschen entdeckt. Verbindet man seinen Hunger nach neuen Eindrücken, die in diesem Fall direkt vor der Haustüre liegen, mit der Lust auf Genuss, sammelt man einen reichen Erfahrungsschatz, den es sich lohnt zu teilen – und schafft sich selbst und anderen damit unvergessliche Erinnerungen.

Gelegenheiten für kulinarische Ausflüge bietet Österreich viele. Entscheidet man sich beispielsweise für eine Fahrt ins Blaue, liegt man, besonders im Spätsommer, genau richtig, wenn das Ziel das Burgenland ist. Wer z. B. mit dem Fahrrad zu einer Umrundung des Neusiedlersees aufbricht, kann sich danach erschöpft und hungrig in einer Gaststätte niederlassen und eines der heimischen Fischgerichte genießen. Atemberaubend schön und urig verbringt man seine Zeit in Vorarlberg. Bei alpinen Pfannenfreuden lässt sich die Zeit fast mit bloßen Händen greifen und vergeht ein bisschen langsamer. Käseliebhaber und Freunde des heimischen Specks finden sich hier in einem wahren Schlaraffenland wieder.

In Wien hingegen macht man nachmittags Stopp im Kaffeehaus. In angenehmer Atmosphäre wärmt man sich an einer heißen Tasse Kaffee und versüßt seine Stimmung mit einem Stück Torte. Auch zum Frühstücken ist man im Wiener Kaffeehaus gut aufgehoben: Ganz individuell kann man seine erste Mahlzeit mit so manchem „Extra" aufwerten. Ob Eiergerichte, Schinken, Käse oder manchmal auch Joghurt mit frischen Früchten – hier findet jeder seinen persönlichen perfekten Start in den Tag. Ob Sie nun einen kleinen oder großen Braunen, eine Schale Gold, einen Verlängerten, einen Einspänner oder Kapuziner genießen – stets tun sie gut daran, sich eine der sündhaft köstlichen Süßigkeiten – der meist dem Betrieb angeschlossenen hauseigenen Konditoreien – zu gönnen. Ob Sie sich nun für ein schwipsiges Punschkrapferl oder ein Stück der majestätischen Torten entscheiden, Sie wissen bei jedem Bissen: „So schmeckt Österreich".

Ein herrlicher Spaziergang an der frischen Luft vertreibt jedes schlechte Gewissen und birgt so manches Abenteuer, das es später am Abend zu entdecken gilt. Wer weiß? Vielleicht landen Sie in einer heimeligen Vinothek oder einem gemütlichen Gasthaus mit der einen oder anderen kulinarischen Köstlichkeit auf der Karte? So schwören Weinkenner etwa auf Welschriesling und Blaufränkischen aus dem schönen Niederösterreich. Und auch den süßen Marillen aus der Wachau eilt ihr guter Ruf weit voraus.

WIENER KAFFEEHÄUSER

Afrika, Asien und Südamerika sind die Heimatländer des aromatischen Kaffeegenusses, seinen Gipfel findet er jedoch zwischen Marmortischen und dem unverkennbaren Akzent der Kellner in den Kaffeehäusern Wiens. Es ist eine Symphonie aus Geschirrklirren, dem Rascheln der Zeitungen und dem angenehmen Gemurmel der Gäste, das ein heimeliges Gefühl in seinen Besuchern hervorruft. Der herrliche Duft frischer Mehlspeisen und feinster Confiserie rundet das akustische Erlebnis gekonnt ab und schenkt Kaffeeliebhabern aus aller Welt unvergessliche Momente in der Seele Wiens.

Regionale Spezialitäten

Das ganze Jahr über erwarten einen in ganz Österreich schmackhafte Schmankerl, Leibspeisen, die man sonst nur selten genießt, und Erfrischungen, die Erinnerungen wachrufen. Das kann ein Schluck Grüner Veltliner sein, der uns zurückversetzt an jenen Sommerabend am Wolfgangsee, an dem wir köstliche Fischgerichte probiert haben, es kann aber auch ein Stück von dem Speck sein, den wir von unserem herbstlichen Ausflug ins Burgenland mitgebracht haben. Von Tirol bis Wien verwöhnt jedes Bundesland seine Gäste mit landestypischen kulinarischen Schätzen. Ob feiner Tafelspitz, deftige Kasnocken oder ein herrlich süßes Stück Sachertorte mit einer Wiener Melange!

Burgenland

Die burgenländische Küche steht als pannonische Küche unter dem Einfluss Ungarns. Daher kocht man hier viel mit Kraut, Fleisch und Paprika. Grammelpogatscherl (Weingebäck aus Germ und Schweinespeck) sind hier eines der kulinarischen Highlights. Eine perfekte Liaison erreicht man mit einem eleganten, vollmundigen Weißburgunder.

Kärnten

Aufgrund seiner vielen Seen steht in Kärnten häufig Fisch auf der Karte. Neben den bekömmlichen Süßwasserbewohnern kocht man hier auch – nicht zuletzt aufgrund der südlichen Nachbarn – Nudelgerichte und Eintöpfe in allen Variationen. Die Kärntner Kasnudeln (Teigtaschen, gefüllt mit Bröseltopfen) und Ritschert (Eintopf aus Bohnen und Rollgerste) sind äußerst beliebte Gerichte, die man sich am besten mit einem Glas Blauem Zweigelt zu Leibe führt.

Niederösterreich

Bekannt für seinen Mohn (Waldviertel), seinen Spargel (Marchfeld) und seine Marillen (Wachau), erfreut sich das hügelige Bundesland großer Beliebtheit – und nicht zuletzt auch dank seiner allseits bekannten Weine wie des Rieslings. Der fruchtige Wein harmoniert hervorragend mit Wachauer Laberl (Gebäck aus Roggen- und Weizenmehl), die in vielen Heurigen zum Wein gereicht werden.

Steiermark

Besonders stolz sind die Steirer auf ihre herrlichen Äpfel, ihre schmackhaften Kürbisse und das daraus gewonnene Öl, das sie berühmt macht. Typisch für die Steiermark ist auch der Schilcher – ein frischer, leichter Wein, der als Aperitif getrunken wird. Dank seiner Farbe und seiner Wandlungsfähigkeit gilt er als Unikat unter den Weinen. Aufgrund seines Facettenreichtums an Aromen reicht man ihn zur rustikalen Brettljause, zu knackigen Blattsalaten und auch zu herzhaften Nudelgerichten.

Wien

Die urbane Hautstadt ist nicht nur für ihre kulinarischen Höhepunkte beliebt, wie etwa das Wiener Schnitzel, den Kaiserschmarrn und vieles mehr. Der Feinspitz (Feinschmecker) schlemmt hier Tafelspitz – in Brühe gekochtes Rindfleisch, serviert mit Apfelkren (Apfelmus mit Meerrettich) und Erdäpfel-Schmarrn. Dazu genießt man am besten Grünen Veltliner. Mit seinem „Pfefferl" rundet er die feine Spezialität gekonnt ab.

Märkte und Mitbringsel

Selten genießt ein Land solchen Überfluss, wie es Österreich tut. Feinschmeckern bietet es eine breite Palette an Leckereien, die unbedingt probiert werden sollten. Auf malerischen Märkten etwa kann man die raffinierten Eigenkreationen der Bauern und Bäuerinnen ergattern – ein breites Angebot an Marmeladen und Gelees, dazu zuckrige Sirups und frisch Gebackenes. Stolz bieten Jäger und Bauern Geräuchertes. Auf vielen Märkten darf gerne auch gekostet werden – schließlich möchte man wissen, womit man seinen Vorratskeller füllt. Ein Fehlgriff ist dabei beinahe ausgeschlossen. Auch wenn die Geschmäcker sehr verschieden sind – auf den Bauernmärkten der jeweiligen Bundesländer findet sich für jeden ein besonderes Schmankerl, und auch das eine oder andere kulinarische Mitbringsel.

Zum Glück kann man sich von manchen Leckerbissen und Lieblingssäften einen Vorrat anlegen und wohl behütet, wie Nektar und Ambrosia, ab und zu aus der Schatzkammer zehren. Wer das eine oder andere von einem Ausflug mit nach Hause bringt, hütet dieses Erinnerungsstück an magische Tage wie einen Schatz, damit der Inhalt nur nicht vor dem nächsten Ausflug aufgebraucht ist. Jeden Tropfen edler Brände nimmt man umso intensiver wahr, je näher der Flaschenboden rückt. Jeden Löffel fruchtiger Marmelade verstreicht man mit Bedacht und sparsam, um immer wieder die Möglichkeit zu haben, in Gedanken zu reisen.

Vielleicht jedoch sollte man auch nicht allzu sparsam mit seinem Proviant umgehen. Denn welch schöneren Grund gibt es, einen Ausflug in eines der einzigartigen Bundesländer zu unternehmen, als um sein Lager aufzustocken und nebenher vor Ort den einen oder anderen Klassiker zu probieren? Darum geht es schließlich, wenn man sich ab und an einen Ausflug gönnt: abzuschalten, genießen, sich einfach mal verwöhnen lassen. Dazu muss man gar nicht allzu lange fahren. Das Gute liegt so nah!

Hausgemachte Gaumenfreuden

So manche hausgemachte Spezialität wartet nur darauf, probiert zu werden. Schon die Zubereitung zu Hause ist ein Vergnügen. Wenn man dann noch Produkte selbst angebaut bzw. geerntet und gesammelt hat, ist der Appetit gleich umso größer. Bei einem sommerlichen Ausflug können Sie sich etwa mit einem Kübel oder einer Tüte und einem kleinen Messer bewaffnen und sich auf die Suche nach aromatischen Schwammerln begeben. Auch einige Landwirte geben gerne Einblicke in die Verarbeitung ihrer Produkte – nicht selten kann man auch selbst buttern und stampfen. Ein gutes Gefühl – zu wissen, woher die eine oder andere Delikatesse stammt und was darin steckt.

Freunden und Verwandten zeigt man am besten selbst, was es Gutes in Österreich gibt. Dazu reicht es, wenn Sie mit Ihren Kochkünsten geschmacklich überzeugen. Ob Tafelspitz mit Apfelkren und Spinat oder raffinierte Käferbohnenpaste – mit einer ordentlichen Portion Gefühl und Kochleidenschft gelingt jedes Gericht im Handumdrehen.

Viele der traditionellen Gerichte lassen sich ganz leicht zubereiten. Oft sind es nur einige kleine Kniffe, die es zu beachten gilt. Tut man dies und lässt man dem Genuss stets den Vorrang, hat man die österreichische Küche schon so gut wie verstanden.

28
26
24

STIFTSKELLER
Bierkeller
STIFTSKELLER

Alles für die Jause

GRAMMELN – DEFTIGE HAUSMANNSKOST

Als Knödel- oder Strudelfüllung, Aufstrich oder für Beilagen – die Spezialität aus in Stückchen geschnittenem, ausgelassenem Schweinespeck ist in der Küche allgegenwärtig.

TAFELSPITZ – TYPISCHES WIENER GERICHT

Der Klassiker der Wiener Küche verwöhnt den Gaumen mit zartem Fleisch aus dem Rinderschwanz, in Fleischbrühe mit Suppengrün gekocht, sowie aromatischen Gewürzen.

RUCOLA – VITAMINREICH UND IM TREND

Das ganzjährig erhältliche, vitaminreiche Kraut feiert seit einigen Jahren auch hierzulande ein Revival und gehört zu den beliebtesten Salatsorten.

BOHNEN – GEMÜSE MIT TRADITION

Bohnen wie die seit dem 19. Jahrhundert in der Steiermark heimischen Käferbohnen (Feuerbohnen) werden z. B. als Salat, Beilage, Suppe, Strudel oder Püree zubereitet.

FÜR 4–6 PERSONEN

ZUBEREITUNGSZEIT: 15 Min.

AUFWAND: ✪

JAHRESZEIT: Fr/So/He/Wi

Brettljause wie aus dem Buschenschank

Die Brettljause ist eine opulente, kalte Brotzeit, bei der Fleisch- und Wurstsorten mit unterschiedlichen Beilagen auf einem Holzbrett serviert werden. Ursprünglich stammt dieses Gericht aus der Steiermark und ist heute besonders bei Buschenschänken und Heurigen beliebt.

- 1 Laib Bauernbrot (z. B. Kärtner)
- 200 g Schinkenspeck
- 200 g Geselchtes
- 200 g Lendbratl
- 200 g kalter Schweinebraten
- 4 Trockenwürste (luftgetrocknet)
- 300 g Bierkäse
- 4 hart gekochte Eier
- 100 g Griebenschmalz
- 150 g Leberwurst
- österreichische Aufstriche nach Wahl (z. B. Kürbiskern, Liptauer, Bratlfett oder Verhackert)
- 4 Paradeiser
- 80 g eingelegte Gurken
- 100 g Radieschen
- 50 g Perlzwiebeln
- 30 g frisch geriebener Kren

1 Bauernbrot in Scheiben schneiden und dekorativ in einem Brotkorb anrichten.

2 Schinkenspeck- und Fleischvariationen sowie Bierkäse aufschneiden und zusammen mit den geviertelten hart gekochten Eiern, den Aufstrichen und dem gewaschenen und geschnittenen Gemüse dekorativ auf den Holzbrettern drapieren. Frisch geriebenen Kren dazu reichen.

> Schmeckt am besten mit dem hauseigenen Wein, **MOST** oder auch **BIER** des Schankes.

URIG REGIONAL

Sonntags besuchen viele Steirer eine der umliegenden Buschenschänken, um ein gutes Glaserl Wein und eine deftige Jause in uriger Umgebung zu genießen. Dort kommt auch Selbstproduziertes auf den Tisch: Wein und Most stammen meist aus den hauseigenen Kellereien. Die Zutaten der Brettljause sind sehr variabel – und sie macht auch die hungrigsten Ausflügler satt.

FÜR 4 PERSONEN

ZUBEREITUNGSZEIT: 10 Min.

AUFWAND: ✪

JAHRESZEIT: Fr/So/He

Bohnenpaste aus steirischen Käferbohnen

Aus steirischen Käferbohnen (Feuerbohnen) entsteht ein wunderbar cremiges Püree, das eine tolle Abwechslung zum klassischen Erdäpfelpüree sein kann und köstlich, z. B. zu Bratwürsten, schmeckt.

- ½ Bund Radieschen
- 4 große Essiggurken
- 250 g gekochte steirische Käferbohnen (Feuerbohnen)
- 1–2 EL grober Senf
- etwas Salz
- frisch gemahlener Pfeffer

1 Radieschen waschen, putzen, grob zerkleinern und mit den klein geschnittenen Essiggurken sowie den gekochten Käferbohnen in ein höheres Gefäß geben.

2 Senf unterheben und so lange pürieren, bis eine cremige Konsistenz entsteht. Mit Salz und Pfeffer abschmecken und in ein dekoratives Glas abfüllen.

> Wenn Sie keine steirischen Käferbohnen bekommen, können Sie auch **KIDNEYBOHNEN** verwenden.

DER GUTE RAT

Wenn Ihnen die Konsistenz der Bohnenpaste zu fest vorkommt, können Sie etwas Brühe oder stilles Wasser hinzufügen.

FÜR 4 PERSONEN

ZUBEREITUNGSZEIT: 10 Min.

AUFWAND: ✪

JAHRESZEIT:
Fr/So/He/Wi

Steirische Saure mit Presswurst

Die sauer angemachte Presswurst mit fein geschnittenen Zwiebeln wird erst mit dem wertvollen Kernöl zum absoluten Hochgenuss. Probieren Sie diesen Klassiker der bodenständigen steirischen Küche.

- 1 weiße Zwiebel (oder rote Zwiebel)
- 3 Presswürste
- 2 EL Kräuter- oder Weißweinessig
- ½ TL Salz
- 1 TL Zucker
- 1–2 EL Kürbiskernöl (alternativ Traubenkernöl)
- Paprikapulver (rosenscharf, hart gekochte Eier oder Paradeiser nach Belieben

1 Zwiebel schälen und in feine Ringe schneiden. Presswürste fein aufschneiden. Auf Tellern zusammen anrichten.

2 Aus Essig, Salz, Zucker und 150 Milliliter Wasser eine Vinaigrette anrühren. Presswürste und Zwiebeln abwechselnd mit Kürbiskernöl und Vinaigrette beträufeln. Experimentierfreudige fügen zusätzlich Paprikapulver, hart gekochte Eier oder reife Paradeiser hinzu.

> Verwenden Sie für dieses Rezept am besten eine fertig gekaufte **PRESSWURST** von guter Qualität.

DER GUTE RAT

Servieren Sie die saure Presswurst auf frischem Bauernbrot, mit Brezen oder Brezenstangen. Mit geschnittenen Paprikaschoten, Paradeisern, Oliven, Brotzeiteiern oder eingelegten Essiggurken sieht der Presswurstteller appetitlich und bunt aus.

FÜR 4 PERSONEN

ZUBEREITUNGSZEIT: 30 Min.

AUFWAND: ✪

JAHRESZEIT:
So/He

Eierspeis mit frischen Eierschwammerln

Eierschwammerl gehören zu den klassischen Zutaten der österreichischen Küche und gelten als das Gold des Waldes. Im Spätsommer freuen sich viele Sammler auf die ersten Exemplare und können es kaum erwarten, aus diesen natürlichen Schätzen köstliche Gerichte zu kreieren.

- 650 g Eierschwammerl
- ½ Bund Schnittlauch
- ½ Bund Petersilie
- 6 Eier
- etwas Salz
- frisch gemahlener Pfeffer
- 3 EL Butter
- 4 EL Obers

DER GUTE RAT

Einen Teil des Schnittlauchs kann man schon mit den rohen Eiern verquirlen. Als Dekoration eignen sich alle frischen Kräuter, die Sie gerne mögen. Versuchen Sie z.B. Kerbel, Dill oder Kresse.

1 Frische Eierschwammerl mit einer kleinen Bürste (ohne Wasser) gründlich putzen. Größere Eierschwammerl zerteilen. Schnittlauch waschen, trocken schütteln und in schmale Röllchen schneiden. Petersilie waschen, trocken schütteln, Blättchen vom Stiel zupfen und fein hacken. Eier in eine Schüssel geben und mit Salz und Pfeffer würzen. Mit einer Gabel oder einem Schneebesen gut verquirlen.

2 Die Hälfte der Butter in einer Pfanne schmelzen und leicht braun werden lassen. Eierschwammerl zufügen und so lange scharf anbraten, bis sie goldbraun glänzen. Mit Obers ablöschen. Pfanne von der Herdplatte nehmen und abdecken, damit die Pilze warm bleiben.

3 Restliche Butter in einer separaten Pfanne bei niedriger Hitze schmelzen. Eier zufügen und stocken lassen. Mit dem Pfannenwender vom Boden lösen und umrühren. So lange wiederholen, bis die ganze Masse gestockt, aber noch nicht trocken ist.

4 Eierschwammerl unter die Eierspeis mischen und erneut abschmecken. Auf vorgewärmten Tellern anrichten und mit Petersilie und Schnittlauchröllchen garnieren.

> Etwas Kernöl und/oder geröstete **KÜRBISKERNE** darüberstreuen und die Eierspeis schmeckt gleich noch aromatischer.

FÜR 4 PERSONEN

ZUBEREITUNGSZEIT: 30 Min.

AUFWAND: ✪

JAHRESZEIT:
Fr/So/He/Wi

Frigga

Frigga ist ein Omelett mit deftigem Speck und würzigem Käse und stammt ursprünglich aus Kärnten. Traditionell wurde es von Holzfällern in einer Pfanne über dem offenem Feuer zubereitet.

- 20 g Butter
- etwas Salz
- 300 ml Milch
- 300 g Polenta
- frisch geriebener Muskat
- 360 g Kärntner Bauernspeck (durchzogen)
- 1 Zwiebel
- 250 g Almkäse bzw. Bergkäse (gerieben)
- 6 Eier (verquirlt)
- 3 Stängel frischer Dill

1 Backofen auf 150 °C (Umluft 130 °C) vorheizen. Butter mit 600 Milliliter gesalzenem Wasser in einem Topf mit Deckel aufkochen und Milch zugeben. Polenta einrühren, mit Muskat würzen und quellen lassen, bis keine Flüssigkeit mehr vorhanden ist.

2 Den Topf abdecken und für ca. 10 bis 15 Minuten in den vorgeheizten Backofen stellen. Polenta mit einer Gabel auflockern und wenden. Speck würfeln und in einer Pfanne auslassen. Zwiebel schälen, würfeln, zufügen und kurz anschwitzen lassen.

3 Käse zugeben und kräftig verrühren. Eier dazuschlagen und rühren, bis das Omelett gestockt ist. Fertiges Omelett stürzen, vierteln und über einem Klecks Polenta in der Tellermitte anrichten.

4 Dill waschen, trocken schütteln, Fähnchen vom Stiel zupfen und fein hacken. Frigga damit garnieren.

DER GUTE RAT

Verzichten Sie bei der Zubereitung des Omeletts komplett auf die Zugabe von Salz, weil der Speck und der Käse schon sehr viel Salz mitbringen.

FRIKA

In Slowenien kennt man eine sehr rustikale Variante: die Frika. Probieren Sie diese schmackhafte, deftige Variante am besten in der kalten Jahreszeit aus. Dazu ersetzen Sie einfach die Eier durch gekochte Erdäpfel. Dieses leckere Rezept eignet sich auch prima zur Resteverwertung!

FÜR 4 PERSONEN

ZUBEREITUNGSZEIT: 1 Std. + 1 Std. Ruhezeit

AUFWAND: ✪✪

JAHRESZEIT: He/Wi

Burgenländische Grammelpogatscherl

Grammelpogatscherl sind eine regionale, typisch burgenländische Spezialität. Die kleinen köstlichen Germstücke lassen sich auf ganz verschiedene Art und Weise backen.

- 50 ml lauwarme Milch
- 30 g Germ
- ½ TL Zucker
- 500 g Mehl + etwas Mehl zum Bestäuben
- 100 g Schweine- oder Gänseschmalz
- 250 g frische Grammeln
- etwas Salz
- frisch gemahlener Pfeffer
- etwas Kümmelpulver
- 2 Eidotter
- Sauerrahm oder Weißwein
- 1 Ei

DER GUTE RAT

Die Grammelpogatscherl passen ausgezeichnet zu herzhaften Suppen. Zudem sind sie ein köstlicher Snack für zwischendurch und schmecken pur ebenso gut wie zu einem Glas Ihres Lieblingsweins.

1 Für das Dampfl lauwarme Milch in eine Schüssel geben, Germ einbröseln, Zucker zugeben und verrühren. Abgedeckt an einem warmen Ort ca. 30 Minuten gehen lassen, bis es Blasen wirft.

2 Mehl in eine Schüssel sieben. Mit Schmalz und Grammeln verrühren und mit Salz, Pfeffer und Kümmelpulver würzen. Eidotter und so viel Sauerrahm bzw. Weißwein unterkneten, bis der Teig gleichmäßig und nicht zu fest ist. Dampfl unterkneten. Teig abgedeckt ca. 30 Minuten ruhen lassen, bis sich sein Volumen verdoppelt hat.

3 Backofen auf 180 °C (Umluft 160 °C) vorheizen und ein Backblech mit Backpapier auslegen. Ein großes Brett mit Mehl bestäuben und Teig darauf ca. 1 Zentimeter dick ausrollen. Mit einer bemehlten runden Ausstechform (oder einem bemehlten Glas) Kreise ausstechen und auf das Blech setzen.

4 Für das klassische Karomuster die Oberseite der Pogatscherl mehrmals mit einem scharfen Messer einstechen. Ei verquirlen und Teiglinge mit einem Backpinsel einstreichen. Auf der mittleren Backofenschiene ca. 30 Minuten backen lassen, bis sie leicht goldbraun sind.

> Warm serviert schmecken die **POGATSCHERL** am besten.

FÜR 4 PERSONEN

ZUBEREITUNGSZEIT: 50 Min.

AUFWAND: ✪

JAHRESZEIT:
He/Wi/Fr

- 750 g Erdäpfel
- Salz
- 1–2 rote Zwiebeln
- 1 EL grober Senf
- 2–3 EL Zucker
- 3 EL Weißwein- oder Kräuteressig
- 6 EL Gemüsebrühe
- 1–2 Stängel frischer Estragon
- frisch gemahlener Pfeffer
- 2 EL Rapsöl
- 200 g Vogerlsalat

Erdäpfel-Vogerlsalat

Jeder mag ihn, jeder kennt ihn: Der Erdäpfel-Vogerlsalat ist in ganz Österreich beliebt. Ein original Wiener Schnitzel oder ein frisch gebackenes Hendl ist ohne diese Beilage kaum auszudenken.

1 Erdäpfel waschen und mit der Schale in Salzwasser kochen. Kalt abschrecken, schälen und in Scheiben schneiden. Zwiebeln schälen, fein schneiden und mit den Erdäpfeln vermischen.

2 Für die Marinade Senf mit Zucker und 1 Teelöffel Salz vermischen. Essig und Gemüsebrühe zufügen und so lange rühren, bis sich die Zutaten gut verbunden haben.

3 Marinade über (die noch warmen) Erdäpfel geben. Estragon waschen, trocken schütteln, Blättchen vom Stiel zupfen, hacken und unter den Salat heben. Salat mit Pfeffer und Rapsöl abschmecken.

4 Vogerlsalat waschen, putzen, trocken schleudern und erst kurz vor dem Servieren unter den Salat heben.

> Für eine mild-würzige Note können Sie die roten Zwiebeln durch **FRÜHLINGSZWIEBELN** ersetzen.

ZUBEREITUNGSTIPP

Der Salat gelingt am besten, wenn Sie festkochende Erdäpfel verwenden. Empfehlenswert sind die Sorten Kipfer oder Sieglinde. Verwenden Sie, wenn möglich, nur helle Essige, damit der Salat nicht unnötig eindunkelt. Vergessen Sie auch nicht, eine Prise Zucker zuzufügen, dieser rundet den Geschmack ab.

Olive
Oil

FÜR 4 PERSONEN

ZUBEREITUNGSZEIT: 30 Min.

AUFWAND: ✪

JAHRESZEIT:
Fr/So/He/Wi

Erdäpfelkas

Der Sommer ist geradezu dazu gemacht, sich mit Freunden oder Bekannten spontan zu einem gemütlichen Grillabend zu verabreden. Weil Erdäpfelkas fast jeder gerne mag, ist er auch als kulinarisches Mitbringsel perfekt geeignet.

- 400 g mehlige Erdäpfel
- etwas Salz
- 100 g Schalotten (alternativ rote Zwiebeln)
- 80 g Obers
- 250 g Sauerrahm
- 1 Prise gemahlener Kümmel
- frisch gemahlener Pfeffer
- etwas frisch geriebener Muskat
- 1 Handvoll frische Kräuter (z.B. Petersilie, Dill, Schnittlauch, Kerbel)

1 Erdäpfel waschen und mit der Schale in Salzwasser weich kochen. Kalt abschrecken, schälen und mit dem Stampfer zu Püree verarbeiten.

2 Schalotten schälen, fein schneiden und mit Obers und Sauerrahm gut vermischen. Mit Kümmel, Salz, Pfeffer und Muskat abschmecken.

3 Frische Kräuter waschen, trocken schütteln, Blättchen von den Stielen zupfen und fein hacken.

4 Erdäpfelkas auf frisch getoastetes (oder in der Pfanne gegrilltes) Schwarz- bzw. Bauernbrot streichen und mit gehackten Kräutern bestreut servieren.

> Als Garnitur schmecken fein geschnittene **ZWIEBELRINGE**.

DER GUTE RAT

Bei festkochenden (speckigen) Erdäpfeln können Sie den Sauerrahm auch durch Topfen und Butter ersetzen. Verschließen Sie den in Gläser gefüllten Erdäpfelkas luftdicht und genießen Sie ihn innerhalb von 24 Stunden. Dann schmeckt er am besten!

FÜR 4 PERSONEN

ZUBEREITUNGSZEIT: 1 Std.

AUFWAND: ✪

JAHRESZEIT:
So

Saurer Wurstsalat

Wer kennt ihn nicht, den Wurstsalat?! Dieses klassisch österreichische Gericht ist eine besonders würzige und schmackhafte Variante mit nussigem Kernöl, die Sie sich nicht entgehen lassen sollten.

- 600 g Fleischwurst
- je 1 rote und 1 gelbe Paprikaschote
- 2 Paradeiser (vollreif)
- 2 große rote Zwiebeln
- 4–6 Gewürzgurken
- 1 Handvoll Rucola
- 2 EL Weißwein- oder Rotweinessig
- 3 EL Gewürzgurkensud
- grobes Meersalz
- frisch gemahlener Pfeffer
- 2 EL Kürbiskernöl

1 Fleischwurst häuten. Erst in feine Scheiben, dann in dünne Streifen schneiden. Paprikaschoten und Paradeiser waschen, Stielansatz entfernen und in sehr feine Würfel schneiden.

2 Zwiebeln schälen und in feine Ringe schneiden. Gewürzgurken halbieren und fein würfeln. Rucola waschen, trocken schütteln und grob schneiden. Alles in eine große Schüssel füllen und gut durchmischen.

3 Für die Marinade 2 Esslöffel kaltes Wasser in einer kleinen Schüssel mit Essig, Gewürzgurkensud und Salz gut verrühren. Pfeffer und Kürbiskernöl unterrühren. Marinade über den Wurstsalat geben, gut durchmischen und ca. 15–30 Minuten im Kühlschrank durchziehen lassen. Salat auf Tellern anrichten und mit etwas Kürbiskernöl beträufeln.

> **LAUGENSTANGERL** passen perfekt zum Wurstsalat!

DER GUTE RAT

Lassen Sie den Wurstsalat mehrere Stunden im Kühlschrank durchziehen, dann können sich die Aromen perfekt entfalten. Aber vergessen Sie nicht, den Wurstsalat 30 Minuten vor dem Servieren Zimmertemperatur nehmen zu lassen.

WURSTSALAT AUFPEPPEN

Ein klassischer Wurstsalat besteht nur aus Wurst, Zwiebeln und Marinade. Jedoch lohnt es sich, das Rezept mit weiteren Zutaten aufzupeppen. Dazu eignen sich italienischer Prosciutto, Serranoschinken, Salami, Räucherfilet, Bergkäse, Melone, saure Gurken, Paradeiser oder Paprikaschoten.

FÜR 4 PERSONEN

ZUBEREITUNGSZEIT: 30 Min.

AUFWAND: ✪

JAHRESZEIT: Fr/So/He/Wi

Selbst gemachtes Grammelschmalz

Original steirisches Grammelschmalz kommt, im Unterschied zum Grammelaufstrich, völlig ohne Gewürze aus. Es ist vielfältig einsetzbar und nicht aus der steirischen Küche wegzudenken.

- 100 g kleine Grammeln
- flüssiges Schweineschmalz

1 Frische Grammeln (kleinere Grammeln aus faschiertem Speck sind die beste Wahl für dieses Rezept) in einen schweren Keramiktopf geben und mit einem Kochlöffel grob zerkleinern.

2 Flüssiges Schweineschmalz über die Grammeln gießen, bis sie gerade bedeckt sind. Mehrmals durchrühren und Schmalz fest werden lassen.

>Zusammen mit frischem **BAUERNBROT** ist Grammelschmalz ein wahrer Genuss!

DER GUTE RAT

Für noch mehr Raffinesse sorgen Frühlingszwiebeln, frischer Knoblauch oder frisch gehackte Kräuter. Frisch gemahlener Pfeffer und grobes Meersalz machen den Geschmack noch ausgewogener.

ZUBEREITUNGSTIPP

Das selbst gemachte Grammelschmalz gelingt am besten, wenn Sie das Schweineschmalz gleich nach dem Auslassen der Grammeln weiterverarbeiten. Verwenden Sie beim Auslassen den übrig gebliebenen Grammelsatz am Boden des Topfes mit.

Selbst gemacht schmeckt's am besten

Dekorative Andenken sind schön und langlebig und erinnern uns an die Ausflugsorte, aus denen sie stammen. Tatsächlich im Gedanken dorthin versetzen können uns jedoch nur sinnliche Mitbringsel: Sei es ein Klang, ein Geruch oder ein Geschmack – von Herzen Selbstgemachtes macht es möglich. Ein Löffel, ein Bissen, nur ein Schluck reichen und wir erinnern uns an den geselligen Abend am Weingut, an die lauschige Almhütte im Sommer oder einen unvergesslichen Abend am See.

Breites Angebot

Rund ums Jahr wird in Österreich eingemacht, eingelegt und eingekocht, was Leib und Seele guttut. Dabei reicht das Angebot von Sirups und Spirituosen über Marmelade bis hin zu eingelegtem Gemüse und verschiedenen Fleischspezialitäten. Auf verschiedenen Märkten lassen sich die verlockenden Feinkosten erstehen. Ein Besuch dieser Marktplätze zahlt sich in jedem Fall aus.

Wien – Brunnen- und Yppenmarkt

Längster Straßenmarkt Europas
Tipp: Kurz vor Ladenschluss kauft man hier zu „Spottpreisen".
Brunnengasse, Thaliastraße bis Ottakringer Straße, 1160 Wien
Öffnungszeiten: Mo.– Fr. 6 –18.30 Uhr, Sa. 6–14 Uhr und am 1. Sa. im Monat bis 18 Uhr

Vorarlberg – Lustenauer Markt

Pure Frische genießen! Früh morgens geerntet, vormittags schon beim Gast. Dies und das besondere Ambiente der Altstadt schätzen die Besucher besonders.
Kirchplatz, 6890 Lustenau
Öffnungszeiten: Do., Sa. 8–12.30 Uhr

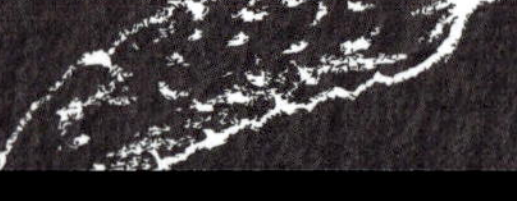

Weitere regionale Märkte

Niederösterreich – Bauernmarkt Krems
Im Herzen der Altstadt bieten Bauern ihre hausgemachten Spezialitäten an. Dreifaltigkeitsplatz, 3500 Krems
Öffnungszeiten: Fr. 8–12 Uhr

Burgenland – Bauernmarkt Jennersdorf
Auf Burgenlands ältestem Markt verkaufen Bauern ihre reinen Bioprodukte.
Eisenstädter Straße 11, 8380 Jennersdorf
Öffnungszeiten: Fr. 12.30–17 Uhr, Sa. 9–12 Uhr

Steiermark – Bauernmarkt Kaiser-Josef-Platz, Graz
Er zählt zu den schönsten Märkten Europas. Hier ist für jeden Geschmack etwas dabei.
Kaiser-Josef-Platz, 8010 Graz
Öffnungszeiten: Mo.–Sa. 6–13 Uhr

Kärnten – Benediktinermarkt Klagenfurt
Herzlich öffnet er an allen Tagen der Woche, Sonntage ausgenommen, seine Pforten.
Benediktinerplatz, 9020 Klagenfurt
Öffnungszeiten: Bauernspezialitäten: Do., Sa. vormittags; Markthalle: Mo.–Sa. ganztags

Auch hier gibt es Bauernmärkte

Oberösterreich – Bauernmarkt Salzkammergut
Geschützt vor Wind und Wetter, findet dieser Markt in einer Halle statt.
Tipp: Hier laden die Hersteller auch gerne zum Kosten ein.
Lagerhaushalle Ohlsdorf-Kleinreith, 4810 Gmunden
Öffnungszeiten: Fr. 13–17 Uhr

Salzburg – Grünmarkt Salzburg
Im Kern der Altstadt flaniert man zwischen Cafés und kleinen Geschäften über einen liebevoll eingerichteten Markt.
Universitätsplatz, 5020 Salzburg
Öffnungszeiten: Mo.–Fr. 7–19 Uhr, Sa. 6–15 Uhr

Tirol – Bauernmarkt Schwaz
Liebhaber regionaler Köstlichkeiten kommen hier auf ihre Kosten. Jeden Samstagvormittag wird der Pfundplatz zum Treffpunkt feinster Gaumenfreuden.
Pfundplatz, 6130 Schwaz
Öffnungszeiten: Sa. 8.30–11 Uhr

FÜR 4 PERSONEN

ZUBEREITUNGSZEIT: 1 Std. + 1 Std. Ruhezeit

AUFWAND: ✪

JAHRESZEIT: So/He

Erdäpfelsalat mit Eierschwammerln

Für eine kleine Jause oder ein Picknick im Wald ist dieses Gericht mit „erdigen" Zutaten geradezu perfekt.

- 750 g festkochende Erdäpfel
- 350 g kleine Eierschwammerl
- 1 Zwiebel
- 60 g durchwachsener Speck, z. B. Südtiroler
- 4–5 EL Sonnenblumenöl
- 1 EL Butter
- ca. 200 ml Gemüsebrühe
- 4 EL weißer Balsamico
- etwas Salz
- frisch gemahlener Pfeffer
- 3–4 EL Schnitlauchröllchen
- Schnittlauchhalme zum Garnieren

1 Erdäpfel waschen und in den Dämpfeinsatz legen. Im geschlossenen Topf über Wasserdampf ca. 30 Minuten garen.

2 Eierschwammerl gründlich putzen, sehr kleine Eierschwammerl ganz lassen, größere halbieren oder vierteln. Zwiebel schälen und fein hacken. Speck erst in Scheiben, dann in feine Würfel schneiden.

3 Fertige Erdäpfel abkühlen lassen, schälen und in Scheiben schneiden. 2 Esslöffel Öl und Butter erhitzen und darin Zwiebel mit Speck glasig anbraten. Eierschwammerl zugeben und unter gelegentlichem Rühren ca. 5–6 Minuten braten. Vom Herd nehmen und einige Minuten abkühlen lassen.

4 Brühe einmal aufkochen, Essig und übriges Öl einrühren. Mit Salz und Pfeffer würzen und über die Erdäpfel gießen. Eierschwammerl untermengen, würzen und mindestens 1 Stunde durchziehen lassen.

5 Nochmals abschmecken und Schnittlauchröllchen untermischen. Mit Schnittlauchhalmen garniert servieren.

> Statt mit Schnittlauch kann man den Salat auch mit **PETERSILIE** bestreuen.

DER GUTE RAT

Dieser Salat schmeckt auch sehr lecker, wenn man zu den Eierschwammerln noch 200 Gramm weiße Bohnen gibt und diese etwas mitgart.

FÜR 8 PERSONEN

ZUBEREITUNGSZEIT: 3,5 Std. + 1 Nacht + 1 Std. Ruhezeit

AUFWAND: ✪✪

JAHRESZEIT:
Fr/So/He/Wi

- 2 Schalotten (oder 2 kleine Gemüsezwiebeln)
- etwas Salz
- 1 kg Rinderknochen
- 1,5 kg Rinderbrust (ganz, am Knochen)
- 1 Bund Suppengrün
- 1–2 Stängel Rosmarin
- 1–2 Stängel Thymian
- 3 Lorbeerblätter
- 1 TL Pimentkörner
- 1 TL schwarze Pfefferkörner
- 4 EL Weißweinessig
- 4 EL Traubenkern- oder Olivenöl (Extra Vergine)
- 6 EL steirisches Kürbiskernöl
- frisch gemahlener Pfeffer

DER GUTE RAT

Sie können den Salat mit Rösterdäpfeln und verschiedenen Blattsalaten (etwa mit gerösteten Kürbiskernen) servieren.

Salat von der Rinderbrust mit Kürbiskernöl

Dieses Rezept sorgt für Luftsprünge bei Fleischliebhabern: Weil wir die Rinderbrust im Ganzen und mit den Knochen garen, entfalten sich die feinsten Aromen. Danach darf sie sich noch in einer edel-würzigen Marinade aalen und bekommt eine wunderbar mürbe Konsistenz.

1 Eine ungeschälte Schalotte der Länge nach halbieren und in einer (gusseisernen) Pfanne anbraten, bis sich die Schnittfläche dunkelbraun verfärbt. In einem großen Topf ca. 4 Liter Wasser zum Kochen bringen und leicht salzen. Rinderknochen, -brust und Schalotte zugeben, bei milder Hitze offen ca. 3 Stunden garen. Temperatur regelmäßig kontrollieren, denn das Wasser sollte nicht kochen. Schwemmstoffe von der Oberfläche entfernen.

2 Suppengrün waschen, putzen und grob zerkleinern. Rosmarin und Thymian waschen. Ca. 30 Minuten vor dem Ende der Garzeit Rosmarin, Thymian, Lorbeerblätter, Piment- und Pfefferkörner sowie Gemüse zufügen und mitgaren. Fleisch herausnehmen und die Brühe durch ein feines Sieb gießen. Fleisch über Nacht in der Brühe kalt stellen.

3 Am nächsten Tag die restliche Schalotte schälen, quer in feine Streifen schneiden und in kochendem, gut gesalzenem Wasser ca. 1 Minute blanchieren, in ein Sieb gießen, kalt abschrecken und abtropfen lassen. Fleisch aus der Brühe nehmen, grob säubern und Fett entfernen. In ca. 5 Millimeter dünne Scheiben schneiden und mit einem feuchten Tuch abdecken.

4 Für die Marinade Essig und Öle in einer Schüssel verrühren, mit Salz und Pfeffer abschmecken. Fleisch und Zwiebeln mindestens 1 Stunde darin einlegen. Mehrmals wenden. Fleisch auf einer dekorativen Platte anrichten und mit etwas Marinade beträufeln.

> Zu diesem Salat passt ein österreichischer **ZWEIGELT** hervorragend.

FÜR 4 PERSONEN

ZUBEREITUNGSZEIT: 30 Min.

AUFWAND: ✪

JAHRESZEIT: Fr/So/He/Wi

Saures Rindfleisch mit Zwiebeln und Ei

Ein leckeres Reste- und Jausenessen, um das Rindfleisch zu verwerten, mit dem man vorher eine Fleischbrühe zubereitet hat.

- 4 Eier
- 2 kleine Zwiebeln
- 400 g braune Bohnen, Dose
- 500 g gegartes Rindfleisch, Tafelspitz
- 2 EL Sonnenblumenöl
- 2 EL Kürbiskernöl
- 3–4 EL Weinessig
- 1 TL scharfer Senf
- etwas Salz
- frisch gemahlener Pfeffer
- Petersilienblätter zum Garnieren

1 Die Eier hart kochen, abschrecken, pellen und vierteln. Zwiebeln schälen und in Ringe schneiden. Bohnen über einem Sieb waschen und abtropfen lassen. Fleisch in dünne Streifen schneiden.

2 Für das Dressing beide Öle mit Essig, Senf, Salz und Pfeffer verrühren und abschmecken. Fleisch, Zwiebeln und Bohnen untermischen und auf Tellern anrichten. Mit Eiern und gewaschener Petersilie garniert servieren.

DER GUTE RAT

Wer es nicht nur sauer, sondern auch scharf mag, kann 30 Gramm geriebenen Kren über das Gericht streuen.

KÜRBISKERNÖL

Das schwarze Gold der Steiermark, wie es auch genannt wird, ist sehr hitzeempfindlich. Es sollte deswegen niemals zum Braten verwendet werden, sondern allenfalls leicht erwärmt über Salate gegossen werden. Am allerbesten ist es aber kalt. Bitte kühl und dunkel lagen. Es passt nicht nur zu herzhaften Mahlzeiten, auch in Rührkuchen (siehe Kernöl-Guglhupf) oder als Soße zum Vanilleeis verleiht es Gerichten das gewisse Etwas.

FÜR 8 STÜCK
ZUBEREITUNGSZEIT: 30 Min. + 2 Std. Ruhezeit
AUFWAND: ✪✪
JAHRESZEIT: Fr/So/He/Wi

- 400 g Weizenvollkornmehl
- 100 g Roggenvollkornmehl + etwas Mehl zum Bestäuben
- 20 g frischer Germ
- 1 TL Honig (alternativ 1 TL Zucker)
- 300 g Naturjoghurt
- 1 EL milder Essig
- 2 EL neutrales Öl (Raps-, Distel- oder Sonnenblumenöl)
- 1 TL Salz
- ½ TL Kümmel
- ½ TL Fenchelsaat
- 100 g gemischte Saaten (z.B. Sesam, Leinsamen, Sonnenblumenkerne oder Kürbiskerne)

DER GUTE RAT

Noch lockerer werden die Kornspitze, wenn man ca. 5 Gramm Backmalz unter das Mehl mischt.

Kornspitz

Der Kornspitz darf auf keinem österreichischen Frühstücksbuffet fehlen. Erfunden wurde diese kernige Backware im Jahr 1984 – seitdem hat der Kornspitz die Frühstückskörbe, Esstische und Herzen der Menschen in vielen Ländern der Welt erobert.

1 Mehle in eine Schüssel sieben und in die Mitte eine Mulde drücken. Germ und Honig in 100 Milliliter lauwarmem Wasser auflösen und in die Mulde geben. Vorteig mit Mehl bestäuben und ca. 15 Minuten gehen lassen.

2 Teig mit Joghurt, Essig, Öl, Salz, Kümmel und Fenchelsaat vermischen und langsam in der Küchenmaschine oder mit den Knethaken des Handrührgeräts zu einem glatten Teig verarbeiten. Teig abgedeckt ca. 40 Minuten ruhen lassen. Sollte der Teig dann noch nicht aufgegangen sein, erneut kneten und nochmals ca. 30 Minuten gehen lassen.

3 Wenn der Teig aufgegangen ist, nochmals kräftig durchkneten, einen Laib formen, diesen achteln, glatte Kugeln formen und nochmals ca. 5 Minuten ruhen lassen. Anschließend zu Stangerln rollen. Dabei die Enden dünner auslaufen lassen. Mit Wasser einstreichen und vorsichtig durch die Saatenmischung rollen. Abdecken und ca. 30 Minuten ruhen lassen. Mit einem scharfen Messer der Länge nach einschneiden.

4 Im vorgeheizten Backofen bei 230 °C (Umluft 210 °C) anbacken, nach 10 Minuten auf 190 °C (Umluft 170 °C) reduzieren und ca. 25–30 Minuten backen, bis die Kornspitzstangerl goldbraun sind.

> Dazu schmecken deftige Aufstriche wie **KÜRBISKERNAUFSTRICH** oder Bauern-Liptauer.

FÜR 1 PERSON

ZUBEREITUNGSZEIT: 30 Min. + 30 Min. Ruhezeit

AUFWAND: ✪

JAHRESZEIT: So/He

Resche Most-Kräcker

Die fein-knusprigen, salzigen Kräcker passen perfekt zu einer gesunden Jause. Außerdem sind sie ein wohlschmeckender Snack auf einer Party oder an einem gemütlichen Krimiabend.

- 150 g Weizenvollkornmehl
- 100 g Dinkel- oder Roggenmehl
- 50 g Butter
- 1 TL (Kräuter-)Salz
- 125 ml Most
- Belag nach Wahl (1 TL Sesam, 1 TL Mohn, grobes Meersalz, 50 g geriebener Käse, etwas Curry, scharfes Paprikapulver, Chiliflocken)

1 Backofen auf 180 °C (Umluft 160 °C) vorheizen. Mehle in eine Schüssel sieben. Butter zerlassen, über das Mehl gießen und mit Salz und Most zu einem glatten Teig verkneten. Teig abgedeckt ca. 30 Minuten ruhen lassen.

2 Teig dünn ausrollen und daraus kleine Rechtecke bzw. Kreise ausstechen. Teiglinge auf ein mit Backpapier ausgelegtes Blech legen, mit Wasser bestreichen und je nach Geschmack mit Sesam, Mohn, grobem Meersalz oder geriebenem Käse bestreuen. Wer es pikanter mag, kann dem Teig mit Curry, scharfem Paprikapulver oder Chiliflocken eine milde Schärfe verleihen.

3 Die Most-Kräcker vor dem Backen mit einer Gabel einstechen und ca. 20 Minuten auf der mittleren Schiene des Backofens backen, bis sie die gewünschte Bräune erreicht haben.

> Die Kräcker schmecken sowohl pur als auch mit einem klassisch österreichischen Aufstrich als **DIP**.

DER GUTE RAT

Wenn Sie eine Nudelmaschine besitzen, sollten Sie diese unbedingt zum Teigausrollen verwenden. So wird er an allen Stellen gleichmäßig dünn und lässt sich wesentlich besser würzen und belegen.

STASSNY
TRACHTENKINDER
SCHLOSSEREI
Wieber
SCHLÜSSEL DIENST
Aschauer
1. STOCK
swatch

WEIN

IHS

FÜR 4 PERSONEN

ZUBEREITUNGSZEIT: 15 Min.

AUFWAND: ✪

JAHRESZEIT:
He/Wi

Hausgemachter Krenaufstrich

Dieser Aufstrich darf vor allem beim Heurigen nicht fehlen. Er passt hervorragend zu frischem Brot oder selbst gebackenen Salzstangen.

- ½ Bund Radieschen
- 1 Schalotte
- 1 Bund Schnittlauch
- 270 g Topfen
- 1 EL Kren (frisch gerieben oder alternativ Apfelkren aus dem Glas)
- etwas Salz
- frisch gemahlener Pfeffer

1 Radieschen putzen, waschen und in feine Stifte schneiden. Schalotte schälen und fein hacken. Schnittlauch waschen, trocken schütteln und in feine Röllchen schneiden.

2 Topfen mit Radieschen, Schalotte, Kren und Schnittlauch zu einer glatten Masse verrühren. Mit Salz und Pfeffer würzig abschmecken und in ein Schälchen füllen.

DER GUTE RAT

Variieren Sie den Krenaufstrich gerne mit etwas geriebener Karotte oder frischen gehackten Kräutern wie z.B. Petersilie

DAS PASST!

Krenaufstrich passt am besten auf frisches Bauernbrot, schmeckt aber auch sehr gut als Dip, z.B. mit italienischen Grissini oder Gemüsesticks. Die Radieschen kann man durch fein geschnittene, zuvor entkernte Gurken ersetzen.

FÜR 4 PERSONEN

ZUBEREITUNGSZEIT: 2 Std. + 1 Nacht

AUFWAND: ✪✪

JAHRESZEIT: Fr/So/He/Wi

Käferbohnensalat aus der Steiermark

Der Käferbohnensalat ist eine klassische Beilage aus der steirischen Küche. Mit nussigem Kernöl wird er zum köstlichen Jausengericht. Zusätzlich machen die braunvioletten Käferbohnen diesen Salat zum absoluten Augenschmaus.

- 250 g getrocknete Käferbohnen
- einige Stängel Bohnenkraut
- 1 Lorbeerblatt
- 1 Prise Zucker nach Belieben
- etwas Salz
- 1 Zwiebel
- 2 TL Apfelessig
- 4 TL Kürbiskernöl
- frisch gemahlener Pfeffer
- 3–4 Stängel Dill
- 30 g frisch geriebener Kren (nach Belieben)

1 Käferbohnen mindestens 12 Stunden (besser 24 Stunden) in lauwarmem Wasser einweichen.

2 Am nächsten Tag Bohnenkraut, Lorbeer und eine Prise Zucker zugeben und Bohnen ca. 1,5 Stunden weich kochen. Nach der Hälfte der Kochzeit Salz zufügen. Käferbohnen über einem Sieb abgießen und mit kaltem Wasser abschrecken.

3 Käferbohnen in eine Schüssel geben. Zwiebel schälen, fein hacken und zu den Bohnen geben. Mit Apfelessig, Kürbiskernöl, Salz und Pfeffer abschmecken. Dill waschen, trocken schütteln und Fähnchen von den Stielen zupfen. Fein hacken und zum Salat geben, unterrühren. Nach Belieben mit geriebenem Kren abschmecken.

> Für zusätzliches Aroma sorgen eine Handvoll **FRISCHE KRÄUTER**, mediterranes Zitronenöl oder südasiatischer Kreuzkümmel.

HALBIERT SCHMECKT'S BESSER!

Ein weitaus intensiveres Geschmackserlebnis erzielen Sie, wenn Sie die Käferbohnen der Länge nach halbieren. Dadurch nehmen die Bohnen das köstliche Dressing schon an den Schnittflächen auf und transportieren dessen Aromen nach innen.

FÜR 4 PERSONEN

ZUBEREITUNGSZEIT: 15 Min.

AUFWAND: ✪

JAHRESZEIT: Fr/So/He/Wi

Kürbiskernaufstrich

Ein typischer Aufstrich aus dem steirischen Vulkanland im Südosten Österreichs – natürlich mit DEM Produkt des Landes!

- 1 Handvoll Kürbiskerne
- 250 g Topfen
- 2 EL Sauerrahm (oder Crème fraîche)
- 2 Knoblauchzehen
- 3–4 EL Kürbiskernöl
- etwas Salz
- frisch gemahlener Pfeffer

1 Kürbiskerne in einer Pfanne ohne Fett anrösten, abkühlen lassen. Topfen über einem Sieb kurz abtropfen lassen und mit dem Sauerrahm vermischen.

2 Knoblauch schälen, durch die Knoblauchpresse drücken und zugeben. Knoblauch und Kürbiskernöl unterrühren und mit Salz und Pfeffer abschmecken.

3 Geröstete Kürbiskerne fein hacken und unterheben. Aufstrich in ein verschließbares Einwegglas abfüllen oder sofort servieren.

> Der Kürbiskernaufstrich schmeckt hervorragend mit **VOLLKORNBROT**.

DER GUTE RAT

Wenn es mal schnell gehen muss, können Sie den Topfen und den Sauerrahm ganz einfach durch Frischkäse ersetzen und diesen mit den restlichen Zutaten vermischen.

FÜR 6 PERSONEN

ZUBEREITUNGSZEIT: 10 Min.

AUFWAND: ✪

JAHRESZEIT: Fr/So/He/Wi

- 4–6 Knoblauchzehen
- 500 g Bauchspeck (roh geräuchert)
- ½ TL Meersalz
- frisch gemahlener Pfeffer

Verhackert aus der Steiermark

So schmeckt die Steiermark! Verhackert ist ein klassisch steirischer Brotaufstrich aus geräuchertem Speck und viel Knoblauch, der bei keiner Jause oder keinem bodenständigen Picknick fehlen sollte.

1 Knoblauch schälen und fein hacken. Speck in kleine Würfel schneiden. Speckwürfel zusammen mit dem Knoblauch durch den Fleischwolf drehen.

2 Hackmasse mit Salz und Pfeffer abschmecken und sehr gut durchmischen. In ein schönes Aufbewahrungsglas abfüllen oder sofort servieren.

> Auf frisch gebackenem **SCHWARZBROT** serviert, ist Verhackert ein wahrhaft himmlischer Genuss.

BITTE VERFEINERN!

Unser Verhackert-Rezept ist nicht nur ein gehaltvoller Brotaufstrich, er eignet sich auch perfekt zum Verfeinern. Der gehackte Speck schmeckt wunderbar zu Krautsalat.

FÜR 4 PERSONEN

ZUBEREITUNGSZEIT: 20 Min.

AUFWAND: ✪

JAHRESZEIT:
Fr/So/He/Wi

Bosna nach Salzburger Art

Wenn Sie einmal nach Salzburg kommen, sollten Sie sich die Bosna – einen stadtbekannten Imbiss – nicht entgehen lassen: Hierbei handelt es sich um eine Bratwurst, die mit Zwiebeln, Petersilie und Gewürzen direkt aus der Hand gegessen wird.

- 1 Gemüsezwiebel
- 4 Knoblauchzehen
- 4 EL süße Chilisoße
- 1 EL Cayennepfeffer
- 1 TL Madras Curry mild
- etwas Salz
- 1 EL Zucker
- 16 kleine Rostbratwürste
- Bratöl
- 4 Baguettebrötchen
- einige Stängel Petersilie

1 Für die Soße Gemüsezwiebel und Knoblauch schälen, fein hacken und gut mit Chilisoße, Cayennepfeffer, Curry, Salz und Zucker verrühren.

2 Rostbratwürste kräftig in etwas Bratöl braten, bis der gewünschte Bräunungsgrad erreicht wurde. Auf Küchenkrepp abtropfen lassen.

3 Baguettebrötchen aufschneiden und im vorgeheizten Backofen leicht anbacken. Petersilie waschen, trocken schütteln, Blättchen vom Stiel zupfen und fein hacken. Jeweils 2 Baguettehälften mit 1–2 Esslöffeln Soße bestreichen, mit den Würsten füllen und Petersilie darüberstreuen. Bosna mit einer Serviette umwickeln und noch heiß servieren.

> Zum Imbiss schmeckt eines der guten kühlen **SALZBURGER BIERE**.

DER GUTE RAT

Wer es noch deftiger möchte, füllt die Bosna zusätzlich mit Sauerkraut und scharfem Senf.

GEHEIMTIPP

Die besten Bosna in Salzburg soll es bei einem kleinen Stand geben, der sich unauffällig zwischen einem der berühmten Salzburger „Durchhäuser" versteckt, in unmittelbarer Nähe zur Getreidegasse und zum Universitätsplatz. Dank der langen Schlange und dem Duft frisch gebratener Würstl lässt sich der Stand nicht verfehlen.

FÜR 4 PERSONEN

ZUBEREITUNGSZEIT: 15 Min.

AUFWAND: ✪

JAHRESZEIT:
So/He

Bauern-Liptauer

Liptauer – das ist ein pikanter Brotaufstrich mit Paprika, den man aus der böhmischen und österreichischen Küche kennt. Er ist ein Klassiker beim Heurigen und bereichert jede Brettljause oder sommerliche Picknicktafel.

- ½ rote Paprikaschote
- 1 kleine Schalotte
- 100 g Butter
- 250 g Topfen
- 1–2 EL Sauerrahm
- 2–3 TL Paprikapulver (edelsüß)
- 1 TL gemahlener Kümmel
- 1 TL Dijon-Senf (nach Belieben)
- etwas Salz
- frisch gemahlener Pfeffer
- ¼ Bund frischer Schnittlauch

1 Paprikaschote putzen, waschen und zu sehr kleinen Würfeln schneiden. Schalotte schälen und klein würfeln.

2 Butter, Topfen und Sauerrahm mit dem klein geschnittenen Gemüse vermengen. Mit Paprikapulver, Kümmel, Senf, Salz und Pfeffer abschmecken und gut verrühren.

3 Schnittlauch waschen, trocken schütteln, in feine Röllchen schneiden und unter den Liptauer rühren.

> Frisches Schwarzbrot oder **KORNSPITZ** passt hervorragend zum Bauern-Liptauer.

DER GUTE RAT

Noch intensiver und schärfer schmeckt der Liptauer, wenn Sie eine frisch gepresste Knoblauchzehe unter die Masse rühren.

FÜR 6 PERSONEN

ZUBEREITUNGSZEIT: 20 Min. + 1 Nacht Ruhezeit

AUFWAND: ✪✪✪

JAHRESZEIT: Fr/So/He/Wi

Sülze vom Tafelspitz mit Kürbiskernöl

So lecker kann Resteverwertung sein! Wenn Sie etwas Fleisch vom Wochenende oder den Feiertagen übrig haben, sollten Sie diese feine Sülze aus den Resten des Tafelspitzes unbedingt probieren.

- 400 g gekochtes Rindfleisch (Tafelspitz)
- 100 g Lauch
- 100 g Staudensellerie
- 1 kleine Karotte
- 1 kleine Zwiebel
- etwas Salz
- 8 Blatt weiße Gelatine
- 600 ml Fleischbrühe
- 8 EL Weißweinessig
- frisch gemahlener Pfeffer
- Petersilie nach Belieben
- 4–5 Gewürzgurken
- 3 EL Kapern
- 1 Schalotte
- 1 Handvoll frische, gemischte Kräuter (z.B. Petersilie, Schnittlauch, Kerbel, Dill, Kresse)
- 10 EL Raps-, Kürbiskern- oder Traubenkernöl
- 1 Prise Zucker

1 Fleisch waschen, trocken tupfen und in Würfel schneiden. Lauch und Staudensellerie waschen. Karotte und Zwiebel schälen. Gemüse würfeln und in kochendem Salzwasser ca. 1–2 Minuten blanchieren. Abgießen, abschrecken und auf einem Küchenkrepp gut abtrocknen lassen.

2 Gelatine in kaltem Wasser einweichen. Brühe in einem mittelgroßen Topf erwärmen und Gelatine darin auflösen. Mit 3 Esslöffeln Essig, Salz und Pfeffer kräftig würzen.

3 In eine große Terrinenform (oder eine Backreine) einen 5 Millimeter hohen Spiegel gießen. Nach Belieben Petersilie waschen, trocken schütteln, Blättchen vom Stiel zupfen und darüber verteilen. Im Kühlschrank fest werden lassen.

4 Gurken fein hacken. Fleisch- und Gemüsewürfel mit den Kapern und Gurkenwürfeln gut vermischen und gleichmäßig in der Terrinenform verteilen. Mit der restlichen Brühe aufgießen und im Kühlschrank mindestens 6–8 Stunden fest werden lassen. Zum Stürzen die Form kurz in heißes Wasser stellen.

5 Schalotte schälen und fein würfeln. Frische Kräuter waschen, trocken schütteln, Blättchen vom Stiel zupfen und fein hacken. Aus restlichem Weißweinessig, Öl und frischen Kräutern eine Vinaigrette herstellen, mit Salz, Pfeffer und Zucker abschmecken und zur Sülze servieren.

> Dazu schmeckt ein **GRÜNER VELTLINER** hervorragend.

DER GUTE RAT

Zu einer Hauptmahlzeit wird die Sülze mit Salz- oder Braterdäpfeln und einem kleinen gemischten Salat.

Suppen

PALATSCHINKEN – ERBE DER K.U.K.-MONARCHIE

Palatschinken – kulinarisches Erbe der österreichisch-ungarischen Vergangenheit – werden sowohl süß als auch pikant zubereitet, z. B. als Suppeneinlage (Frittatensuppe).

GRIESSNOCKERL – EINLAGE MT TRADITION

Die kleinen Knödel aus Grieß (grob geriebenes Mehl), Eiern, Milch und Butter sind vor allem als sättigende Suppeneinlage ein Klassiker der österreichischen Küche.

PILZE – HERBSTLICHE LECKERBISSEN

Von August bis Oktober kann man in Österreich am besten Pilze sammeln. Wildpilze wie Steinpilze oder Eierschwammerl sind saisonal auch im Handel erhältlich.

KNOLLENSELLERIE – HERBSTGEMÜSE

Das würzige Herbstgemüse wird vor allem für deftige Suppen verwendet, aber auch als Röst- oder Wurzelgemüse. Hauptanbaugebiet in Österreich ist das Marchfeld.

FÜR 4 PERSONEN

ZUBEREITUNGSZEIT: 30 Min.

AUFWAND: ✪

JAHRESZEIT:
Fr/So/He/Wi

Frittatensuppe

Die österreichische Küche ist reich an Suppen. An der Frittatensuppe führt bei einem Restaurantbesuch in der Kaiserstadt kein Weg vorbei, denn sie steht Sommer wie Winter auf der Speisekarte. Man bereitet sie aus Palatschinken als Einlage und einer kräftigen Rinderbrühe zu.

- 1 Ei
- 50 g Mehl
- 100 ml Milch
- etwas Salz
- 1 Prise Zucker
- 10 g Butter
- 1 l Rinderbrühe oder Gemüsebrühe

1 Ei verquirlen. Mehl, Milch, Salz und Zucker gut unterschlagen. In einer flachen Pfanne Butter zerlassen und so viel Teig hineingeben, dass der Boden dünn bedeckt ist. Kurz stocken lassen, dann wenden. Auf diese Weise 2 bis 3 Palatschinken ausbacken.

2 Die fertigen Palatschinken abkühlen lassen, einzeln zusammenrollen und in feine Streifen schneiden. Für die Frittatensuppe Palatschinkenstreifen auf Teller verteilen und mit einer kräftigen Rinderbrühe oder einer schmackhaften Gemüsebrühe übergießen.

> Schmeckt auch hervorragend als **VORSPEISE** von einem Wiener Menü.

DER GUTE RAT

Wenn es einmal schnell gehen muss, können Sie die Suppe auch aus gefrorenen Palatschinken herstellen: Bereiten Sie dazu die vierfache Menge Teig zu und frieren Sie die ausgebackenen Palatschinken stapelweise ein.

VARIATION IST ALLES

Abwechslung gefällig? Wandeln Sie das Rezept nach Lust und Laune und so kreativ wie möglich ab: Bereiten Sie den Teig mit frisch gehackten Kräutern Ihrer Wahl zu. Probieren Sie die Frittatensuppe zum Beispiel mit Koriander-, Bärlauch- oder Zitronenmelisse-Palatschinken.

FÜR 6 PERSONEN

ZUBEREITUNGSZEIT: 1,5 Std.

AUFWAND: ✪

JAHRESZEIT:
He/Wi

- 1 Suppenhuhn (ca. 700 g)
- 1 Bund Suppengrün
- ½ Bund Petersilie
- 1 Stängel Liebstöckel
- Lorbeer, Piment oder Wacholder (nach Belieben)
- 120 g Heidenbrein (gewaschen)
- etwas Salz
- frisch gemahlener Pfeffer

Breinsuppe vom Huhn

Suppenkaschper aufgepasst! Breinsuppe ist so gut, dass man sie in Kärnten auf fast jeder Speisekarte findet. Vor allem an kalten Wintertagen, wenn man nach einem ausgedehnten Spaziergang nach Hause kommt, ist dieses Rezept ein wohltuender, von innen wärmender Genuss.

1 Suppenhuhn waschen, trocken tupfen und in einem großen Suppentopf mit 1,5 Litern Wasser einmal aufkochen lassen. Kochsud abgießen und Huhn in frischem Wasser aufsetzen.

2 Suppengrün waschen, putzen und grob zerkleinern. Petersilie und Liebstöckel waschen und trocken schütteln. Petersilienblättchen von den Stielen zupfen und fein hacken. Petersilienstängel beiseitelegen. Nach ca. 10 Minuten Kochzeit Suppengrün, Petersilienstängel und Liebstöckel sowie nach Belieben Lorbeer, Piment oder Wacholder zufügen und auf kleiner Flamme weiterköcheln lassen.

3 Nach ca. 1 Stunde prüfen, ob das Huhn weich ist. Aus dem Sud nehmen, kalt abschrecken, auslösen und Fleisch in portionsgerechte Stücke teilen. Hühnerbrühe über einem Sieb in einen Topf seihen und Heidenbrein darin weich kochen. Fleischstücke zufügen, mit Salz und Pfeffer abschmecken und die Breinsuppe mit Petersilie bestreut servieren.

> Dazu passt frisches LAND- oder BAUERNBROT.

SUPPE VERFEINERN!

Einen ganz eigenen, charakteristischen Geschmack bekommt die Suppe, wenn Sie Lorbeer, Piment oder Wacholder mitkochen. Für eine südasiatische Note fügen Experimentierfreudige Kurkuma, Koriander, Curryblätter, Kokosmilch, Kreuzkümmel und Kardamom hinzu und servieren die Suppe mit Basmatireis als Beilage.

FÜR 4 PERSONEN

ZUBEREITUNGSZEIT: 40 Min.

AUFWAND: ✪

JAHRESZEIT:
Fr/So/He/Wi

Omas Grießnockerlsuppe

Diese Suppe verbinden viele Österreicher mit Erinnerungen an das gemeinsame Mittagessen mit der Großmutter in ihrer Kindheit. Grießnockerlsuppe ist eine traditionelle Speise aus dem österreichischen Suppenkosmos, die sich ganz einfach zubereiten lässt, aber ein wenig Ruhe und Muße bei der Zubereitung benötigt.

- 80 g Butter
- 1 großes Ei
- 150 g Grieß
- ½ TL Salz
- etwas frisch geriebener Muskat
- ½ Bund Schnittlauch
- 1 l Rinderfond

1 Zimmerwarme Butter mit den Quirlen des Handrührgeräts schaumig schlagen, Ei und Grieß vorsichtig unterrühren. Grießmasse mit Salz und Muskat würzen und ca. 5 Minuten ruhen lassen. Mithilfe von zwei Teelöffeln Nockerl ausstechen und in 1 Liter leicht kochendem, gesalzenem Wasser ca. 5 Minuten gar ziehen lassen.

2 Topf vom Herd nehmen und Nockerl nochmals ca. 10 Minuten ziehen lassen. Schnittlauch waschen, trocken schütteln und in feine Röllchen schneiden. Rinderfond erhitzen. Grießnockerl auf Suppenteller verteilen und mit Rinderfond übergießen. Mit Schnittlauchröllchen garnieren.

> Dazu passt eine Scheibe BAUERN- oder SCHWARZBROT.

DER GUTE RAT

Die Grießnockerl lassen sich sehr gut einfrieren und können als leckere Beilage, z.B. zu Gemüse und Kurzgebratenem, mit etwas Soße serviert werden. Dazu müssen die Nockerl lediglich einige Minuten in etwas Salzwasser gar ziehen.

FÜR 4 PERSONEN

ZUBEREITUNGSZEIT: 1 Std.

AUFWAND: ✪

JAHRESZEIT: Fr/So/He/Wi

Heidensterz-Suppe

Von der Hoadnsterz-Suppe gibt es viele Varianten. Ob vegetarisch – wie hier – oder mit Grammelschmalz: wer einmal Heidensterz als Suppeneinlage probiert hat, wird ihn nie wieder missen wollen.

Für die Suppe:

- 400 g mehligkochende Erdäpfel
- 100 g Knollensellerie
- 1 Petersilienwurzel
- 1 Zwiebel
- 1 Knoblauchzehe
- 3 EL Butter
- ca. 800 ml Gemüsebrühe
- etwas Salz
- etwas frisch geriebener Muskat
- Kümmel, gemahlen
- frisch gemahlener Pfeffer
- 3–4 Lauchzwiebeln
- 75 g Obers

Für den Heidensterz:

- 300 g Heidenmehl
- ½ TL Salz
- 2 EL Butterschmalz

1 Die Erdäpfel, den Sellerie, die Petersilienwurzel, die Zwiebel und den Knoblauch schälen und alles würfeln. Alles Gemüse zusammen in einem Topf in 2 Esslöffeln heißer Butter farblos anschwitzen. Die Brühe angießen, mit Salz, Muskat, Kümmel und Pfeffer würzen und etwa 20 Minuten leise köcheln lassen.

2 Inzwischen für den Heidesterz das Heidenmehl mit ca. 150 Milliliter Wasser zu einem dickflüssigen Teig verrühren. Etwa 10 Minuten quellen lassen. Das Schmalz in einer großen Pfanne erhitzen und den Teig hineingießen. 2–3 Minuten bei mittlerer Hitze goldbraun anbraten. Dann wenden und die zweite Seite 2–3 Minuten braten. Mit einem Pfannenwender in kleine Stückchen teilen, vom Herd nehmen und warm halten.

3 Die Lauchzwiebeln waschen, putzen und in feine Ringe schneiden. Die Suppe fein pürieren. Den Obers angießen und nach Bedarf noch etwas einköcheln lassen oder Brühe ergänzen. Die Lauchzwiebeln dazu geben und abschmecken. Den Heidensterz zur Suppe geben, in Schalen verteilen und servieren.

DER GUTE RAT

Weniger große Klumpen und ein trockeneres Ergebnis erhält man durch die Zugabe von weniger Wasser.

ZUBEREITUNGSTIPP

Bei der klassischen Zubereitung verwendet man Grammelschmalz, um den Sterz anzubraten. Da dieser recht trocken ist, sollte man ihn am besten mit einer zweizinkigen Sterzgabel (alternativ: Fleischgabel) zerteilen. Wie Polenta ist auch Heidenmehl sehr vielseitig und kann beliebig verfeinert werden.

FÜR 6 PERSONEN

ZUBEREITUNGSZEIT: 1,5 Std.

AUFWAND: ✪✪✪

JAHRESZEIT:
Fr/So/He/Wi

Gänsebrühe mit Bröselknödeln

Bröselknödel schmecken nicht nur als Einlage in dieser fein-aromatischen „Ganslsuppe" hervorragend. Als sättigende Beilage passen sie ebenso gut zu Fleisch oder Fisch.

- 1 Mastgans
- etwas Salz
- 125 ml Weißweinessig
- 2 Lorbeerblätter
- 6 Pfefferkörner
- 1 Bund Suppengrün
- 20 g Mehl + etwas Mehl zum Panieren
- 20 g Gänseschmalz
- 200 g Obers
- etwas frisch geriebener Muskat
- 3 altbackene Semmeln
- 40 g Butter
- 1 Eidotter
- 2 Eier
- 1 EL fein gehackte Petersilie
- frisch gemahlener Pfeffer
- Semmelbrösel
- Backfett zum Ausbacken

1 Gans von Innereien befreien, waschen und trocken tupfen. 1½ Liter Salzwasser aufsetzen, Essig, Lorbeer, Pfefferkörner und Gans zugeben, alles ca. 1 Stunde weich kochen. Suppengrün waschen, putzen und grob zerkleinern. Ca. 20 Minuten vor Ende der Garzeit in die Suppe geben.

2 Fleisch aus der Suppe nehmen, auslösen und in kleine Stücke zerteilen. Brühe durch ein Sieb abgießen, Suppengrün klein schneiden und beiseitestellen. Aus 20 Gramm Mehl und Gänseschmalz eine Mehlschwitze herstellen. Mit Gänsebrühe und Obers aufgießen und eindicken lassen. Mit Muskat abschmecken.

3 Für die Bröselknödel Semmeln in ausreichend Wasser einweichen. Butter schaumig rühren und mit Eidotter, 1 Ei, Petersilie, Salz, Pfeffer und den Semmeln vermischen. Ist der Knödelteig zu flüssig, etwas Semmelbrösel zugeben. Kleine Knödel formen, nacheinander in Mehl, verschlagenem Ei und Semmelbröseln wenden und in heißem Fett ausbacken. Fertige Knödel mit zerteiltem Gänseklein und Suppengemüse in der heißen Suppe servieren.

> Wer möchte, verfeinert die Suppe noch mit einem kräftigen Schuss WEISSWEIN.

SCHECKT AUCH ZU HUHN

Die Suppe können Sie auch mit einem Suppenhuhn zubereiten. Lösen Sie das Hühnerfleisch vom Knochen, schneiden Sie es in feine Stücke und geben Sie das Fleisch in die heiße Brühe.

FÜR 4 PERSONEN

ZUBEREITUNGSZEIT: 3 Std.

AUFWAND: ✪✪

JAHRESZEIT:
Fr/So/He/Wi

- 1 kg Klacheln
- 2 Zwiebeln
- 2 Knoblauchzehen
- 2 Karotten
- 200 g Knollensellerie
- 100 g Petersilienwurzel
- 2 EL Essig
- 1 Lorbeerblatt
- 4 Wacholderbeeren
- 1 EL Pfefferkörner
- ½ Stange Lauch (weiß und hellgrün)
- 2 EL Butter
- 2 EL Mehl
- 100 g Graupen
- etwas Salz
- frisch gemahlener Pfeffer

Klachelsuppe

Eigentlich ist die Klachelsuppe von der Bedeutung her eine „geklachelte", d.h. eine versprudelte Cremesuppe mit Haxenfleisch – heute wird „Klacheln" aber synonym mit Schweinshaxen verwendet.

1 Klacheln waschen und grob hacken. Zwiebeln, Knoblauch, Karotten, Sellerie und Petersilienwurzel schälen und bis auf eine Karotte grob würfeln. Klacheln zusammen mit geschältem und gewürfeltem Suppengemüse, Essig, Lorbeer, Wacholder und Pfefferkörnern in ca. 2 Liter kaltem Wasser (sodass alles bedeckt ist) ca. 1,5 Stunden leise köcheln lassen, bis sich das Fleisch leicht vom Knochen löst.

2 Zweite Karotte in feine Streifen schneiden oder hobeln. Lauch waschen, das Hellgrün in feine Streifen und das Weiß in Ringe schneiden.

3 Fleisch herausnehmen, vom Knochen ablösen und in kleine Würfel schneiden. Brühe durch ein Sieb gießen.

4 Butter und Mehl anschwitzen und mit der Brühe aufgießen (falls nötig, noch etwas Wasser zugeben). Graupen hineingeben und ca. 20 Minuten fast gar köcheln lassen. Gewürfeltes Fleisch und restliches Gemüse hineingeben und nochmals ca. 5–10 Minuten gar köcheln. Suppe mit Salz und Pfeffer abschmecken und servieren.

> Schmeckt auch fein, wenn man leicht **ANGERÖSTETE SCHWARZBROTWÜRFEL** in die Suppe gibt.

FÜR 4 PERSONEN

ZUBEREITUNGSZEIT: 1,5 Std.

AUFWAND: ✪✪

JAHRESZEIT:
Fr/So/He/Wi

- 80 g Graupen (Rollgerste)
- 150 g Speck + 4 Scheiben Speck
- 200 g Geselchtes (z.B. Rollschinken vom Schwein)
- 500 ml Fleischbrühe
- 2 kleine Schalotten
- 2 Karotten
- ½ Petersilienwurzel
- ¼ Knollensellerie
- 4 Erdäpfel
- 1 Stange Lauch
- etwas Salz
- frisch gemahlener Pfeffer
- etwas frisch geriebener Muskat
- 2 EL Mehl
- 2 EL Obers
- 1 Handvoll frische Kräuter (z. B. Petersilie oder Liebstöckel)

Gerstensuppe nach Tiroler Art

Die rustikale Gerstensuppe. Sie schmeckt nicht nur unheimlich lecker, sie ist zudem sehr gesund. Wer Gerste mag, sollte dieses Rezept unbedingt ausprobieren.

1 Graupen über einem Sieb waschen und abtropfen lassen. 150 Gramm Speck würfeln und in einem flachen Topf auslassen, Gerste kurz mitrösten. Geselchtes zufügen und mit 1 Liter Wasser und Fleischbrühe auffüllen.

2 Schalotten, Karotten, Petersilienwurzel, Knollensellerie und Erdäpfel schälen und würfeln. Lauch waschen und in Ringe schneiden. Gemüse in die Suppe geben, kräftig mit Salz, Pfeffer und Muskat würzen und ca. 1 Stunde bei niedriger Hitze köcheln lassen.

3 Geselchtes herausnehmen, klein schneiden und zurück in die Suppe legen. Mehl mit ein wenig Wasser und Obers verrühren und Suppe damit abbinden. Ca. 5 Minuten köcheln lassen und abschmecken. Speckscheiben kross anbraten, frische Kräuter waschen, trocken schütteln, Blättchen vom Stiel zupfen, fein hacken und Suppe damit garnieren. Noch heiß servieren.

> Dazu schmeckt Tiroler **SCHÜTTELBROT**.

DEKO-TIPP

Dekorieren Sie die Gerstensuppe mit je zwei Scheiben knusprig gebratenem Tiroler Rohschinken, einer kleinen Handvoll Gemüsechips und einem Lorbeerblatt.

FÜR 4 PERSONEN

ZUBEREITUNGSZEIT: 45 Min.

AUFWAND: ✪

JAHRESZEIT:
So

Tiroler Heusuppe

Eine wahre Suppenrarität, die nach Almkräutern schmeckt und Erinnerungen an einen sommerlichen Wiesenspaziergang weckt. Das duftende Almheu gibt der Suppe ein ganz besonderes, einzigartiges Aroma.

- 100 g Heu (Almwiesenheu oder Bergheu, am besten frisch geschnitten)
- 1–2 Lorbeerblätter
- 1–2 Nelken
- etwas Salz
- frisch gemahlener Pfeffer
- 50 g Butter
- 80 g Mehl
- 200 g Obers
- 1 Scheibe Bauern- oder Schwarzbrot

1 Heu, Lorbeerblätter und Nelken in 800 Milliliter Wasser kurz aufkochen und ca. 30 Minuten ziehen lassen.

2 Suppe durch ein Sieb abgießen, Fond aufkochen und mit Salz und Pfeffer würzen. Aus Butter und Mehl eine Mehlschwitze herstellen. Mit Fond aufgießen und abbinden. Obers zugießen.

3 Bauern- oder Schwarzbrot dünn aufschneiden und kurz vor dem Servieren mit in die Suppe geben.

> Passt perfekt als Vorspeise für ein deftiges ALMHÜTTENMENÜ.

ZUTAT: A HEU!

Je frischer das Heu, desto intensiver und aromatischer wird das Resultat. Wenn Sie kein frisches Heu bekommen, können Sie dieses im Internet bestellen. Noch raffinierter und delikater wird die Heusuppe mit geräuchertem Fisch (z.B. Forelle oder Lachs) als Einlage und frisch gehobeltem Trüffel als Topping.

FÜR 4 PERSONEN

ZUBEREITUNGSZEIT: 20 Min.

AUFWAND: ✪

JAHRESZEIT:
Wi

Oberösterreichische Schöberlsuppe

Die Schöberlsuppe ist ein beliebtes oberösterreichisches Rezept in gutbürgerlicher Tradition, das sich gut als Auftakt für ein ausgedehntes Familien- oder Festtagsessen macht.

- 3 Eier
- 2 TL Stärke
- etwas Salz
- 40 g Weizen- oder Dinkelmehl + Mehl zum Bestäuben
- 30 g zerlassene Butter + Butter zum Einfetten
- frisch gemahlener Pfeffer
- etwas frisch geriebener Muskat
- 1–1,5 l Gemüse- oder Rinderbrühe
- Petersilie (nach Belieben)
- geräucherter Schinken (nach Belieben)

1 Eier trennen. Eiklar mit Stärke und 1 Prise Salz mit den Quirlen des Handrührgeräts zu Eischnee schlagen. Eidotter verquirlen, zusammen mit dem Mehl und der zerlassenen Butter vorsichtig unter den Eischnee heben. Mit Salz, Pfeffer und Muskat würzen. Backofen auf 200 °C (Umluft 180 °C) vorheizen.

2 Ein Backblech oder kleine Backförmchen mit Butter ausstreichen und mit Mehl bestäuben. Teig fingerhoch auf dem Backblech (bzw. in den Backförmchen) verstreichen und im Backofen ca. 8–10 Minuten hellbraun backen. Auskühlen lassen und in mundgerechte Stücke schneiden.

3 Petersilie waschen, trocken schütteln und fein schneiden. Schinken in feine Würfel schneiden. Schöberl zur heißen Gemüse- oder Rinderbrühe reichen und mit Petersilie und Schinkenwürfel servieren.

> Für Fleischliebhaber bieten sich **WARME WÜRSTEL** als weitere Suppeneinlage an.

SNACK-IDEE

Schöberl können auch als kleiner Snack serviert werden: Bestreichen Sie dazu den fertig gebackenen Schöberlteig mit Ihrem Lieblingsaufstrich und rollen Sie ihn wie eine Biskuitroulade auf. In Scheiben geschnitten und mit Kräutern garniert, zaubern Sie so einen ansehnlichen, leckeren Vorspeisenteller.

Beim Heurigen

Alltag aus – Leben an!

Was gibt es nach einem ereignisreichen Tag Schöneres als eine gemütliche Jause in geselliger Runde, um sich auszutauschen, abzuschalten und bewusst zu genießen? Und wo ginge dies besser als im Heurigen? Grundsätzlich darf sich jede Gaststätte „Heuriger" nennen, da diese Bezeichnung weder gesetzlich definiert noch geschützt ist. Der Wirt darf dort alles anbieten, was seine Lizenz erlaubt.

Die Schatzkammer – Genuss auf Vorrat

Bei einer Auswahl an verschiedenen kalten Gerichten schmecken Wein, Bier und Schnaps viel echter. Beim Heurigen schlemmt man gut bürgerlich. Ein Buschenschank bietet heimische Produkte an. Spaghetti, Burger und dergleichen sucht man hier vergebens. Das macht einen urigen Heurigen aus! Von deftigem Braten über knackige Salate der Saison bis hin zu pikanten Jausen gibt es für jeden Hunger die richtige Begleitung zum passenden Tropfen. Ein reiches Buffet bietet Neuentdeckern, Unentschlossenen und Naschern eine Vielzahl an Gustostückerln und Gaumenschmeichlern. Ab und an speist man auch à la carte. Die Karten sind oft in Mundart und mit Witz gestaltet und die Auswahl schreit geradezu nach einem vollmundigen Gläschen Wein, um den Geschmack zu vervollkommnen sowie einem scharfen Schnapserl, um das Vergnügen abzuschließen.

Buschenschank

Der Heurige ist – besonders in den Weingebieten Österreichs – als Buschenschank bekannt. Jedes Weingebiet hat dabei seine eigenen Leckerbissen und Tropfen. In Niederösterreich, Wien, Kärnten, im Burgenland und in der Steiermark erlebt man den Buschenschank als saisonales Highlight. Landwirte und Winzer bieten zu einer begrenzten Zeit hausgemachte Köstlichkeiten und Selbstgebrautes sowie -gegorenes an. Ursprünglich wurde ein Buschenschank immer dann veranstaltet, wenn in den alten Fässern zur Erntezeit wieder Platz für die neuen hochprozentigen Säfte geschafft werden musste. Ein Buschenschank, also ein „echter Heuriger“, darf ausschließlich von Landwirten betrieben werden, die einen Wein- und/oder Obstgarten besitzen. Dabei hat jedes Bundesland sein eigenes Buschenschankgesetz, das Namen, Öffnungszeiten und Angebot regelt. So braucht man beispielsweise laut dem Wiener Buschenschankgesetz keine Gastgewerbekonzession und es dürfen lediglich Produkte aus eigener Herstellung serviert werden.

Beliebte Schmankerl (1)

Diese Schmankerl runden einen Heurigenbesuch gekonnt ab:

- ***A Meterbrettl:** eine Brettljause für mehrere Personen. Auf einem Holzbrett wird eine Variation verschiedener Köstlichkeiten (Käse, Speck, Aufstrich, Eingelegtes) serviert. Eine Brettljause kann man aber auch ganz für sich bestellen.*
- ***Sölchwürschtl mit Kren:** geselchte/geräucherte Würste mit geriebenem Kren (scharf!).*
- ***Aufstrichvariationen mit Brot** (Liptauer, Verhackert, Leberaufstrich*

Beliebte Schmankerl (2)

Und um den Tag zu versüßen:

- *Nuss- und Mohnstrudel*
- *Buchteln (auch Wuchteln, Ofen- oder Rohrnudeln genannt): eine Art Germknödel, die mit heißer Vanillesoße, natur mit Staubzucker bestäubt oder gefüllt mit Marillenmarmelade oder Powidl serviert werden*
- *Guglhupf (Napfkuchen)*
- *Apfelstrudel*

FÜR 4 PERSONEN

ZUBEREITUNGSZEIT: 50 Min.

AUFWAND: ✪✪

JAHRESZEIT: Fr/So/He/Wi

Feinschmecker-Leberspätzlesuppe

Leberspätzlesuppe ist so beliebt, dass sie weit über die Grenzen Österreichs bekannt ist. So wird sie beispielsweise in den Biergärten Süddeutschlands als Vorspeise genossen, bevor ein deftiger Schweinebraten auf den Tisch kommt. Wenn Sie gerne Leberspätzle essen, werden Sie diese Suppe lieben!

- 1 Zwiebel
- 1 EL Öl
- ½ Bund Petersilie
- 1 Stängel Liebstöckel
- 130 g frische faschierte Rinderleber
- 1 Ei
- 4 EL Semmelbrösel
- 1 EL Mehl
- 1 TL Majoran (getrocknet)
- 1 Prise frisch geriebener Muskat
- etwas Salz
- frisch gemahlener Pfeffer
- 1 l Rinderfond
- 2 EL Schnittlauchröllchen

1 Zwiebel schälen, fein würfeln und in Öl anbraten. Petersilie und Liebstöckel waschen, trocken schütteln, Blättchen von den Stielen zupfen und fein hacken. Petersilie und Liebstöckel zu den Zwiebeln in die Pfanne geben und beiseitestellen.

2 Rinderleber, Ei, Semmelbrösel und Mehl verkneten. Mit Majoran, Muskat, Salz und Pfeffer würzen. Masse ca. 30 Minuten ruhen lassen.

3 1 Liter Salzwasser zum Kochen bringen. Lebermasse mit einem Spätzlebrett ins kochende Salzwasser schaben und einmal kurz aufkochen lassen.

4 Leberspätzle über einem Sieb abgießen und in den heißen Rinderfond geben. Suppe auf Teller verteilen und mit fein gehackten Schnittlauchröllchen servieren.

> Dazu passt frisches **BAUERNBROT** mit Butter und Schnittlauch.

EINFRIEREN ERLAUBT!

Wenn Leberspätzle übrig bleiben, lassen sich diese sehr gut einfrieren. So können Sie sich immer, wenn sich einmal der Heißhunger auf etwas Salziges meldet, auf eine hausgemachte, schnell zubereitete Leberspätzlesuppe freuen.

FÜR 4 PERSONEN

ZUBEREITUNGSZEIT: 30 Min.

AUFWAND: ✪✪

JAHRESZEIT: So/He

Eierschwammerlsuppe

Eierschwammerl werden unter Kennern als das Gold des Waldes bezeichnet. Diese Suppe ist eine saisonale cremige Köstlichkeit, die keineswegs nur Pilzliebhaber in Verzückung versetzt.

- 4 mittelgroße Erdäpfel
- 1,5 l Gemüsebrühe
- 350 g Eierschwammerl
- 1 Zwiebel
- 80 g Speck (mager)
- 3 EL Olivenöl
- 1 Knoblauchzehe
- ½ Bund Petersilie
- etwas Salz
- frisch gemahlener Pfeffer
- etwas frisch geriebener Muskat
- 1 Prise Cayennepfeffer
- 150 g Obers

1 Erdäpfel schälen und in kleine Würfel schneiden. Gemüsebrühe in einem Topf aufkochen, Erdäpfel darin gar kochen.

2 Eierschwammerl putzen, größere Schwammerl halbieren. Zwiebel schälen und fein würfeln, Speck fein würfeln. Olivenöl in einer Pfanne erhitzen, Zwiebel und Speck darin anschwitzen. Eierschwammerl dazugeben und mit anbraten. Knoblauchzehe schälen, durch die Knoblauchpresse drücken, zufügen und unter ständigem Rühren kurz mitbraten.

3 Petersilie waschen, trocken schütteln, Blättchen von den Stielen zupfen und fein hacken.

4 Schwammerlmischung in die Gemüsebrühe geben und diese mit Salz und Pfeffer, Muskat sowie Cayennepfeffer abschmecken. Obers unterrühren und erneut abschmecken. Noch heiß auf Suppenteller verteilen und mit Petersilie garnieren.

> Dazu passt ein ofenfrisches **BAGUETTE** hervorragend.

DER GUTE RAT

Wenn Sie keine frischen Eierschwammerl bekommen, sind tiefgefrorene eine gute Alternative. Nur auf Pilze aus der Dose sollten Sie nach Möglichkeit verzichten.

SUPPE VERFEINERN!

Besonders raffiniert wird die Suppe, wenn Sie eine Handvoll frischen geputzten Spinat oder Rucola in der Suppe zusammenfallen lassen und frisch in der Pfanne geröstete Kürbis- oder Pinienkerne über die Suppe streuen.

FÜR 6 PERSONEN

ZUBEREITUNGSZEIT: 2,5 Std.

AUFWAND: ✪✪✪

JAHRESZEIT:
Fr/So/He/Wi

Klassische Wiener Rindsuppe

Diese Suppe gehört völlig zu Recht zu den Nationalgerichten Österreichs. Durch verschiedene Einlagen, die sich an der Jahreszeit orientieren, existiert sie in vielen verschiedenen Varianten und schmeckt jedes Mal ein bisschen anders.

- 500 g Suppenfleisch vom Rind
- 1 kleine Zwiebel
- einige Rinderknochen
- 1 Bund Suppengrün
- 3 Eiklar
- etwas Salz
- frisch gemahlener Pfeffer
- Schnittlauch oder Petersilie (nach Belieben)

1 Fleisch waschen, trocken tupfen, in grobe Würfel schneiden und in ca. 2 Liter Wasser einlegen. Zwiebel schälen, halbieren und in einer Pfanne mit der Schnittfläche nach unten ohne Fett anrösten.

2 Rinderknochen waschen. Suppengrün waschen, putzen und in grobe Stücke teilen. Rinderknochen und Gemüse sowie die angeröstete Zwiebel zum Suppenfleisch geben, aufkochen und ca. 2 Stunden köcheln lassen.

3 Suppe etwas abkühlen lassen und das überschüssige Fett abschöpfen. Eiklar mit 250 Milliliter Wasser aufschlagen und langsam in die Suppe rühren. So lange weiterköcheln lassen, bis sie klar ist. Suppe durch ein Küchentuch abseihen und mit Salz und Pfeffer abschmecken.

4 Schnittlauch und Petersilie waschen und trocken schütteln. Schnittlauch in feine Röllchen schneiden. Petersilienblättchen von den Stielen zupfen und fein hacken. Suppe nach Belieben mit Kräutern bestreuen und als klare Suppe oder mit einer typischen Wiener Suppeneinlage servieren.

> Als Einlage eignen sich Frittaten, **LEBERKNÖDEL** oder Grießnockerl ganz hervorragend.

DER GUTE RAT

Zum Klären der Suppe können Sie statt dem Eiklar auch ein Stück Milz oder eine Rinderleber für einige Minuten mitkochen. Schöpfen Sie während des Kochens immer wieder das Fett von der Oberfläche ab, dann trübt die Suppe nicht so stark ein. Wenn Sie die Suppe vor dem Klären vollständig vom Fett befreien, erhalten Sie eine Consommé.

FÜR 4 PERSONEN

ZUBEREITUNGSZEIT: 40 Min.

AUFWAND: ✪

JAHRESZEIT:
He/Wi

Altwiener Erdäpfelsuppe mit Pilzen

Urwienerisch und einfach zuzubereiten – die Erdäpfelsuppe ist ein typisches Gericht der guten alten Wiener Küche. An kalten, nebligen Tagen schmeckt sie besonders gut, da sie uns an vergangene Kindertage erinnert und die Seele wärmt.

- 250 g Erdäpfel
- 1 Bund Suppengrün
- 1 Zwiebel
- 40 g gewürfelter Speck
- 1 EL Öl
- 100 ml trockener Weißwein
- 600 ml Rinder- oder Gemüsefond
- 100 g Pilze nach Wahl (z. B. Champignons)
- 1 EL Mehl
- 125 g Sauerrahm
- 125 g Obers
- etwas Salz
- frisch gemahlener Pfeffer
- etwas frisch geriebener Muskat
- 1 TL Kümmel
- etwas Majoran (getrocknet)
- 4 EL Kerne (z. B. Kürbis- oder Pinienkerne)
- 4 EL Petersilienblättchen

1 Erdäpfel schälen und in Würfel schneiden. Suppengrün waschen, putzen und klein schneiden. Zwiebel schälen und fein hacken.

2 Zwiebel mit Speck in heißem Öl anschwitzen. Suppengrün und Erdäpfel zugeben und kurz mit anbraten. Mit Weißwein ablöschen, Rinder- oder Gemüsefond zugießen. Ca. 20 Minuten auf kleiner Flamme köcheln lassen.

3 Pilze putzen und klein schneiden. Pilze, Mehl, Sauerrahm und Obers in die Suppe geben und nochmals ca. 5 Minuten kochen lassen. Nach Belieben mit Salz, Pfeffer, Muskat, Kümmel und Majoran abschmecken. Kerne in einer Pfanne ohne Fettzugabe anrösten. Suppe mit Petersilienblättchen und gerösteten Kernen servieren.

> Man kann auch hervorragend einen Schuss **KÜRBISKERNÖL** in die Suppe geben.

FÜR 4 PERSONEN

ZUBEREITUNGSZEIT: 50 Min. + 30 Min. Ruhezeit

AUFWAND: ✪

JAHRESZEIT: Fr/So

Heublüten-Essenz mit Steinpilzknödelchen

Wenn Sie diese Suppe Ihren Gästen kredenzen, kommen die sich garantiert vor, als wären sie auf einer duftenden Almwiese – aber fragen Sie sie sicherheitshalber vorher nach bestehenden Gräserallergien, damit sie die Mahlzeit auch genießen können.

- 175 g Semmelbrot
- 125 ml Milch
- 1 Ei
- etwas Salz
- frisch gemahlener Pfeffer
- 1,2 l Gemüsebrühe
- 4 EL Heublüten
- 1 Zwiebel
- 200 g Steinpilze
- 2 EL Pflanzenöl
- 2 EL Schnittlauchröllchen
- etwas frisch geriebener Muskat
- 1–2 EL Semmelbrösel, nach Bedarf mehr

1 Das Semmelbrot in eine Schüssel geben. Die Milch aufkochen lassen und darüber gießen. Das Ei dazu geben, mit Salz und Pfeffer würzen, locker vermengen und ca. 15 Minuten ziehen lassen.

2 Die Brühe mit den Heublüten aufkochen lassen. Vom Herd nehmen und ca. 15 Minuten ziehen lassen.

3 Die Zwiebel schälen und fein würfeln. Die Pilze putzen, die Hälfte in Scheiben schneiden, die übrigen fein würfeln. Die Pilzwürfel und Zwiebeln im heißen Öl in einer Pfanne ca. 5 Minuten bei mittlerer Hitze andünsten. Dann mit dem Schnittlauch zum Knödelbrot geben und alles zu einer gut formbaren Masse vermengen. Falls nötig noch Brösel unterkneten. Mit feuchten Händen Mini-Knödel drehen und in siedendem Salzwasser ca. 5 Minuten garziehen lassen. Die Brühe durch ein Sieb in vier Weckgläser gießen, die Pilzscheiben und Knödel darauf verteilen und die Gläser verschließen. In Gläser in einen großen mit einem Geschirrtuch ausgelegtem Topf stellen und ca. 6 Zentimeter hoch Wasser angießen. Bei kleiner Hitze ca. 10 Minuten köcheln lassen. Herausnehmen und am Tisch öffnen.

DER GUTE RAT

Sollten Sie keine Heublüten bekommen, können Sie für diese Suppe auch eine andere essbare Blütenmischung verwenden.

EINKAUFSTIPP

Heublumen bzw. Heublüten in Bio-Qualität, die man als Lebensmittel verwenden kann (z. B. auch für Tees) oder für äußerliche Anwendungen (z. B. Bäder, Wickel, etc.), kann man übers Internet beziehen – oder man pflückt sie direkt von der Alm!

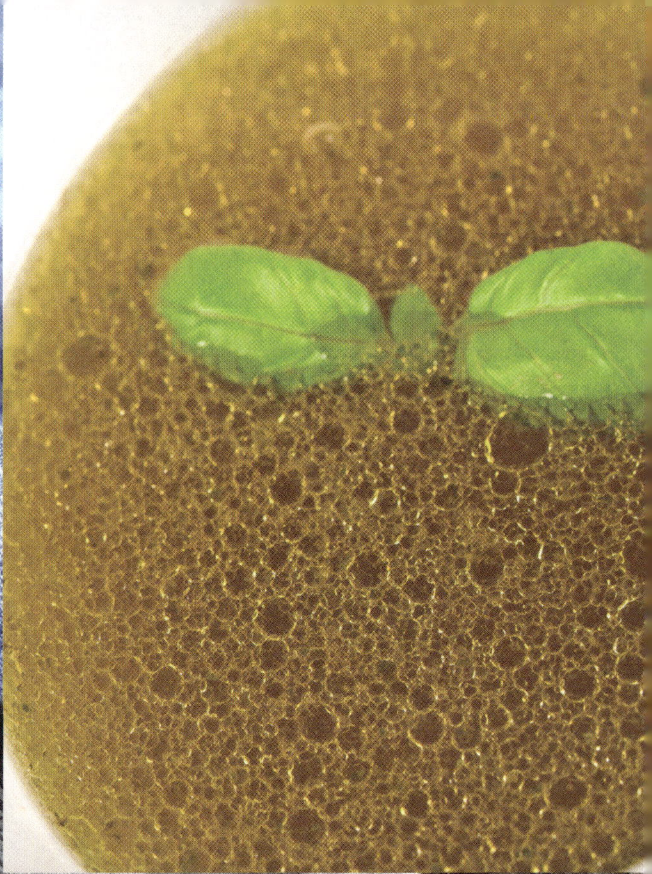

FÜR 4 PERSONEN

ZUBEREITUNGSZEIT: 30 Min.

AUFWAND: ✪

JAHRESZEIT:
He/Wi

- 600 ml Rinderfond
- 9 altbackene Brezen
- 300 g Tiroler Graukäse
- 1 Zwiebel
- 80 g Butterschmalz
- 1 Bund Schnittlauch
- frisch gemahlener Pfeffer nach Belieben

Tiroler Brezensuppe

Die Tiroler Brezensuppe ist ein einfaches, aber äußerst schmackhaftes Rezept, bei dem sich die Resteverwertung auf jeden Fall lohnt. Die Brezensuppe wird zwar mit Brühe gemacht, ist aber eigentlich gar keine richtige Suppe, sondern vielmehr eine Art Schichtgericht.

1 Rinderfond aufkochen und Brezen darin quellen lassen. Die Brezen sollten weich, aber bissfest sein. Zerbröselten Graukäse darüberstreuen und im Backofen bei 200 °C (Umluft 180 °C) ca. 10 Minuten backen.

2 Zwiebel schälen und klein hacken, in heißem Butterschmalz goldbraun braten. Schnittlauch waschen, trocken schütteln und in Röllchen schneiden. Zwiebel und Schnittlauch über die fertige Suppe streuen und nach Belieben mit Pfeffer abschmecken.

> Wenn alle am Tisch gemeinsam aus einer **SCHÜSSEL** essen, schmeckt's am besten!

ZUBEREITUNGSTIPP

Noch leckerer wird die Brezensuppe, wenn Sie beim Braten der Zwiebeln gewürfelten Speck hinzugeben. Wenn Sie es nicht so salzig mögen, sollten Sie vor der Zubereitung darauf achten, die Salzkörner vollständig von den Brezen zu entfernen, weil die Suppe sonst schnell zu intensiv wird.

FÜR 4 PERSONEN

ZUBEREITUNGSZEIT: 50 Min.

AUFWAND: ✪✪

JAHRESZEIT:
He/Wi

Steirische Kaspressknödelsuppe

Diese würzige und reichhaltige Suppe wärmt Sie an kalten Tagen schnell wieder auf und wird Sie vielleicht an das Einkehren in eine Wanderhütte erinnern. Wir stellen Ihnen ein traditionelles Rezept vor, das Sie sich nicht entgehen lassen sollten.

- 1 Zwiebel
- 2 EL Butter
- 150 g Steirer Almkäse (gerieben)
- 100 g Bergkäse (gerieben)
- 210 g Semmelwürfel
- etwas Salz
- frisch gemahlener Pfeffer
- 2 Eier
- 125 ml Milch
- 800 ml Brühe (Geflügel-, Rinder- oder Gemüsebrühe)
- 2 EL gehackte Petersilie

1 Zwiebel schälen, klein würfeln und in 1 Esslöffel Butter glasig andünsten. In eine Schüssel geben und zusammen mit den geriebenen Käsesorten und den Semmelwürfeln verrühren. Mit Salz und Pfeffer würzen.

2 Eier mit Milch verquirlen und über die Semmelwürfel geben. Alles gut vermengen und ca. 10 Minuten ruhen lassen. Mit feuchten Händen aus dem Teig Knödel formen und zu flachen Laibchen drücken.

3 Restliche Butter in einer Pfanne erhitzen und Knödel von beiden Seiten darin goldbraun anbraten. Herausnehmen und auf Küchenpapier abtropfen lassen. Auf Suppenteller verteilen, mit heißer Brühe aufgießen und mit Petersilie bestreuen.

> Dazu passen frisch zubereitete SALATE.

DER GUTE RAT

Probieren Sie dazu doch einen einfachen grünen Salat, einen aromatischen Paradeisersalat oder einen knackigen Gurkensalat mit Obers und Dill.

FÜR 4–6 PERSONEN

ZUBEREITUNGSZEIT: 30 Min.

AUFWAND: ✪

JAHRESZEIT:
Wi

Saure Milchsuppe aus dem Waldviertel

Stosuppe weckt bei vielen Niederösterreichern schöne Erinnerungen an ihre Kindheit. Und manch einer verbindet mit dieser schnell zubereiteten Suppe sogar das einfache Mittagessen an Heiligabend vor der Bescherung.

- 1 EL Kümmel
- etwas Salz
- 2 EL Mehl
- 500 ml Sauermilch (oder normale Milch)
- 250 g Sauerrahm
- frisch gemahlener Pfeffer
- 1 Bund Schnittlauch
- 150 g Schwarzbrot
- etwas Fett

1 750 Milliliter Wasser mit Kümmel und ½ Teelöffel Salz aufkochen und ca. 15 Minuten köcheln lassen. Mehl mit Sauermilch verquirlen, in das kochende Wasser einrühren, nochmals aufkochen lassen und vom Herd nehmen. Sauerrahm einrühren. Suppe mit Salz und Pfeffer abschmecken.

2 Schnittlauch waschen, trocken schütteln und in feine Röllchen schneiden. Schwarzbrot würfeln und mit wenig Fett in einer Pfanne knusprig braten. Suppe auf Teller verteilen. Mit Schwarzbrotwürfeln und fein geschnittenem Schnittlauch garnieren und noch heiß servieren.

> Dazu passen **ERDÄPFELSCHMARRN** oder Erdäpfelsterz als Beilagen.

ERDÄPFEL-VARIANTE

Eine gehaltvolle Variante der Stosuppe erhalten Sie, wenn sie das Schwarzbrot durch gebratene Erdäpfel ersetzen. Dazu werden die Erdäpfel gekocht, geschält, in Scheiben geschnitten und in heißem Schmalz knusprig gebraten.

FÜR 4 PERSONEN

ZUBEREITUNGSZEIT: 20 Min.

AUFWAND: ✪

JAHRESZEIT: Fr/So/He/Wi

Biersuppe nach Salzburger Art

Bier hat in Salzburg eine lange Tradition, deshalb ist es nicht verwunderlich, dass es zahlreiche traditionelle und auch innovative Rezepte mit dem charaktervollen Braugetränk gibt. Wir stellen Ihnen die klassische Salzburger Biersuppe vor.

- 6 EL Butter
- 1 l Salzburger Bier
- 2 TL Salz
- 1 TL Pfeffer
- 1 Msp. Zucker (oder Honig)
- ½ TL frisch geriebener Muskat
- 1 Prise Safranpulver
- 1 Eidotter
- 3 EL Obers
- 1 altbackene Semmel (oder altbackenes Weißbrot)
- 4 EL gemischte Kräuter

1 2 Esslöffel Butter in einem großen Topf schmelzen lassen. Bier zugießen und leicht erhitzen. Mit Salz, Pfeffer, Zucker, Muskat und Safranpulver würzen. Eidotter mit Obers verquirlen, in die Suppe geben und bei kleiner Hitze ca. 10 Minuten köcheln lassen.

2 Semmel in kleine Würfel schneiden und in 4 Esslöffeln Butter anbraten. Suppe mit gehackten Kräutern und Semmelwürfeln garnieren.

> Dazu passt ein frisch gezapftes **BIER**.

SUPPE VERFEINERN

Mit 30 Gramm würzigem Bergkäse und 4 Scheiben knusprig gebratenem Frühstücksspeck können Sie den Geschmack der Biersuppe variieren. Zudem sorgen Gewürze wie Zimt, Kardamom, Muskat oder Safran für eine orientalische Note.

FÜR 4 PERSONEN

ZUBEREITUNGSZEIT: 1 Std.

AUFWAND: ✪

JAHRESZEIT:
He

Pannonische Fischsuppe

Das Burgenland mit seinem Seewinkel und dem Neusiedler See an der Grenze zu Ungarn hat reiche Fischbestände. In dieser Suppe – Halászlé genannt – sind Aal, Hecht und Zander präsent.

- 500 g Fischfilets, Hecht, Zander und Aal (küchenfertig)
- 50 g getrocknete Paradeiser
- 50 g Mangalitzaspeck
- 2 Stangen Staudensellerie
- 1 weiße Zwiebel
- 2 Knoblauchzehen
- 1 EL Pflanzenöl
- 2–3 EL Paprikapulver (edelsüß)
- 1 EL frisch geriebener Ingwer
- 200 ml trockener Weißwein
- 600 ml Fischfond
- 2 TL Speisestärke
- etwas Salz
- frisch gemahlener Pfeffer
- Majoranblättchen zum Garnieren

1 Fisch waschen, trocken tupfen und mundgerecht würfeln. Paradeiser waschen und hacken. Speck klein würfeln. Staudensellerie waschen und klein schneiden. Zwiebel und Knoblauch schälen, Knoblauch fein hacken und Zwiebel in kleine Würfel schneiden. Beides zusammen mit Speck, Sellerie und Paradeisern in einem heißen Topf im Öl ca. 2–3 Minuten glasig schwitzen.

2 Paprikapulver und Ingwer kurz mitschwitzen, mit Wein ablöschen und Fond angießen. Ca. 10 Minuten leise köcheln lassen.

3 Stärke mit wenig kaltem Wasser anrühren und Suppe damit leicht binden. Mit Salz und Pfeffer würzen, Fisch einlegen und bei milder Hitze nur noch gar ziehen, nicht mehr kochen lassen.

4 Vor dem Servieren abschmecken und mit Majoran bestreuen.

> Dazu schmeckt frisches **WEISSBROT** hervorragend.

FÜR 4 PERSONEN

ZUBEREITUNGSZEIT: 20 Min.

AUFWAND: ✪

JAHRESZEIT:
Fr/So/He/Wi

Panadlsuppe

„A Panadl fürs Madl". So urig wird die würzige „Panadlsuppe" manchmal im Österreichischen angekündigt. Selbstverständlich schmeckt die Rindfleischsuppe mit altbackenem Weißbrot und klassischen Gewürzen nicht nur Madln, sondern auch gestandenen Mannsbildern.

- 5 Scheiben altbackenes Weißbrot
- 1 Zwiebel
- 50 g Butter
- 1,5 l Fleisch- oder Gemüsebrühe
- etwas Salz
- frisch gemahlener Pfeffer
- etwas frisch geriebener Muskat
- 2 Eier
- 2 EL gehackte Petersilie
- 2 EL Schnittlauchröllchen

1 Weißbrot in Würfel schneiden. Zwiebel schälen, klein würfeln und mit Weißbrot in einem breiten Topf in Butter gut anbraten. Brühe angießen. Mit Salz, Pfeffer und Muskat würzen.

2 Eier verquirlen und langsam in die Suppe laufen lassen, damit Flocken entstehen können. Suppe kurz aufkochen lassen. Auf Teller verteilen, mit Petersilie und Schnittlauch garnieren und servieren.

> Man kann auch altbackenen **KORNSPITZ** oder **BREZEN** für die Suppe verwenden.

DER GUTE RAT

Der Geschmack wird noch feiner, wenn Sie ein großes Stück kalte Butter und einen Schuss Obers einrühren, kurz bevor Sie die Suppe vom Herd nehmen. Für eine Extra-Portion Geschmack sorgt geriebener Parmesan.

BLITZSCHNELL GEKOCHT

Für eine 10-Minuten-Blitzvariante der Panadlsuppe die Zwiebeln und das altbackene Weißbrot in einer Pfanne anschwitzen, den Knoblauch hinzugeben und mit Brühe aufgießen. Mit Kümmel, Pfeffer und Liebstöckel würzen, kurz aufkochen lassen und mit frisch geriebenem Kren abschmecken. Anschließend pürieren und durch ein Sieb streichen. Mit Speck und Kernöl veredeln. Fertig!

FÜR 4–5 PERSONEN

ZUBEREITUNGSZEIT: 30 MIn. + 2 Std. Ruhezeit

AUFWAND: ✪✪

JAHRESZEIT: So/He

- 100 g Rinderleber
- 50 g Speck
- 30 g Butter
- 1 Ei
- 1 EL Sauerrahm
- Salz
- frisch gemahlener Pfeffer
- 1 Prise Nelkenpulver
- ½ TL Majoran (getrocknet)
- Semmelbrösel
- 15 g getrocknete Steinpilze
- 120 g frische Steinpilze
- 1,5 l Kalbs- oder Rinderfond

DER GUTE RAT

Sollten Sie keine frischen oder getrockneten Steinpilze bekommen, können Sie auch auf Steinpilz-Germbrühe, die Sie in Reformhäusern oder in der Feinkostabteilung gut sortierter Supermärkte finden, zurückgreifen.

Leberknödelsuppe in Steinpilzbouillon

Fleisch- und Pilzliebhaber versetzt diese klare Kalbsbrühe mit dem unverkennbaren feinen Steinpilzaroma und den kleinen Leberknödeln garantiert in Verzückung!

1 Rinderleber waschen, trocken tupfen und zusammen mit dem Speck durch den Fleischwolf drehen.

2 Zimmerwarme Butter schaumig rühren, Ei und Sauerrahm unterheben, mit Salz, Pfeffer, Nelkenpulver und etwas Majoran würzen.

3 Butter unter die Lebermasse heben und so viele Semmelbrösel zugeben, bis eine kompakte Masse entstanden ist. ca. 1,5 Stunden im Kühlschrank ruhen lassen.

4 Noch einmal gut durchkneten und mit feuchten Händen möglichst kleine Knödel formen. In kochendes Salzwasser geben, kurz aufkochen lassen und ca. 10 Minuten gar ziehen lassen.

5 Für die Steinpilzbouillon getrocknete Steinpilze ca. 30 Minuten in wenig Wasser einweichen und in Streifen schneiden. Einweichwasser beiseitestellen. Frische Steinpilze putzen und klein schneiden. Kalbs- oder Rinderfond mit Einweichwasser sowie Steinpilzen ca. 4 Minuten leicht kochen lassen. Noch einmal abschmecken. 2 Knödel pro Teller anrichten, mit Suppe übergießen und servieren.

> Dazu passen resche **BREZEN** oder frisches Bauern- bzw. Schwarzbrot.

FÜR 4 PERSONEN

ZUBEREITUNGSZEIT: 50 Min.

AUFWAND: ✪✪

JAHRESZEIT: Fr/So/He/Wi

Tiroler Speckknödelsuppe

Den Alpen ganz nah! Wenn Sie dieses Rezept zu Hause ausprobieren, fühlen Sie sich spätestens nach dem ersten Bissen in Ihren letzten Tirolurlaub zurückversetzt. Die Tiroler Speckknödelsuppe ist ein einfaches, zünftiges Berghüttenessen, das viele Liebhaber hat.

- 250 g Semmelbrot
- 50 g Speckwürfel
- 50 g Kaminwurzen
- 125 ml Milch
- 2 Eier
- etwas Salz
- frisch gemahlener Pfeffer
- etwas frisch geriebener Muskat
- 1 EL gehackte Petersilie
- Semmelbrösel
- ½ Bund Schnittlauch
- 1,5 l Rinderfond

1 Semmelbrot, Speck und zerkleinerte, gehackte Kaminwurzen vermengen. Milch und Eier miteinander verquirlen. Salz, Pfeffer, Muskat sowie gehackte Petersilie zugeben und die Mischung über das Semmelbrot gießen. Bei Bedarf noch etwas Semmelbrösel zugeben. Ca. 15 Minuten ziehen lassen.

2 Mit nassen Händen kleine Knödel formen und diese ca. 10–15 Minuten in leicht siedendem Salzwasser gar ziehen lassen. Schnittlauch waschen, trocken schütteln und in Röllchen schneiden.

3 Knödel in eine vorgewärmte Suppenschüssel geben, mit heißem Rinderfond übergießen und mit Schnittlauchröllchen bestreut servieren.

> Über die Speckknödelsuppe kann man einen herzhaften **GAILTALER ALMKÄSE** reiben.

DAS ORIGINAL

Denken Sie bitte daran, die Speckknödelsuppe mit original Tiroler Speck zuzubereiten. Sie bekommen ihn in jedem gut sortierten Supermarkt. Die Speckknödel schmecken übrigens auch als Beilage gut. Sie passen zudem zu Gulasch, gemischten Salaten, gekochtem Sauerkraut und Soßen.

FÜR 6 PERSONEN

ZUBEREITUNGSZEIT: 30 Min.

AUFWAND: ✪

JAHRESZEIT: So/He

Burgenländische Kukuruzsuppe

Diese wohlschmeckende Kukuruzsuppe finden Sie auf vielen burgenländischen Speisekarten.

- 250 g Kukuruz
- etwas Salz
- 1 Stange Lauch
- 3 Karotten
- 1 EL Butter
- 1 l Rinder- oder Hühnerbrühe
- 250 g Obers
- frisch gemahlener Pfeffer
- etwas Majoran (getrocknet)
- etwas frisch geriebener Muskat
- etwas Thymian (getrocknet)

1 Kukuruz in Salzwasser kochen, herausnehmen, kalt abschrecken, vom Strunk lösen und die Hälfte in einer Schüssel pürieren. Lauch waschen, Karotten schälen, beides in kleine Stücke schneiden und in einem Topf mit etwas Butter anbraten. Brühe angießen und zum Kochen bringen. Gemüse ca. 15 Minuten bissfest garen.

2 Pürierten Kukuruz in die Suppe geben, Obers zugießen und nochmals kurz aufkochen. Restlichen Kukuruz zugeben, unterrühren und mit Salz, Pfeffer, Majoran, Muskat und Thymian abschmecken.

> Dazu passt resches **WEISSBROT**.

FARBENFROH

Ein wunderbares, gelb-grünes Farbenspiel erzielen Sie, wenn Sie etwas Kurkuma in die Brühe geben und die Suppe mit Dill, (violetter) Kresse oder Petersilie garnieren. Geriebene Zitronen- und Orangenschalen sehen nicht nur schön aus, sie sorgen auch für eine herrlich frische Note in der Suppe.

FÜR 4 PERSONEN

ZUBEREITUNGSZEIT: 35 Min.

AUFWAND: ✪

JAHRESZEIT: So/He

- 300 g Lungauer Eachtling (oder andere speckige Erdäpfel)
- 1 Zwiebel
- 150 g Speckwürfel
- 3 EL Butter
- 500 ml Gemüsebrühe
- 700 g Obers
- ½ TL Majoran (getrocknet)
- 2 Lorbeerblätter
- etwas Salz
- frisch gemahlener Pfeffer
- 150 g Eierschwammerl (oder andere Pilze)
- 3 Scheiben Schwarzbrot
- 4 EL gehackte Petersilie

Lungauer Eachtling-Rahm-Suppe

Im Lungau wird der Erdapfel Eachtling genannt – man sagt ihm einen einzigartigen Geschmack nach.

1 Erdäpfel schälen und grob würfeln. Zwiebel schälen, klein schneiden und mit Speck in 1 Esslöffel Butter in einem Topf glasig anschwitzen. Erdäpfelstücke hinzugeben und kurz mitbraten.

2 Mit Gemüsebrühe und 500 Gramm Obers ablöschen. Majoran und Lorbeer unterrühren und mit Salz und Pfeffer würzen. Erdäpfel darin garen.

3 Eierschwammerl oder andere Pilze putzen und in 1 Esslöffel Butter anbraten. Mit Salz und Pfeffer abschmecken. Kurz vor Ende der Garzeit mit in die Suppe geben.

4 Schwarzbrot in Würfel schneiden und in der restlichen Butter kräftig anbraten. Restlichen Obers steif schlagen und vor dem Anrichten vorsichtig in die Suppe rühren. Eine kleine Portion aufbewahren. Suppe mit gerösteten Schwarzbrotwürfeln, einem Klecks Obers und Petersilie servieren.

> Suppe nach Belieben mit etwas frischem INGWER verfeinern.

VEGGIE-ALTERNATIVE

Die Eachtling-Rahm-Suppe kann auch vegetarisch zubereitet werden: Als Ersatz für den Speck eignet sich Räuchertofu, der in den Topf wandert, wenn die Erdäpfel gar sind. Veganer ersetzen die Butter und den Obers durch pflanzliche Alternativen und fügen eine Extraportion Pilze hinzu, die grob geschnitten und mitgekocht werden.

FÜR 4 PERSONEN

ZUBEREITUNGSZEIT: 1,5 Std.

AUFWAND: ✪✪

JAHRESZEIT: Fr/So/He/Wi

Gulaschsuppe nach Wiener Art

Gulaschsuppe hat in Wien das ganze Jahr über Saison. Man bekommt sie an fast jeder Straßenecke. Ihr Charakter ist wie die Stadt selbst: rauchig, würzig, traditionell und immer ein wahrer Genuss.

- 3 EL Rapsöl
- 2 Zwiebeln
- 2 Knoblauchzehen
- 200 g Speckwürfel
- 700 g Rindfleisch
- 3 EL Mehl
- 1 EL Paradeisermark
- 750 ml Rinderfond
- 1 EL Majoran (getrocknet)
- 1 EL Cayennepfeffer
- etwas Salz
- frisch gemahlener Pfeffer
- 2 EL frische gehackte Kräuter (z. B. Petersilie, Rosmarin oder Basilikum)

1 Rapsöl in einem großen Topf erhitzen. Zwiebeln und Knoblauch schälen und fein hacken. Zusammen mit den Speckwürfeln einige Minuten anbraten.

2 Rindfleisch waschen, trocken tupfen, in mundgerechte Stücke schneiden und kurz mitbraten. Mit Mehl bestäuben. Paradeisermark zugeben und kurz anrösten.

3 Mit Rinderfond ablöschen, Majoran und Cayennepfeffer zugeben. Bei mittlerer Hitze ca. 1 Stunde köcheln lassen.

4 Am Ende der Garzeit mit Salz und Pfeffer abschmecken und mit frischen Kräutern servieren.

> Dazu passen **SALZKARTOFFELN** oder frisches Brot.

DER GUTE RAT

Bereiten Sie am besten gleich mehrere Töpfe von der Gulaschsuppe zu, denn sie lässt sich prima einfrieren und wird bei jedem Aufwärmen aromatischer und geschmacksintensiver.

FÜR 4 PERSONEN

ZUBEREITUNGSZEIT: 1,5 Std.

AUFWAND: ✪

JAHRESZEIT:
So/He

Sturmsuppe mit Zanderpofesen

Wenn Anfang September der Sturm in den Buschenschänken und Heurigen erhältlich ist, ist es an der Zeit für diese köstliche Suppe, deren Fisch-Einlage wunderbar mit ihrem weinhaltigen Grundgeschmack harmoniert.

- 400 g Knollensellerie
- 2 Zwiebeln
- 1 Knoblauchzehe
- 3 EL Butter
- 100 ml trockener Weißwein
- 400 ml Sturm
- 200 ml Geflügelfond
- 200 g Obers
- etwas Salz
- frisch gemahlener Pfeffer
- Muskat
- 1 TL Honig

Für die Povesen:

- 150 g Zanderfilet
- 4 EL Obers
- 2 EL gehackter Dill
- etwas Salz
- frisch gemahlener Pfeffer
- 8 Scheiben Toastbrot
- 2 Eier
- Butterschmalz, zum Backen
- Dill, zum Bestreuen

1 Für die Suppe den Sellerie, die Zwiebel und den Knoblauch schälen und würfeln. In 1 Esslöffel heißer Butter farblos anschwitzen und mit dem Weißwein ablöschen. Etwas einreduzieren lassen, den Sturm und den Fond zugießen und alles ca. 20 Minuten leise köcheln lassen. Fein pürieren und den Obers zugeben. Leicht sämig einköcheln lassen.

2 Für die Pofesen den Zander waschen, trocken tupfen und würfeln. Die Hälfte mit dem Obers fein pürieren und die Würfel mit Dill untermengen und mit Salz und Pfeffer würzen. Jeweils auf vier Toastscheiben streichen und die zweite Scheibe darauf legen. Andrücken und durch die mit dem restlichen Obers verquirlten Eier ziehen. In heißem Butterschmalz auf jeder Seite 1–2 Minuten goldbraun braten. Auf Küchenkrepp abtropfen lassen.

3 Die restliche Butter unter die Suppe mixen und mit Salz, Pfeffer, frisch geriebenem Muskat und Honig abschmecken. Auf Teller verteilen und die diagonal geviertelten Pofesen hinein geben. Mit Dill bestreut servieren.

> Zu diesem Rezept eignen sich SAUVIGNON BLANC und GRÜNER VELTLINER.

ZUBEREITUNGSTIPP

Für dieses Rezept bitte unbedingt frischen Dill verwenden. Feucht gekühlt hält er sich sogar einige Wochen im Kühlschrank!

FÜR 4 PERSONEN

ZUBEREITUNGSZEIT: 30 Min.

AUFWAND: ✪

JAHRESZEIT:
He/Wi

Frische Krensuppe

Eine leicht scharfe Suppe auf Krenbasis, die mit Erdäpfeln, Obers und Most gekocht wird und die genauso schnell zubereitet ist, wie sie die winterliche Kälte vertreibt.

- 1 Zwiebel
- 2 Knoblauchzehen
- 2 EL Olivenöl (Extra Vergine)
- 1 l Rinderfond
- 125 ml Most
- 2 Erdäpfel
- etwas Salz
- 125 g Sauerrahm
- 5 EL frisch geriebener Kren
- frisch gemahlener Pfeffer
- 2 EL Butter
- 4 Scheiben Schwarzbrot
- 1–2 Scheiben Räucherlachs
- 4 EL Schnittlauchröllchen

1 Zwiebel schälen und fein würfeln. Knoblauch schälen und fein hacken. Öl in einem Topf erhitzen, Zwiebel und Knoblauch darin anschwitzen, mit Rinderfond und Most ablöschen. Erdäpfel schälen, in Würfel schneiden und zugeben, salzen und ca. 15–20 Minuten gar kochen.

2 Sauerrahm einrühren, Kren zufügen, mit Salz und Pfeffer würzen und mit dem Stabmixer pürieren. Wenn die Suppe zu dick wird, noch etwas Wasser oder Rinderfond nachgießen.

3 Butter in einer Pfanne erhitzen und Brotscheiben beidseitig darin anbraten. Suppe auf Teller verteilen, mit in Streifen geschnittenem Räucherlachs und Schnittlauchröllchen anrichten. Brotscheiben am Tellerrand auflegen.

> Dazu passt ein herbes österreichisches **BIER**.

SUPPE VERFEINERN!

Die Suppe bekommt einen ganz eigenen Charakter, wenn Sie am Ende der Garzeit etwas entkernte und fein gewürfelte Salatgurke hinzugeben und anstelle von Lachs geräucherte Forelle als Einlage verwenden.

FÜR 4 PERSONEN

ZUBEREITUNGSZEIT: 1,5 Std.

AUFWAND: ✪

JAHRESZEIT: He/Wi

- 400 g Schweinenacken
- 2 EL Paprikapulver (rosenscharf) + etwas Paprikapulver zum Abschmecken
- etwas Salz
- frisch gemahlener Pfeffer
- 2 Zwiebeln
- 2 EL Sonnenblumen- oder Rapsöl
- 25 g Butter
- 2 EL Mehl
- 100 ml trockener Weißwein
- 1 l Hühnerfond
- 1 Dose Sauerkraut (425 g Abtropfgewicht)
- 2 Lorbeerblätter
- 4–6 Wacholderbeeren
- 2 Stängel Majoran
- 500 g Erdäpfel
- ½ TL Zucker
- 4 EL Sauerrahm

Sauerkrautsuppe nach Tiroler Art

An grauen, regnerischen Tagen macht sich manch einer gerne einen gemütlichen Tag zu Hause. Dann ist diese bodenständige Suppe aus einfachen Zutaten genau das Richtige.

1 Schweinenacken waschen, trocken tupfen, in 2 Zentimeter große Würfel schneiden und in eine Schüssel geben. Paprikapulver, Salz und Pfeffer zufügen und vermischen. Zwiebeln schälen und in Streifen schneiden. Öl in einem großen, flachen Topf erhitzen und Fleisch darin bei starker Hitze anbraten, herausnehmen und beiseitestellen.

2 Butter im selben Topf schmelzen und Zwiebeln glasig anbraten, mit Mehl bestäuben und anschwitzen. Mit Weißwein und Hühnerfond ablöschen. Sauerkraut, Fleisch, Lorbeerblätter, Wacholderbeeren und Majoranstängel in die Suppe geben und mitkochen. Bei mittlerer Hitze zugedeckt ca. 50 Minuten leicht köcheln lassen und von Zeit zu Zeit umrühren.

3 Erdäpfel schälen und in ca. 2 Zentimeter große Würfel schneiden. In Salzwasser gar kochen, abgießen und kurz vor Ende der Garzeit zur Suppe geben. Lorbeerblätter, Wacholderbeeren und Majoranstängel aus der Suppe fischen und mit Salz, Pfeffer und Zucker abschmecken. Mit Sauerrahm und Paprikapulver verfeinern und servieren.

> Als Einlage schmeckt auch fein eine angebratene, in Scheiben geschnittene CABANOSSI.

VEGGIE-ALTERNATIVE

Für eine vollwertige vegetarische Hauptmahlzeit ersetzen Sie das Fleisch durch heimisches Gemüse. Verwenden Sie z.B. 400 g Karotten und Lauch, zwei geriebene säuerliche Äpfel sowie ein Glas französischen Cidre (oder Apfelsaft) und würzen Sie die Suppe mit frischem Knoblauch, geräuchertem Paprikapulver und Kreuzkümmel.

FÜR 4 PERSONEN

ZUBEREITUNGSZEIT: 2,5 Std.

AUFWAND: ✪✪

JAHRESZEIT:
So/He

Villacher Kirchtagssuppe

Die Kirchtagssuppe ist eine köstliche Spezialität, die Anfang August in Villach in Kärnten auf den Speisekarten steht. Diese saure, gebundene Suppe enthält mehrere Sorten Fleisch und wird, wenn sie mit Safran gewürzt ist, auch „gelbe Suppe" genannt.

- 300 g gemischtes Fleisch (Suppenfleisch vom Rind, Kalb und Lamm, Schweine-Schulter)
- 300 g Suppenknochen (Rind und Lamm)
- 300 g Hähnchenbrustfilet (ohne Haut)
- 1 Zwiebel
- 3 Karotten
- 100 g Knollensellerie
- ½ Stange Lauch
- 1 TL Pfefferkörner
- 1 TL Wacholderbeeren
- 1 Lorbeerblatt
- 1 TL Pimentkörner
- 0,1 g Safranfäden
- 50 ml trockener Weißwein
- 200 g Obers
- 1–2 EL Essig
- Salz
- frisch gemahlener Pfeffer
- 50 g Sauerrahm

1 Fleisch und Knochen waschen und in einen großen Topf geben. Mit Wasser bedecken und aufkochen lassen. Huhn waschen und trocken tupfen. Zwiebel, Karotten und Sellerie schälen, Lauch waschen und alles würfeln. Etwa ein Drittel der Karotten beiseitelegen. Den entstandenen Schaum im Topf abschöpfen und ca. 50 Minuten leise köcheln lassen.

2 Vorbereitetes Gemüse und Hähnchenfleisch mit Pfeffer, Wacholder, Lorbeer und Piment zur Suppe geben und nochmals ca. 30 Minuten köcheln lassen.

3 Fleisch herausnehmen, klein würfeln und Brühe durch ein Sieb gießen. 1 Liter abmessen, Safran, Karotten und Weißwein in die Suppe geben und ca. 5 Minuten leise köcheln. Obers und gewürfeltes Fleisch zufügen und weitere ca. 5 Minuten fertig garen.

4 Mit Essig, Salz und Pfeffer leicht säuerlich abschmecken und auf Teller verteilen. Mit jeweils einem Klecks Sauerrahm garniert servieren.

> Geröstete **SEMMELWÜRFEL** passen gut als Einlage.

NUR ECHT MIT REINDLING

Eine echte Villacher Kirchtagssuppe wird erst mit dem Kärntner Reindling, einem traditionellen Germgebäck mit Zimt, als Ein- oder Beilage zum Original. Damit die Suppe reich an Geschmack wird, sollten Sie die lange Kochzeit unbedingt einhalten und nicht an den Gewürzen sparen.

FÜR 4 PERSONEN

ZUBEREITUNGSZEIT: 30 Min.

AUFWAND: ✪

JAHRESZEIT:
He

Kürbissuppe nach Kärntner Art

Wenn die Kürbissaison beginnt, fehlt die Kürbissuppe auf nahezu keiner Speisekarte in ganz Österreich. Eine Zutat darf bei der Zubereitung natürlich nie fehlen: Das berühmte Kürbiskernöl.

- 400 g Kürbis
- 1 Zwiebel
- 1 Erdapfel
- 2 EL Olivenöl
- 800 ml Gemüse- oder Hühnerfond
- 125 ml Welschriesling (oder ein anderer trockener Weißwein)
- 1 EL Mehl
- 200 g Obers
- etwas Salz
- frisch gemahlener Pfeffer
- etwas frisch geriebener Muskat
- etwas Kümmelpulver
- 1 EL Zitronensaft
- 50 g Parmesan (gerieben)
- 4 EL Kürbiskernöl
- 2 EL geröstete Kürbiskerne

1 Kürbis waschen, schälen, entkernen und in grobe Würfel schneiden. Zwiebel und Erdapfel schälen und in grobe Stücke schneiden.

2 Zwiebel in einem großen Topf in heißem Olivenöl anschwitzen. Kürbisfleisch und Erdapfel zugeben, mit Fond ablöschen und gar kochen.

3 Weißwein zugießen und Suppe mit dem Stabmixer pürieren. Mehl mit etwas Wasser anrühren, in die Suppe geben und etwas einkochen lassen. Obers zugeben und mit Salz, Pfeffer, Muskat, Kümmelpulver, Zitronensaft und Parmesan abschmecken.

4 Suppe auf Teller verteilen, mit Kürbiskernöl beträufeln und mit gerösteten Kürbiskernen garnieren.

> Frisches Weißbrot mit **KÜRBISKERNAUFSTRICH** passt ausgezeichnet dazu.

SUPPE VERFEINERN!

Wenn Ihnen die Suppe etwas zu blass vorkommt, können Sie mit einer guten Prise Kurkuma (oder Curry) oder 1–2 Eidottern, die Sie kurz vor dem Servieren unterrühren, ein sattes Orange in Ihre Suppe zaubern.

FÜR 4 PERSONEN

ZUBEREITUNGSZEIT: 35 Min.

AUFWAND: ✪

JAHRESZEIT:
He

Würziger Fisoleneintopf

Fisoleneintopf ist ein typisches Herbstgericht: Dieser nahrhafte, leckere Eintopf wird mit Faschiertem und vielen guten Gewürzen gekocht.

- 1 kleine Schalotte
- 450 g gemischtes Faschiertes
- 4 EL Rapsöl
- 2 Knoblauchzehen
- etwas Salz
- frisch gemahlener Pfeffer
- ½ TL Paprikapulver (rosenscharf)
- 1 Dose stückige Paradeiser
- 350 g Fisolen
- 125 ml Gemüsebrühe
- 1 EL gehackte Petersilie

1 Schalotte schälen, fein würfeln und mit Faschiertem in einer Pfanne mit Rapsöl anbraten. Knoblauch schälen und fein würfeln. Mit Salz, Pfeffer, Knoblauch und Paprikapulver abschmecken. Paradeiser zugeben und ca. 5 Minuten einköcheln lassen.

2 Fisolen waschen, putzen und zugeben. Ca. 10 Minuten köcheln lassen. Immer wieder mit etwas Gemüsebrühe aufgießen. Am Ende der Garzeit gehackte Petersilie darüberstreuen.

> Dazu passt am besten Weißbrot, z.B. FLADENBROT oder Ciabatta.

DER GUTE RAT

Das Faschierte vom Rind oder Schwein für den Fisoleneintopf kann auch durch Lammfleisch oder faschierte Bällchen ersetzt werden.

Klassische Hauptgerichte mit Fleisch und Fisch

KERBEL – VIELSEITIGES KÜCHENKRAUT

Er wird in Österreich ganzjährig angebaut und z. B. für Kalb-, Geflügel- oder Fischgerichte, aber auch für Kartoffel-, Gemüse- und Eierspeisen sowie Soßen verwendet.

WACHOLDERBEEREN UND SAUERKRAUT

Die blau bereiften Zapfen des Wacholders werden im Spätherbst gesammelt und sind vor allem in den Alpenländern beliebt, z.B. für die Sauerkrautzubereitung.

BUTTER – HEIMISCHE QUALITÄTSWARE

Durchschnittlich fünf Kilo Butter isst man in Österreich pro Jahr. Besonders Bio-Butter aus regionaler Erzeugung zeichnet sich in Geschmack und Qualität aus.

CHAMPIGNONS – HERBSTLICHER GENUSS

Im Herbst beginnt die Pilzsaison. Ob für Fleischstrudel oder Geschnetzeltes: Wer sichergehen will, kauft, statt zu sammeln, z.B. Tiroler Bio-Champignons.

FÜR 4 PERSONEN

ZUBEREITUNGSZEIT: 50 Min.

AUFWAND: ✪✪

JAHRESZEIT: Fr/So/He/Wi

Altwiener Backfleisch mit Kren und Gurkensalat

Dieses Rezept ist eine traditionelle Spezialität der Wiener Küche, in der die Dominanz von Rind- und Kalbfleischgerichten sowie der Verzehr und die Verarbeitung von Milchprodukten historisch bedingt sind.

- 150 g Mehl
- etwas Salz
- 2 EL mittelscharfer Senf
- ca. 175 ml Milch
- 2 Eier
- 1 große Salatgurke
- 120 g Sauerrahm
- 1 EL frisch gehackter Dill
- 1–2 EL Zitronensaft
- frisch gemahlener Pfeffer
- 600 g gegarter Tafelspitz
- 2 EL frisch geriebener Kren
- Pflanzenöl zum Frittieren

1 Das Mehl in einer Schüssel mit einer Prise Salz, dem Senf und der Milch zu einem glatten Teig verrühren. Die Eier zufügen und gut unterrühren. Der Teig sollte dickflüssig vom Schneebesen fließen. Ca. 10 Minuten ruhen lassen.

2 Für den Salat Gurke waschen und in feine Scheiben schneiden oder hobeln. Salzen und ca. 10 Minuten Wasser ziehen lassen. Sauerrahm mit Dill, Salz, Zitronensaft und Pfeffer verrühren und abschmecken. Gurke untermischen.

3 Fleisch in Streifen schneiden und mit dem Kren vermengen. Portionsweise unter den Backteig mengen, mit einer Gabel herausnehmen, kurz abtropfen lassen und in heißem Öl (ca. 170 °C) jeweils 4–5 Minuten goldbraun ausbacken. Auf Küchenkrepp abtropfen lassen und mit dem Gurkensalat servieren.

> Als alternative Beilage passt ein lauwarmer Erdäpfelsalat und eine Soße Bernaise auch wunderbar.

DER GUTE RAT

Fügen Sie dem Teig einen Schuss Bier oder Mineralwasser hinzu, dann wird er besonders luftig.

FÜR 4 PERSONEN

ZUBEREITUNGSZEIT: 2 Std.

AUFWAND: ✪✪

JAHRESZEIT:
Fr/So/He/Wi

- 4 Rinderschnitzel
- 4 Schweineschnitzel
- etwas Salz
- frisch gemahlener Pfeffer
- Paprikapulver (edelsüß)
- etwas Senf
- 2 Stängel Petersilie
- 100 g Speck
- 2 TL Sardellenfilets
- 1 TL Kapern
- etwas Butterschmalz
- 2 Schalotten
- 1–2 EL Mehl
- 150 g Obers

DER GUTE RAT

Füllen Sie die Rouladen zusätzlich mit gestiftetem Wurzelgemüse. Das macht sich nicht nur dekorativ bemerkbar, es verleiht dem Gericht auch eine feinwürzige Note.

Adjutantenrouladen

Bei der Adjutantenroulade handelt es sich um die gerollte Variante des Wiener Schnitzels. Die reiche Füllung aus Speck, Sardellen und Kapern verleiht der Adjutantenroulade ein herrlich würziges Aroma.

1 Rinder- und Schweineschnitzel waschen, mit einem Schnitzelklopfer dünn klopfen, an den Rändern einschneiden und mit Salz und Pfeffer würzen. Rinderschnitzel mit Paprikapulver einreiben und mit Senf bestreichen.

2 Petersilie waschen, trocken schütteln, Blättchen vom Stiel zupfen und fein hacken. Speck klein hacken und mit Sardellen, Kapern sowie dem Großteil der Petersilie vermischen. Rinderschnitzel ausbreiten und auf die mit Senf bestrichene Seite je ein Schweineschnitzel legen. Speckmischung daraufstreichen, Schnitzel zusammenrollen und mit Rouladenklammern (bzw. Zahnstochern) oder Küchengarn zusammenbinden.

3 Butterschmalz heiß werden lassen und Rouladen von allen Seiten darin anbraten. Aus der Pfanne nehmen, beiseitestellen. Schalotten schälen, fein würfeln und in der Pfanne anschwitzen. Rouladen zurück in die Pfanne geben und mit etwas Wasser (oder Brühe) aufgießen und zugedeckt ca. 1–1,5 Stunden auf kleiner Flamme köcheln lassen. Fertige Rouladen aus der Pfanne nehmen und warm halten.

4 Für die Soße Mehl mit etwas Wasser anrühren, Obers zugeben und im Bratensatz aufkochen. Soße nochmals abschmecken. Rouladen auf Tellern anrichten, mit Soße beträufeln und mit restlicher Petersilie garnieren.

> Dazu passen **GEKOCHTES GEMÜSE**, Salzerdäpfel oder auch Wildreis.

FÜR 4 PERSONEN

ZUBEREITUNGSZEIT: 1 Std.

AUFWAND: ✪

JAHRESZEIT:
Fr/So/He/Wi

- 1 kg speckige Erdäpfel
- etwas Salz
- 2 große weiße Zwiebeln
- 2 Knoblauchzehen
- 500 g Blunzen
- etwas Schmalz oder Pflanzenöl
- etwas Majoran (getrocknet)
- frisch gemahlener Pfeffer
- 1 Bund Petersilie oder Schnittlauch
- etwas frisch geriebener Kren

DER GUTE RAT

Mögen Sie Gebratenes gerne extra knusprig? Dann sollten Sie die Wurstscheiben vor dem Braten in Mehl wenden. Am besten schmeckt das Blunzengröstl mit gekochtem Sauerkraut oder einem noch leicht warmen Krautsalat mit Kernöl. Wenn Sie sich dazu ein Glaserl Bier gönnen, ist der Genuss perfekt.

Herzhaftes Blunzengröstl aus der Steiermark

Zugegeben, Blunzen sind nicht jedermanns Sache. Trotzdem sollten Sie einfach einmal über Ihren Schatten springen und dieses Gericht probieren. Aus Blunzen, Erdäfeln und Zwiebeln wird ein wunderbares Gericht aus der steirischen Hausmannskost, das ganz einfach glücklich macht!

1 Erdäpfel in Salzwasser gar kochen, schälen und in Scheiben schneiden. Zwiebeln schälen, in dünne Ringe schneiden. Knoblauch schälen und fein hacken. Blunzen häuten und in ca. 2 Zentimeter dicke Scheiben schneiden. In einer großen, am besten gusseisernen Pfanne Schmalz oder Pflanzenöl erhitzen und die Blunzenscheiben darin auf beiden Seiten scharf anbraten.

2 Blunzen herausnehmen und beiseitestellen. In derselben Pfanne Öl oder Schmalz heiß werden lassen. Zwiebeln anschwitzen, Erdäpfel hinzufügen, mit Majoran, Salz und Pfeffer würzen und die Masse gut durchbraten. Petersilie waschen, trocken schütteln, Blättchen vom Stiel zupfen und fein hacken oder Schnittlauch waschen, trocken schütteln und in feine Röllchen schneiden.

3 Am Ende der Garzeit Knoblauch und Blunzen dazugeben und wieder erhitzen. Das Blunzengröstl mit Salz und Pfeffer abschmecken und entweder mit fein gehackter Petersilie oder Schnittlauchröllchen und frisch geriebenem Kren bestreut servieren.

> Vorsicht beim **KREN**, er ist frisch gerieben sehr scharf und diese Schärfe überdeckt leicht den Geschmack des ganzen Gerichts!

FÜR 4 PERSONEN

ZUBEREITUNGSZEIT: 50 Min.

AUFWAND: ✪

JAHRESZEIT:
He/Wi

Hascheeknödel

Hascheeknödel sind feine Erdäpfelknödel mit einer würzigen Hackfleischfüllung und eine Spezialität der alten oberösterreichischen Küche.

- 500 g Erdäpfel
- etwas Salz
- 20 g Butter
- 150 g Mehl
- 1 kleines Ei
- etwas frisch geriebener Muskat
- 1 Schalotte
- 1 EL Öl
- 200 g Faschiertes (gemischt)
- etwas Senf
- frisch gemahlener Pfeffer
- 1 EL Thymian (getrocknet)
- etwas Knoblauchpulver
- 1 EL Sauerrahm

1 Erdäpfel schälen, vierteln und in einem großen Topf mit Salzwasser kochen, bis sie gar sind. Wasser abgießen und Erdäpfel erkalten lassen. Mit einem Stampfer zu Püree verarbeiten. Butter, Mehl, Ei, etwas Salz und Muskat dazugeben und alles zu einem glatten Teig verkneten. Ist der Teig etwas zu klebrig, einfach noch etwas mehr Mehl zugeben.

2 Schalotte schälen und fein würfeln. Öl in eine Pfanne geben und die Schalottenwürfel darin anschwitzen. Faschiertes zufügen, anbraten und mit den Gewürzen abschmecken. Die Füllung vom Herd nehmen und Sauerrahm unterrühren.

3 Knödelteig zu einer Rolle formen und fingerdicke, ca. 40 Gramm schwere Scheiben abschneiden. Die einzelnen Scheiben mit einem Nudelholz leicht platt drücken und in die Mitte etwas Füllung geben. Den Teig um die Füllung verschließen und zu einem Knödel rollen.

4 Knödel in kochendes Salzwasser geben und ca. 10–15 Minuten sieden lassen.

> In Butter angeröstete **SEMMELBRÖSEL** sind eine leckere Garnitur.

> Als Beilagen empfehlen sich Sauerkraut oder **KRAUTSALAT**.

DER GUTE RAT

Im Verhältnis 1:1 (Füllung und Teig) werden gefüllte Knödel am besten!

FÜR 4 PERSONEN

ZUBEREITUNGSZEIT: 30 Min.

AUFWAND: ✪

JAHRESZEIT:
Fr/So/He/Wi

Faschierte Laibchen

Faschierte Laibchen sind fester Bestandteil der österreichischen Hausmannskost. Sie schmecken warm oder kalt ebenso gut wie pur oder in der Semmel. Zu Recht sind sie auf Parties und Festen zum beliebtesten Fingerfood avanciert.

- 100 g altbackene Semmeln (vom Vortag) oder altbackenes Brot
- 125 ml Milch
- 2 Zwiebeln
- 3 Knoblauchzehen
- etwas Öl (Sonnenblumen- oder Rapsöl)
- 600–800 g Faschiertes (gemischt)
- 2 Eier
- etwas Salz
- frisch gemahlener Pfeffer
- ½ TL Kümmel (gemahlen)
- etwas frisch geriebener Muskat
- ½ TL Majoran (getrocknet)
- 1 EL Butterschmalz

1 Semmeln in kleine Würfel schneiden und in der Milch aufweichen. Zwiebeln schälen und klein schneiden. Knoblauchzehen schälen, halbieren und den (grünen) Keim in der Mitte entfernen. Zwiebeln und Knoblauch in heißem Öl glasig anschwitzen.

2 Faschiertes in eine große Schüssel geben. Eingeweichte, gut ausgedrückte Semmelwürfel, Zwiebeln und Knoblauch sowie die verquirlten Eier zugeben und miteinander vermengen. Masse mit Salz, Pfeffer, Kümmel, Muskat und Majoran würzen, nochmals durchkneten und gleichmäßige Laibchen formen. Etwas Öl und Butterschmalz in einer Pfanne erhitzen und die Faschierten Laibchen so lange braten, bis sie gar sind.

> Dazu passt ein **ERDÄPFEL-GURKEN-SALAT** oder ein **ERDÄPFELPÜREE**.

BESONDERE ZUTATEN

Über die Zutaten, die in Faschierte Laibchen gehören, besteht Uneinigkeit, weil jeder Koch und jede Köchin sie nach Familienrezept zubereitet. Dennoch lohnt es sich, das eigene Repertoire zu erweitern: Geben Sie z.B. gehackten Bärlauch, Essiggurken und Peperoni zum Faschierten oder verwenden Sie Faschiertes von der Pute für die Laibchen.

FÜR 4 PERSONEN

ZUBEREITUNGSZEIT: 1,5 Std. + 1 Std. Ruhezeit

AUFWAND: ✪✪✪

JAHRESZEIT: Fr/So/He/Wi

- 250 g Mehl
- etwas Salz
- 6 EL Pflanzenöl
- 400 g Champignons (oder andere Pilze, z.B. Steinpilze)
- 60 g Karotten (wahlweise auch Kürbis)
- 1 rote Zwiebel
- 500 g Faschiertes (vom Rind)
- 3 EL gekörnte (Fleisch-) Brühe (Suppenwürfel)
- 2 EL Petersilie (frisch oder getrocknet)

Herzhafter Fleischstrudel

Nirgendwo auf der Welt ist die Strudelkultur so ausgeprägt wie in der österreichischen Küche. Grundsätzlich lässt sich der beliebte Strudel mit allem füllen. Süße Strudel haben zu Recht viele treue Fans. Dennoch lohnt es sich sehr, diese herzhafte Variante einmal auszuprobieren.

1 Mehl und Salz mischen und nach und nach 2 Esslöffel Öl und 125 Milliliter lauwarmes Wasser unterkneten, bis der Teig geschmeidig ist. Teig in einen Gefrierbeutel geben und ca. 1 Stunde bei Zimmertemperatur ruhen lassen.

2 Champignons oder andere Pilze putzen und in dünne Scheiben schneiden. Karotten und rote Zwiebel schälen und fein würfeln. Faschiertes und Gemüse in 3 Esslöffeln Pflanzenöl anbraten. 200 Mililliter kaltes Wasser hinzufügen und gekörnte Brühe einrühren. Unter ständigem Rühren aufkochen lassen, zudecken und bei schwacher Hitze ca. 10 Minuten köcheln lassen. Zwischenzeitlich umrühren. Am Ende der Garzeit Petersilie zufügen.

3 Backofen auf 225 °C (Umluft: 200 °C) vorheizen. Teig auf einem Nudelbrett, das mit einem bemehlten Geschirrtuch ausgelegt ist, zu einem großen Rechteck (ca. 40 x 30 Zentimeter) ausrollen. Fleisch-Pilz-Mischung gleichmäßig darauf verteilen. Handtuch anheben und den Teig, von der breiten Seite beginnend, zum Strudel aufrollen. Strudel vorsichtig auf ein Blech (mit Backpapier) legen. Mit restlichem Pflanzenöl bestreichen und im vorgeheizten Backofen ca. 35 Minuten backen.

VARIATION IST ALLES!

Variieren Sie den herzhaften Strudel nach Lust und Laune und Ihren persönlichen Vorlieben. Mischen Sie z.B. gehackten Knoblauch, gewürfelte Paprika oder in Ringe geschnittenen Lauch unter das Faschierte. Wenn Sie es pikanter mögen, würzen Sie zusätzlich mit geräuchertem Paprikapulver, schwarzem Pfeffer oder Chiliflocken.

FÜR 4 PERSONEN

ZUBEREITUNGSZEIT: 2,5 Std.

AUFWAND: ✪✪

JAHRESZEIT:
He/Wi/Fr

Wiener Fiakergulasch

Eine besonders kräftigende Wiener Variante, auch „Herrengulasch" genannt, bei der Würstel, Spiegelei und Gewürzgurke nicht fehlen dürfen.

- 600 g Wadschinken vom Rind
- 4 mittelgroße Zwiebeln
- 3 EL ÖL
- 1 Brühwürfel (Rindersuppe)
- etwas Salz
- frisch gemahlener Pfeffer
- Paprikapulver (edelsüß)
- etwas Thymian (getrocknet)
- etwas Majoran (getrocknet)
- etwas Kümmel
- 2 Knoblauchzehen
- 4 Frankfurter Würstchen
- 4 Eier
- etwas Butter
- 4 Gewürzgurken

1 Wadschinken von Sehnen und Fett befreien und in grobe Würfel schneiden. Zwiebeln schälen und in Ringe schneiden. Öl in einen großen Topf geben. Zwiebeln und Fleisch unter stetem Rühren bei hoher Temperatur anbraten. Ist das Fleisch von allen Seiten angebraten, mit einer Tasse Wasser ablöschen und auf mittlere Hitze umstellen.

2 Brühwürfel über den Fleischsud streuen und mit Salz, Pfeffer, Paprikapulver, Thymian, Majoran, Kümmelkörnern und den geschälten Knoblauchzehen abschmecken. Ca. 1,5 Stunden köcheln lassen, bis das Fleisch zart ist. Dabei immer wieder umrühren und etwas Wasser hinzugießen

3 Ist das Gulasch fertig, die Frankfurter Würstchen in Salzwasser ca. 10 Minuten sieden lassen. Währenddessen die Eier in einer Pfanne mit etwas Butter zu Spiegeleiern braten. Die Gewürzgurken fächerartig aufschneiden.

4 Gewürzgurkenfächer, Gulasch, Frankfurter Würstchen und Spiegeleier auf Tellern anrichten.

>**SEMMELKNÖDEL**, Salzerdäpfel oder ein Salat aus roten Paprikaschoten sind die perfekte Beilage.

DER GUTE RAT

Gulasch und andere Schmorgerichte lassen sich mit einem Schnellkochtopf in der Hälfte der Zeit schmoren.

SCHARFE VARIANTE!

Rösten Sie Fleisch und Zwiebeln mit großen Stücken von drei Paprikaschoten an und löschen Sie alles nicht mit Wasser, sondern einer großen Dose Paradeiser (500 g) ab. Nach Belieben ein oder zwei große Chilischoten in Ringen hinzufügen und aus dem Fiaker- wird ein Feuergulasch!

FÜR 4 PERSONEN

ZUBEREITUNGSZEIT: 2 Std. + 1 Nacht Ruhezeit

AUFWAND: ✪✪

JAHRESZEIT: Wi/Fr

Selchripperl auf Ritschert

Ritschert ist ein in den alpinen Gebieten Österreichs und Sloweniens verbreiteter Eintopf. Hier die feine Variante, wie sie an der Grenze zu Italien gegessen wird.

- 200 g Rollgerste
- 1 kg Selchripperl
- 2 kleine Zwiebeln
- 2 Knoblauchzehen
- 2 l Selchsuppe (ersatzweise Salzwasser)
- 1 Karotte
- ¼ Knollensellerie
- ½ Stange Lauch
- 1 kleine Dose Kidneybohnen
- 1 EL Kerbel
- ½ EL Salbei
- etwas Salz

DER GUTE RAT

Zum Schluss das Ritschert noch mit ein wenig Sauerrahm verfeinern. Das schmeckt nicht nur gut, sondern sieht auch vorzüglich aus.

1 Gerste über Nacht in Wasser einweichen.

2 Selchripperln in ungesalzenem Wasser aufsetzen. Zwiebeln schälen, grob hacken, Knoblauchzehen schälen und zu den Ripperln dazugeben. Ca. 50 Minuten köcheln lassen.

3 Die Gerste getrennt von den Ripperln in der Selchsuppe aufsetzen und ca. 30 Minuten gar kochen.

4 Karotten und Knollensellerie schälen und fein würfeln. Lauch waschen und in Ringe schneiden. Nach der Hälfte der Garzeit der Ripperl das Gemüse zugeben – zusammen noch ca. 25 Minuten weich kochen.

5 Sind die Selchripperln zart, Gerste und die gewaschenen Kidneybohnen aus der Dose zugeben. Kerbel waschen und die Blätter zupfen, Salbeiblätter in feine Streifen schneiden und das Ritschert mit den Kräutern verfeinern. Mit Salz abschmecken und noch weitere 5 Minuten ziehen lassen. Noch heiß anrichten.

> Wenn Sie Kerbel nicht mögen, nehmen Sie stattdessen einfach **PETERSILIE** zum Verfeinern.

FÜR 4 PERSONEN

ZUBEREITUNGSZEIT: 30 Min.

AUFWAND: ✪

JAHRESZEIT:
Fr/He

Ungarisches Krautfleisch

Ein schmackhaftes Souvenir aus den Zeiten Österreich-Ungarns.

- 600 g Schweinefleisch (Schulter)
- 1 große Zwiebel
- 100 g Speck
- etwas Öl
- 1 TL Paprikapulver (edelsüß)
- 1 EL Kümmel
- 1 Lorbeerblatt
- etwas Salz
- frisch gemahlener Pfeffer
- 600 g Sauerkraut
- etwas Mehl
- 50 g Sauerrahm

1 Fleisch von Sehnen und Fett befreien und in mundgerechte Streifen schneiden. Zwiebel schälen. Speck und Zwiebel fein würfeln und in Öl anbraten. Das Fleisch zugeben, mit Paprikapulver würzen und mit etwas Wasser ablöschen.

2 Den Sud mit Kümmel, Lorbeerblatt, Salz und Pfeffer würzen, Sauerkraut zugeben und Krautfleisch unter stetem Rühren gar dünsten.

3 Mehl in etwas Wasser auflösen, zusammen mit dem Sauerrahm unter die Melange ziehen.

> **KNÖDEL** sind die perfekte Beilage, eine frische Scheibe Weißbrot schmeckt aber auch famos!

DER GUTE RAT

Für alle, die Schweinefleisch nicht so gern auf dem Teller haben: Dieses Gericht lässt sich ebenso fein mit Kalb zubereiten.

FÜR 4 PERSONEN

ZUBEREITUNGSZEIT: 45 Min.

AUFWAND: ✪

JAHRESZEIT: So/He

Piroschkas gefüllte Paprikaschoten

Gefüllte Paprikaschoten sind ein ungarisch-österreichischer Klassiker, der in diesem Kochbuch nicht fehlen darf!

- 4 große rote Paprikaschoten
- 400 g Faschiertes (gemischt)
- 1 Ei
- 3 Schalotten
- 1 EL Senf
- etwas Salz
- frisch gemahlener Pfeffer
- etwas Petersilie (getrocknet)
- etwas Majoran (getrocknet)
- 1 EL Öl
- etwas Butter
- 1 EL Staubzucker
- 1 Spritzer Weinessig
- 500 g Paradeiser aus der Dose
- einige Basilikumblätter

1 Deckel von den Paprikaschoten vorsichtig abschneiden, den Strunk und die Kerne entfernen. Paprikaschoten waschen und kopfüber trocknen.

2 Für die Füllung zwei Schalotten schälen und fein würfeln. Würfel mit Faschiertem, Ei, Senf, Salz, Pfeffer, Petersilie und Majoran in eine Schüssel geben und gut vermengen. In die Schoten füllen und die Deckel mit Zahnstochern oder Rouladen-Nadeln fixieren.

3 Backofen auf 180 °C (Umluft 160 °C) vorheizen. Öl in einen großen ofenfesten Topf geben und die gefüllten Schoten darin anbraten. Haben sie von allen Seiten etwas Farbe angenommen, aufstellen und für ca. 15–20 Minuten in den Backofen geben.

4 Für die Paradeisersoße die übrige Schalotte schälen und würfeln. In einem kleinen Topf die Schalottenwürfel in etwas Butter anbraten. Staubzucker darübersieben und karamellisieren lassen. Das Karamell mit dem Essig ablöschen und Paradeiser aus der Dose zugießen. Alles mit einem Pürierstab cremig mixen und die Soße mit Salz und Pfeffer abschmecken.

5 Sind die Schoten fertig, auf tiefe Teller verteilen, mit der Paradeisersoße übergießen und mit ein paar Basilikumblättern garnieren.

> Reis oder ein bunter Salat mit **JOGHURTDRESSING** passen hervorragend zu diesem Klassiker.

DER GUTE RAT

Sie können die Paradeisersoße auch zuerst zubereiten und die angebratenen Paprikaschoten dann darin garen.

FÜR 4 PERSONEN

ZUBEREITUNGSZEIT: 2 Std. + 1 Std. Ruhezeit

AUFWAND: ✪✪

JAHRESZEIT: Wi

Germkücherl mit Sauerkraut und Speck

Dieses deftige Winteressen schmeckt garantiert nicht nur auf einer verschneiten Tiroler Berghütte mit einem Glaserl Bier!

Für den Teig:

- 1 Würfel frischen Germ, 42 g
- 250 ml lauwarme Milch
- 500 g Mehl
- 1 Prise Salz
- 1 TL Zucker
- 100 g Butter
- Mehl für die Arbeitsfläche

Für das Sauerkraut:

- 1 Zwiebel
- 1 Apfel
- 1 EL Zitronensaft
- 100 g geräucherter Bauchspeck
- 2 EL Pflanzenöl
- 700 g Sauerkraut, Dose
- 100 ml trockener Weißwein
- 250 ml Gemüsebrühe
- 1 TL Pfefferkörner
- ½ TL Wacholderbeeren
- 1 Lorbeerblatt
- Salz
- frisch gemahlener Pfeffer
- 1 Prise Zucker

Außerdem:

- 700 ml Pflanzenöl, zum Ausbacken
- 2 EL Schnittlauchröllchen zum Bestreuen

1 Für den Teig Germ in der Milch auflösen. Mehl mit Salz und Zucker mischen, in eine Schüssel geben, mittig eine Mulde drücken und Germmilch eingießen. Butter am Rand verteilen und mit den Händen alles zu einem glatten Teig verarbeiten. Auf bemehlter Arbeitsfläche ca. 10 Minuten kräftig durchkneten, zurück in die Schüssel geben und zugedeckt an einem warmen Ort ca. 1 Stunde gehen lassen.

2 Zwiebel schälen und fein würfeln. Apfel schälen, vierteln, entkernen, in Spalten schneiden und mit dem Zitronensaft beträufeln. Speck in Streifen schneiden. Öl in einen heißen Topf geben und den Speck ca. 1–2 Minuten anschwitzen. Zwiebelwürfel zugeben und glasig schwitzen. Kraut und Apfelspalten mit einem Kochlöffel unterrühren. Mit dem Wein ablöschen und fast völlig einköcheln lassen. Brühe angießen und bei milder Hitze ca. 30 Minuten leise köcheln lassen. Pfefferkörner, Wacholderbeeren und Lorbeerblatt in ein Gewürzsäckchen oder Einwegteebeutel füllen und verschließen. Nach ca. 20 Minuten Garzeit das Gewürzsäckchen zu dem Kraut geben und alles mit Salz, Pfeffer und Zucker abschmecken.

3 Aus dem Teig kleine Portionen abstechen, Bällchen formen, diese etwas flach drücken und erneut 20 Minuten gehen lassen.

4 In einem Topf das Öl erhitzen und die Küchlein 3–4 Minuten goldbraun ausbacken. Mit einer Siebkelle herausnehmen und auf Küchenkrepp abtropfen lassen. Mit dem Sauerkraut anrichten und mit Schnittlauch bestreut servieren.

FÜR 6–8 PERSONEN

ZUBEREITUNGSZEIT: 2,5 Std.

AUFWAND: ✪

JAHRESZEIT:
Fr/So/He/Wi

- 1,25 kg Zwiebeln
- 1,5 kg Wadschinken
- 150 g Schmalz
- 2 Wacholderbeeren
- 1 Prise Majoran (getrocknet)
- 1 Prise Kümmel
- 1 EL Staubzucker
- etwas Salz
- frisch gemahlener Pfeffer
- 2 EL Paradeisermark
- 4 EL Paprikapulver (edelsüß)
- 2 Knoblauchzehen
- abgeriebene Schale von ½ unbehandelten Zitrone
- etwas Mehl (nach Bedarf)

DER GUTE RAT

Je mehr Gulasch gekocht wird, desto besser. Schließlich schmeckt Gulasch mit jedem Mal Aufwärmen besser! Kühl gelagert kann es sich fast eine Woche lang halten.

Kaiserreich-Gulasch

Ein Wiener Klassiker, der auch heute noch in Festtagsstimmung versetzt.

1 Zwiebeln schälen. Wadschinken in mundgerechte Würfel und Zwiebeln in Streifen schneiden. Streifen in einem großen Topf mit Schmalz unter ständigem Rühren anbraten. Wacholderbeeren etwas andrücken und mit Majoran, Kümmel, Staubzucker, Salz und Pfeffer kurz mitrösten.

2 Wenn der Zucker karamellisiert, Paradeisermark, Paprikapulver, geschälte Knoblauchzehen und Zitronenabrieb zugeben und rasch mit 1 Liter Wasser ablöschen. Aufkochen lassen und Fleischwürfel zugeben. Ca. 1,5 Stunden bei mittlerer Hitze köcheln lassen, bis das Fleisch zart ist. Währenddessen wiederholt umrühren und Wasser nachgießen.

3 Ist das Fleisch fast gar, kräftig durchrühren und mit ca. 500 Milliliter Wasser nochmals auffüllen und durchkochen. Mit Salz abschmecken. Sollte die Soße noch zu flüssig sein, Mehl mit ein wenig Wasser anrühren und zum Eindicken unter das Gulasch geben.

> Spätzle oder **PETERSILIENERDÄPFEL** runden das Kaiserreich-Gulasch im Winter ab. Im Sommer erfrischt ein bunter Salat mit Joghurtdressing!

ÖL STATT SCHMALZ, GOTT ERHALT'S!

Sie bekommen im Supermarkt Ihres Vertrauens kein Schmalz? Nehmen Sie stattdessen 150 Milliliter Öl.

FÜR 4 PERSONEN

ZUBEREITUNGSZEIT: 3 Std.

AUFWAND: ✪✪

JAHRESZEIT: Fr/So/He/Wi

Kalbsbackerl auf Polenta

Dieses deftige Schmorgericht eignet sich besonders gut für ein feierliches Essen mit einem entspannten Gastgeber, lassen sich die einzelnen Komponenten doch relativ gut vorbereiten.

- 2 Knoblauchzehen
- 10–12 Schalotten
- ½ Stange Lauch
- 2 Karotten
- ¼ Knollensellerie
- 1,2 kg Kalbsbackerl, am besten beim Metzger vorbestellen
- etwas Salz
- frisch gemahlener Pfeffer
- 3 EL Pflanzenöl
- 1 EL Paradeisermark
- 300 ml trockener Rotwein, z. B. Lagrein
- 800 ml Fleischbrühe
- 2–3 Stängel Thymian
- 1 Lorbeerblatt

Für die Polenta:

- 200 ml Milch
- ca. 400 ml Fleischbrühe, oder Gemüsebrühe
- Salz
- 150 g Polentagrieß, Instant
- 1 EL Butter

1 Knoblauch schälen und würfeln. Schalotten abziehen. Suppengemüse putzen, schälen und in grobe Stücke schneiden. Fleisch waschen, trocken tupfen und mit Salz und Pfeffer würzen.

2 Öl in einem Schmortopf erhitzen und Fleisch rundherum scharf anbraten. Wieder herausnehmen und im Bratensatz alles Gemüse anbraten. Paradeisermark unterrühren, kurz mitschwitzen und mit Wein ablöschen. Fleisch wieder einlegen, Brühe zugießen, Thymian und Lorbeer ergänzen und zugedeckt ca. 1 Stunde 40 Minuten leise schmoren lassen.

3 Für die Polenta Milch mit Brühe und einer Prise Salz aufkochen lassen. Unter Rühren mit dem Schneebesen den Grieß einrieseln lassen. Zugedeckt bei schwacher Hitze ca. 4–5 Minuten köcheln lassen. Deckel wieder abnehmen, die Butter einrühren und unter gelegentlichem Rühren mit dem Kochlöffel ca. 5–10 Minuten fertig quellen lassen. Nach Bedarf noch ein wenig Brühe ergänzen, sodass die Polenta schön cremig wird. Nochmals abschmecken.

4 Fleisch aus dem Schmortopf nehmen und in Scheiben schneiden. Soße durch ein Sieb in einen weiteren Topf gießen und Gemüse (bis auf die Schalotten) mit einer Schöpfkelle gut ausdrücken. Nach Bedarf mit Stärke abbinden.

5 Zum Anrichten etwas Polenta auf Teller verteilen, die Kalbsbackerlscheiben darauf anrichten und die Soße darübergeben.

> Als alternative Beilage empfehlen sich SEMMELKNÖDEL.

FÜR 4 PERSONEN

ZUBEREITUNGSZEIT: 3 Std.

AUFWAND: ✪✪

JAHRESZEIT:
Fr/So/He/Wi

Knödel im Kalb nach Wiener Art

Seit dem 19. Jahrhundert gehört Kalbfleisch in einem Wiener Haushalt auf die Sonn- und Feiertagstafel. Das exquisite Fleisch ist zudem sehr leicht und bekömmlich.

- 6–7 altbackene Semmeln
- 350 ml Milch (lauwarm)
- 3 kleine Zwiebeln
- etwas Butter
- 2 Stängel Petersilie
- 2 Eier
- etwas frisch geriebener Muskat
- etwas Salz
- frisch gemahlener Pfeffer
- 2 kg Kalbsbrust
- Paprikapulver (edelsüß)
- ½ Stange Lauch
- 1 Karotte
- ¼ Knollensellerie
- 2 Knoblauchzehen
- 1 l Fleischbrühe
- etwas Obers
- etwas Soßenbinder (nach Bedarf)

1 Für die Füllung Semmeln in dünne Scheiben schneiden. Mit der lauwarmen Milch übergießen und mit einem Teller beschweren, sodass die Milch gut in die Semmeln eindringt. Eine Zwiebel schälen, in feine Würfel schneiden und in etwas Butter anbraten. Petersilie waschen, trocken schütteln, Blättchen vom Stiel zupfen und fein hacken. Eier, Zwiebel, Petersilie und Muskat zu den eingeweichten Semmeln geben, mit Salz und Pfeffer würzen und alles gut verkneten.

2 Kalbsbrust mit der Masse füllen und zunähen oder mit Zahnstochern beziehungsweise Rouladen-Nadeln verschließen, sodass die Füllung nicht austreten kann. Von außen mit Salz, Pfeffer und Paprikapulver würzen.

3 Backofen auf 180 °C vorheizen (Umluft 160 °C). Lauch waschen, Karotte, Sellerie und die restlichen Zwiebeln schälen und alles in grobe Stücke zerteilen. Knoblauchzehen schälen und mit dem Gemüse in einen Bräter oder auf ein tiefes Blech geben. Kalbsbrust dazwischenlegen, etwas von der Brühe zugießen und ca. 2,5 Stunden im vorgeheizten Backofen garen. Fleisch ab und an mit etwas Brühe begießen und drehen.

4 Fleisch herausnehmen und Gemüse mit dem Fond pürieren. Soße mit einem Schuss Obers verfeinern und bei Bedarf mit Soßenbinder andicken.

> Die Füllung ist bereits die perfekte Sättigungsbeilage. Ein frischer Salat, Blau- oder **SAUERKRAUT** runden das Festmahl ab.

DER GUTE RAT

Ist die Füllung zu weich, geben Sie einfach eine Handvoll Semmelbrösel dazu, bis die Konsistenz stimmt.

FÜR 4 PERSONEN

ZUBEREITUNGSZEIT: 45 Min + 2,5 Std. + 1 Nacht Ruhezeit

AUFWAND: ✪✪

JAHRESZEIT: Fr/So/He/Wi

Waldviertler Saumaisen

Ein altes Rezept aus Niederösterreich, das aber auch in Oberösterreich viele Liebhaber kennt.

- 8 Knoblauchzehen
- 1–2 TL Kümmel (nach Belieben)
- 3 Stängel Majoran
- 500 g geselchtes Faschiertes (von Rind und Schwein)
- etwas Salz
- frisch gemahlener Pfeffer
- 1 Prise Paprikapulver (edelsüß)
- abgeriebene Schale von 1 unbehandelten Zitrone
- 1 frisches Schweinenetz
- etwas Fett für das Blech

1 Knoblauch schälen und fein hacken. Kümmel in einem Mörser zerstoßen. Majoran waschen, trocken schütteln, Blättchen vom Stiel zupfen und fein hacken.

2 Geselchtes Faschiertes mit Salz, Pfeffer, Paprikapulver, Kümmelkörnern, Majoran, Knoblauch sowie etwas Zitronenschale durchkneten und für ca. 2 Stunden im Kühlschrank ruhen lassen.

3 Schweinenetz 20 Minuten in kaltem Wasser einweichen. Das Netz ausdrücken und daraus 15 x 15 Zentimeter große Rechtecke ausschneiden.

4 Faustgroße Kugeln aus dem Faschierten formen, je eine auf ein Schweinenetzstück legen und damit umwickeln. Mit Küchengarn gut zusammenbinden und über Nacht im Kühlschrank ruhen lassen.

5 Am nächsten Tag Backofen auf 190 °C (Umluft 170 °C) vorheizen. Saumaisen auf ein eingefettetes Blech legen und im Backofen ca. 30 Minuten rösch backen.

> Waldviertler **PARADEISERKRAUT** ist die perfekte Beilage zu den Saumaisen.

DER GUTE RAT

Kein Geselchtes bekommen? Nehmen Sie alternativ gemischtes Hackfleisch.

SCHWEINENETZ VORBESTELLEN!

Nicht jeder Metzger führt Schweinenetze täglich im Angebot, aber er nimmt gern Ihre Vorbestellung entgegen.

FÜR 4 PERSONEN

ZUBEREITUNGSZEIT: 3 Std.

AUFWAND: ✪✪✪

JAHRESZEIT:
Wi/Fr

Kalbsbeuschel mit Semmelknödel

Da Innereien nach der Schlachtung schnell verarbeitet werden mussten, ist diese österreichische Spezialität entstanden.

- 1 Stange Lauch
- 2 Karotten
- ½ Knollensellerie
- etwas Salz
- 1 Lorbeerblatt
- 300 g Kalbslüngerl
- 300 g Kalbsleber
- 200 g Kalbsherz
- 8 alte Semmeln
- 250 ml Milch (lauwarm)
- 1 kleine Zwiebel
- 125 g Speck (durchwachsen)
- 1–2 EL Butter
- 4 Stängel Petersilie
- 1 kleines Ei
- 50 g Topfen
- frisch gemahlener Pfeffer
- etwas frisch geriebener Muskat
- 1 EL Mehl
- 250 ml Riesling (trocken)
- 100 g Obers
- 100 g Sauerrahm
- 2 Stängel Thymian
- abgeriebene Schale von 1 unbehandelten Zitrone
- Kapern nach Belieben
- etwas Essig

1 Lauch waschen, Karotten und Sellerie schälen und alles grob zerteilen. Gemüse und ein Lorbeerblatt in reichlich Salzwasser zum Kochen bringen. Ca. 30 Minuten köcheln lassen, bis eine kräftige Gemüsebrühe entstanden ist. Gemüse entfernen. Lunge von der Luftröhre und Leber von der Silberhaut befreien sowie alle Innereien von Äderchen, Sehnen und Fett. Innereien in den fertigen Gemüsefond geben und ca. 1,5 Stunden köcheln lassen, bis das Fleisch zart ist. Achtung! Unbedingt einen sehr großen Topf verwenden, denn die Lunge dehnt sich aus. Entsteht Schaum, diesen mit einem Löffel abschöpfen.

2 Semmeln in dünne Scheiben schneiden. Mit der lauwarmen Milch übergießen und mit einem Teller beschweren, sodass die Milch gut ins Brot eindringen kann. Zwiebel schälen, Zwiebel und Speck in feine Würfel schneiden und in etwas Butter anbraten. Petersilie waschen, trocken schütteln, Blättchen vom Stiel zupfen und fein hacken. Ca. ein Drittel von der Petersilie für später zurückbehalten, den Rest mit Ei, Topfen, Zwiebel und Speck zu den eingeweichten Semmeln geben, mit Salz, Pfeffer und Muskat würzen. Alles gut verkneten und mit feuchten Händen große Knödel formen.

3 Ist das Fleisch gar, die Lunge aus dem Fond herausnehmen und das Wasser herausdrücken, z. B. mit einem beschwerten Suppenteller. Lunge, Herz und Leber in feine Streifen schneiden. Für die Semmelknödel einen Topf mit reichlich Salzwasser zum Kochen bringen. Knödel hineingeben und ca. 20 Minuten sieden lassen. Für die Soße 1 Esslöffel Butter in einem Topf schmelzen und mit Mehl sowie etwas Fond eine Schwitze anrühren. Die Schwitze aufkochen lassen, dazu einen guten Schuss Riesling geben, Obers und Sauerrahm hinzufügen. Thymian waschen, trocken schleudern, Blättchen abzupfen und mit etwas Zitronenabrieb und klein gehackten Kapern zugeben. Mit Salz und Essig abschmecken, das Beuschel zugeben, kurz noch einmal aufkochen lassen und Fleisch ca. 10 Minuten in der Soße ziehen lassen.

4 Auf tiefen Tellern jeweils einen großen Semmelknödel anrichten, Beuschel dazugeben, mit etwas Petersilie garnieren und heiß servieren.

FÜR 6–8 PERSONEN

ZUBEREITUNGSZEIT: 2,5 Std.

AUFWAND: ✪✪

JAHRESZEIT:
He/Wi/Fr

Geselchtes mit Kraut und Nockerln

Geselchtes ist in Österreich und Bayern die Bezeichnung für Rauchfleisch, das früher auf Reisen als haltbarer Proviant diente. Gern wird es als Aufschnitt mit frischem Kren gereicht – hier eine andere typische Variante.

- 800 g Geselchtes
- ½ Stange Lauch
- 1 Karotte
- ¼ Knollensellerie
- 1 kleine Zwiebel
- 2 Lorbeerblätter
- 4 Pimentkörner
- 100 g + 2–3 EL Butter
- 500 g Grieß
- etwas Salz
- 500 g Sauerkraut
- 100 g durchwachsener Speck
- 6 Wacholderbeeren
- 6 Pfefferkörner
- 1 EL Mehl
- 150 ml Rinderfond
- frisch gemahlener Pfeffer

DER GUTE RAT

Bier oder Most? Zu diesem Gericht wären beide Getränke ideale Begleiter.

1 Fleisch vor der Weiterverarbeitung ca. 1 Stunde lang in kaltem Wasser einlegen. Lauch waschen, Karotte und Sellerie schälen und alles grob zerkleinern. Zwiebel ebenfalls schälen und vierteln. Geselchtes in frischem, ungesalzenem Wasser zum Kochen bringen. Suppengrün, Zwiebel, 1 Lorbeerblatt und Piment zugeben und ca. 1 Stunde köcheln lassen.

2 Für die Nockerl 500 Milliliter Wasser zum Kochen bringen und 100 Gramm Butter darin schmelzen. Grieß in die Melange einrühren, salzen und ca. 1 Stunde ziehen lassen. Während das Fleisch köchelt und der Grieß andickt, Sauerkraut aufsetzen. Die Schwarte vom Speck abschneiden. Wacholderbeeren, Pfefferkörner und 1 Lorbeerblatt in ein Teesäckchen einbinden. Schwarte in 1 Esslöffel Butter anbraten, Kraut und Gewürzsäckchen zugeben und alles unter Rühren zum Kochen bringen. Mit etwas Wasser ablöschen und je nach Belieben und Verträglichkeit ca. 45 Minuten köcheln lassen. Währenddessen immer wieder umrühren und Wasser nachgießen, damit das Kraut nicht anbrennt. Schwarte und Gewürzsäckchen entfernen.

3 Restlichen Speck würfeln und in Butter anbraten. Mit Mehl bestäuben, kurz anbraten und mit Rinderfond ablöschen, sodass eine glatte Schwitze entsteht. Sauerkraut unterrühren, mit Salz und Pfeffer abschmecken und alles noch einige Minuten ziehen lassen. Einen großen Topf mit Salzwasser aufsetzen. Der Grieß ist fest und formbar, sodass er mit zwei Esslöffeln zu Nockerln geformt werden kann. Die Nockerl in das kochende Salzwasser geben und bei mittlerer Hitze 6–8 Minuten sieden.

4 Während die Nockerl sieden und das Kraut durchzieht, Geselchtes aus dem Topf nehmen und in fingerdicke Scheiben schneiden. Sauerkraut in der Mitte einer warmen Servierplatte anrichten. Die Fleischscheiben daraufsetzen und ringsherum die Nockerln garnieren.

FÜR 4 PERSONEN

ZUBEREITUNGSZEIT: 25 Min.

AUFWAND: ✪

JAHRESZEIT:
So/He

Schweinefilet in Marillen-Safran-Rahm

Marillen werden überall in Österreich angebaut – im Vinschgau, Wallis, Kittsee und der Wachau. So gibt es sie im Sommer in jeder Form: als Marmelade, Schnaps, Likör, Knödel, Kuchen und originell zum Schweinefilet.

- 850 g Schweinefilet
- etwas Salz
- frisch gemahlener Pfeffer
- 2 EL Öl
- 8 Marillen
- einige Safranfäden
- 3 EL Marillenlikör
- 1 Becher Crème fraîche
- 100 ml Marillensaft
- ½ TL Curry

1 Filet von Fett und Sehnen befreien, salzen und pfeffern. Öl in einer verschließbaren Bratpfanne erhitzen und Fleisch scharf anbraten. Hat das Filet von allen Seiten Farbe angenommen, den Deckel auf die Pfanne geben und das Bratgut bei mittlerer Hitze noch 15 Minuten dünsten.

2 In dieser Zeit die Marillen waschen, trocken tupfen, entkernen und vierteln. Safranfäden in einem kleinen Glas mit kochendem Wasser übergießen.

3 Filet aus der Pfanne nehmen und warm stellen. Marillenlikör in den Fond gießen und mit Crème fraîche verfeinern. Marillensaft zugeben und die Soße mit dem Safransud inklusive Fäden, Curry, Salz und Pfeffer abschmecken.

4 Filet aufschneiden und auf einer Servierplatte mit der Marillensoße anrichten.

> **REIS**, egal ob Parboiled, Wild, Jasmin oder Basmati, ist die perfekte Beilage zu diesem leichten und fruchtig-pikanten Sommergericht.

DER GUTE RAT

Mit Hähnchenbrust ist dieses Gericht ebenso lecker. Marillen und Geflügel nur schon vor dem Braten in mundgerechte Stücke schneiden.

FÜR 4 PERSONEN

ZUBEREITUNGSZEIT: 3 Std.

AUFWAND: ✪✪

JAHRESZEIT:
So

Salzburger Bierfleisch mit Speck und Tagliatelle

Biergenuss kann man in Salzburg – mit seiner gut 600jährigen Brautradition – bis heute auf vielerlei Art und Weise zelebrieren – zum Beispiel in einem Bierlokal mit einem deftigen Bierfleisch.

- 800 g Rindergulasch, z. B. Schulter
- 3 Zwiebeln
- 2 Knoblauchzehen
- 2–3 EL Pflanzenöl
- 1 EL Paradeisermark
- 200 dunkles Bier
- 200 g mehligkochende Erdäpfel
- 1 EL Paprikapulver (edelsüß)
- 1 TL Kümmelsamen
- ca. 600 ml Fleischbrühe
- 100 g Eierschwammerl
- 2 EL Butter
- 8 Scheiben Speck
- 1 TL Zitronenabrieb
- 1 EL frisch gehackte Petersilie
- etwas Salz
- frisch gemahlener Pfeffer

1 Fleisch waschen und trocken tupfen. In Würfel schneiden. Zwiebeln und Knoblauch schälen und beides fein würfeln. Fleisch portionsweise in 1–2 Esslöffel heißem Öl scharf anbraten und aus dem Topf nehmen.

2 Im Bratensatz 1 Esslöffel Öl erhitzen, Zwiebeln und Knoblauch kurz anschwitzen, das Paradeisermark unterrühren und mit dem Bier ablöschen. Die Erdäpfel schälen, klein würfeln und zusammen mit Paprikapulver und Kümmel und dem Fleisch in den Topf geben. Etwas Brühe angießen, sodass das Fleisch knapp bedeckt ist, und halb zugedeckt ca. 2,5 Stunden leise schmoren lassen. Ab und zu umrühren und die restliche Brühe angießen.

3 Eierschwammerl putzen, halbieren und in 1 Esslöffel heißer Butter anbraten. Speck in der restlichen Butter braten und auf Küchenkrepp abtropfen lassen. Pilze, Zitronenabrieb und Petersilie unter das Fleisch mengen und mit Salz und Pfeffer abschmecken. Mit den Speckscheiben und nach Belieben mit Tagliatelle servieren.

DER GUTE RAT

Verwenden Sie für dieses Rezept ein dunkles Weißbier, experimentieren Sie mit verschiedenen Sorten.

SALZBURGER BIERKULTUR ERLEBEN

Sind Sie in Mozarts Geburtsstadt zu Besuch, lohnt es sich, in einem der Gaststätten mit dem Prädikat „Salzburger Bierkultur – Ausgezeichneter Betrieb" vorbeizuschauen. Des Weiteren laden ganze zehn Brauereien rund um die Stadt dazu ein, ihr Gebrautes zu verkosten.

FÜR 4 PERSONEN

ZUBEREITUNGSZEIT: 45 Min. + 45 Min. Ruhezeit

AUFWAND: ✪✪

JAHRESZEIT: He/Wi

- 500 g Erdäpfel
- etwas Salz
- 125 g Butterflocken + etwas Butter
- 150 g Mehl
- 250 g Topfen
- 1 Ei
- 900 g Weißkraut
- 2 Zwiebeln
- 100 g Speck (durchwachsen)
- 1 TL Kümmel
- 2 EL Zucker
- 125 ml Weißwein
- 1 EL Weinessig
- 3 EL Öl
- frisch gemahlener Pfeffer
- 1 Bund Petersilie
- 200 g Grammeln
- 1 Knoblauchzehe
- etwas Majoran (getrocknet)
- etwas Liebstöckl (getrocknet)

Grammelknödel mit Krautsalat

Typisch für die Österreichische und Süddeutsche Küche werden Grammelknödel – auch Speckknödel genannt – als Beilage oder Hauptgericht gereicht. Hier ein einfaches, aber sehr leckeres Hauptgericht:

1 Erdäpfel schälen und in Salzwasser weich kochen. Etwas abkühlen lassen, mit einem Stampfer zu Püree verarbeiten und mit Butterflocken, Mehl, Topfen, Ei und Salz zu einem glatten Teig verkneten. Teig ca. 45 Minuten kühl stellen.

2 Krautsalat vorbereiten. Weißkraut in feine Streifen raspeln und zur Seite stellen. Zwiebeln schälen, 1 Zwiebel und Speck fein würfeln und in 3 Esslöffeln Butter anbraten. Kümmel und Zucker zufügen und warten, bis der Zucker karamellisiert. Mit Weißwein ablöschen, Kraut zufügen und weich dünsten. Alles mit Essig, Öl, Salz und Pfeffer abschmecken.

3 Für die Knödelfüllung Petersilie waschen, trocken schütteln, Blättchen vom Stiel zupfen und mit den Grammeln klein hacken. Knoblauch schälen und durch die Knoblauchpresse drücken. Restliche Zwiebel fein würfeln und in etwas Butter anbraten. Alle Zutaten in eine Schüssel geben und mit Salz, Pfeffer, Majoran und Liebstöckl abschmecken.

4 Den kühlen Teig zu einer Rolle formen und in Scheiben schneiden. Eine Scheibe sollte ca. 40 Gramm schwer sein. Die Scheiben mit dem Nudelholz ausrollen. Die Füllung jeweils in die Mitte der Scheibe geben. Den Teig mit feuchten Händen verschließen und zu einem Knödel rollen.

5 Knödel in kochendes Salzwasser geben und bei niedriger Hitze ca. 7 Minuten sieden lassen.

> Die Knödel in ein paar in Butter **ANGERÖSTETEN SEMMELBRÖSELN** schwenken. Das sieht lecker aus und schmeckt noch besser.

FÜR 4 PERSONEN

ZUBEREITUNGSZEIT: 1,5 Std.

AUFWAND: ✪✪

JAHRESZEIT:
Fr/So/He/Wi

Mühlviertler Leberschädl

Leberschädl – Netzbraten mit Leber – gab es früher bei Bauern aus Oberösterreich, wenn Innereien an Schlachttagen schnell verarbeitet werden mussten. Eine Delikatesse für alle, die auch Leberknödel lieben.

- 2 altbackene Semmeln
- 250 ml Milch
- 1 Zwiebel
- 2 Knoblauchzehen
- 300 g Kalbsleber
- 600 g Faschiertes (gemischt)
- 3 Eier
- etwas frisch geriebener Muskat
- abgeriebene Schale von 1 unbehandelten Zitrone
- 1 kleiner Stängel Majoran
- 1 kleiner Stängel Thymian
- 1 TL grobes Salz
- frisch gemahlener Pfeffer
- 1 Schweinenetz

1 Semmeln in feine Scheiben schneiden und in der angewärmten Milch einweichen. Zwiebel und Knoblauchzehen schälen und fein hacken.

2 Leber von kleinen Äderchen, Sehnen und Fett befreien, faschieren und mit Faschiertem, ausgedrückten Semmeln und Eiern in eine große Schüssel geben. Muskat sowie Zitronenschale darübergeben. Majoran und Thymian waschen, trocken schütteln, Blättchen vom Stiel zupfen und fein gehackt ebenfalls über die Masse geben. Mit Salz und Pfeffer würzen und alles gründlich miteinander vermengen.

3 Backofen auf 200 °C (Umluft 180 °C) vorheizen. Leber-Faschiertes-Masse im Schweinenetz einschlagen und mit einem Bräter in den Backofen geben. Dort ca. 1 Stunde goldbraun und knusprig braten. Herausnehmen, aufschneiden und direkt auf die Teller geben.

> **WARMER ERDÄPFELSALAT** mit Speck oder Krautsalat runden diesen Sommergenuss ab. Wer es etwas frischer mag, macht einen knackigen Salat zum Leberschädl.

DER GUTE RAT

Leberschädl bereichert Rinder-, Kalbs-, Hühner- oder Gemüsebrühe als kräftigende Einlage.

ERDÄPFELSALAT MIT SPECK

Pro Person 2–3 Pellkartoffeln in Salzwasser garen. Eine Schalotte und Schinkenspeck fein würfeln und anbraten. Die Erdäpfel noch warm pellen und in Scheiben schneiden. Aus Öl und Balsamico, Zwiebeln, Speck, Salz und Pfeffer eine Vinaigrette anrühren und über die Erdäpfel geben.

FÜR 4 PERSONEN

ZUBEREITUNGSZEIT: 30 Min.

AUFWAND: ✪

JAHRESZEIT:
Fr/So/He/Wi

Tiroler Geschnetzeltes

Während Rezepte für geschnetzeltes Kalbfleisch bereits seit 1800 im Alpenraum verbreitet waren, fand Zürcher Geschnetzeltes erstmals 1947 in einem Kochbuch Erwähnung.

- 800 g Kalbsschnitzel
- 250 g Champignons
- 1 Zwiebel
- 70 g Speck
- ½ Bund krause Petersilie
- 2 EL Butterschmalz
- 3 cl Cognac
- 250 g Obers
- 125 g Crème fraîche
- 100 g Gorgonzola
- etwas Salz
- frisch gemahlener Pfeffer
- 1 EL Senf
- etwas Curry

1 Kalbsschnitzel in Streifen schneiden. Champignons putzen und in dünne Scheiben schneiden. Zwiebel schälen und mit dem Speck fein würfeln. Petersilie waschen, trocken schütteln, Blättchen vom Stiel zupfen und fein hacken.

2 Butterschmalz in eine tiefe Bratpfanne geben und erhitzen. Schnitzelstreifen darin kurz scharf anbraten und wieder herausnehmen. In der gleichen Pfanne Zwiebel- und Speckwürfel anbraten. Champignonblätter zugeben, kurz anbraten und mit Cognac ablöschen. Obers zugießen, aufkochen lassen und Crème fraîche einrühren. Gorgonzola in kleine Stücke schneiden und im Champignon-Rahm schmelzen. Mit Salz, Pfeffer, Senf und nur wenig Curry abschmecken. Der Curry soll nicht hervorschmecken.

3 Teller auf niedriger Stufe im Backofen erwärmen.

4 Kalbsgeschnetzeltes kurz in der Soße erwärmen, auf vorgewärmten Tellern anrichten und mit der Petersilie garnieren.

> Original werden zu diesem Klassiker Spätzle gereicht. ERDÄPFELKRAPFERL schmecken aber auch sehr fein.

DER GUTE RAT

Kalbsschnitzelstreifen wirklich nur ganz kurz anbraten, damit sie weich und zart bleiben!

ERDÄPFELKRAPFERL

500 Gramm Erdäpfel gekocht und passiert sowie roh geraspelt im Verhältnis 1:1 mit angerösteten Zwiebel- und Speckwürfeln von 1 Zwiebel und 100 Gramm Schinkenspeck sowie Salz würzen und mit 1 Ei und 100 Gramm Mehl binden. In der Pfanne ausbraten.

FÜR 4 PERSONEN

ZUBEREITUNGSZEIT: 3,5 Std.

AUFWAND: ✪✪✪

JAHRESZEIT:
He/Wi

Mostbraten mit Serviettenknödeln

Ein feines Herbstgericht, das aus jedem Sonntag auch einen Festtag macht.

- 1 kg Rinderschmorbraten (aus der Keule)
- etwas Salz
- frisch gemahlener Pfeffer
- 100 g Speck (durchwachsener)
- 2 Zwiebeln
- 1 Bund Suppengrün
- 2 EL Essig
- 500 ml Most
- 2 Lorbeerblätter
- abgeriebene Schale von ½ unbehandelten Zitrone
- 10 Pfefferkörner
- 6 Pimentkörner
- 5 altbackene Semmeln
- 60 g Butter od. Butterschmalz
- 2 Eier
- 125 ml Milch
- 1 EL Kräuterlinge „Frühlingskräuter" von Knorr
- etwas frisch geriebener Muskat
- 2–3 EL Bratenfond für Kurzgebratenes, z.B. von Mondamin
- etwas Soßenbinder für dunkle Soßen
- 2 EL Kren (frisch gerieben)

1 Backofen auf 250 °C (Umluft 225 °C) vorheizen. Fleisch abwaschen, einsalzen und mit ein wenig Pfeffer einreiben. Einen Bräter mit Speckscheiben auslegen, das Fleisch darauf legen. 1 Zwiebel schälen und grob würfeln. Suppengrün putzen, waschen bzw. schälen und grob würfeln. Alles um das Fleisch herum drapieren. Im vorgeheizten Backofen 20 Minuten braten. Hitze auf 200 °C (Umluft 175 °C) reduzieren. Fleisch mit Essig ablöschen, mit Most aufgießen, Lorbeer, Zitronenschale, Pfeffer- und Pimentkörner zufügen. Braten ca. 1,5 Stunden schmoren, dabei immer wieder mit Bratensaft begießen.

2 Inzwischen Semmeln in kleine Würfel schneiden. Restliche Zwiebel schälen, fein würfeln und in 3 Teelöffeln Butter leicht anbraten. Alles in eine Schüssel geben und mit verquirlten Eiern, Milch, restlicher geschmolzener Butter und Kräutermischung vermengen. Semmelmasse mit Salz, Pfeffer und Muskat würzen und alles ca. 15 Minuten ziehen lassen.

3 Aus der festen und nicht zu flüssigen Masse 2 Rollen (Länge: ca. 15 Zentimeter, Durchmesser: ca. 5 Zentimeter) formen und sie fest zusammendrücken. Rollen in feuchte, gebutterte Servietten bzw. Geschirrtücher (ersatzweise Alufolie) wickeln und fest verschnüren. Die Rollen in kochendes Salzwasser geben, sodass sie vollständig bedeckt sind und 20–30 Minuten garen. Rollen aus dem Topf nehmen, mit kaltem Wasser kurz abschrecken, abtropfen lassen, vorsichtig auswickeln und in ca. 1 Zentimeter dicke Scheiben schneiden.

4 Fleisch aus dem Bräter und den Fond durch ein Sieb gießen. Mit Wasser auf insgesamt 500 Milliliter Flüssigkeit auffüllen und in einen Topf geben. Aufkochen, mit Bratenfond abschmecken und mit Soßenbinder nach binden. Fleisch in Scheiben schneiden, Kren darüber streuen und mit Soße und Serviettenknödeln servieren.

> **BLAUKRAUT** ist die perfekte Beilage zu diesem Festmahl.

> Statt Serviettenknödel passen auch **SPATZEN** und Erdäpfelkrapfen perfekt.

> Ein **TROCKEN-FRUCHTIGER ROTWEIN** rundet den Genuss ab.

FÜR 4 PERSONEN

ZUBEREITUNGSZEIT: 1,5 Std.

AUFWAND: ✪

JAHRESZEIT:
Fr/So/He/Wi

Reisfleisch

Ursprünglich aus dem Balkan stammend hat sich dieses einfache und leckere Rezept schnell in ganz Österreich durchgesetzt.

- 600 g Schweinefleisch aus der Schulter
- 2 Knoblauchzehen
- 2 große Zwiebeln
- 5 EL Schweineschmalz
- 2 EL Paprikapulver (edelsüß)
- 1 TL Paprikapulver (rosenscharf)
- 500 ml Fond
- 4 EL Paradeisermark
- etwas Kümmel
- 1 EL Majoran (getrocknet)
- etwas Salz
- 350 g Langkornreis
- 1 EL Mehl

1 Fleisch von Sehnen und Fett befreien und in 3 x 3 Zentimeter große Stücke schneiden. Knoblauchzehen schälen und durch die Knoblauchpresse drücken. Zwiebeln schälen, fein würfeln und mit dem Schmalz in einer tiefen Bratpfanne anbraten. Fleisch zugeben und unter ständigem Rühren scharf anbraten. Hat es von allen Seiten Farbe angenommen, mit edelsüßem und scharfem Paprikapulver würzen und mit dem Fond ablöschen.

2 Die Hitze reduzieren und mit Paradeisermark, Kümmel, Majoran, Knoblauch und Salz abschmecken. Zugedeckt bei mittlerer Hitze ca. 40 Minuten schmoren.

3 In der Zwischenzeit Langkornreis in Salzwasser aufsetzen. Ca. 20 Minuten köcheln lassen und das Wasser abgießen.

4 Mehl mit 2 Esslöffeln Wasser verrühren. Am Ende der Garzeit Mehlwasser in die Fleischpfanne einrühren und kurz aufkochen, damit der Sud bindet. Reis untermischen und zugedeckt ca. 5 Minuten ziehen lassen.

> Mit frischem **PARMESAN** schmeckt es nochmal so fein!

> Ein frischer **SALAT** ist die ideale Beilage.

DER GUTE RAT

Kalb statt Schwein! Noch feiner wird das Gericht mit Kalbsschulter.

FÜR 6 PERSONEN

ZUBEREITUNGSZEIT: 50 Min.

AUFWAND: ✪✪✪

JAHRESZEIT:
He/Wi

Pongauer Fleischkrapfen

Wer schon mal in St. Johann war, der kocht sich mit diesem Gericht zurück in die schöne Bergregion.

- 1 Zwiebel
- ½ Bund Petersilie
- 1 EL Öl
- 500 g geselchtes Rindfleisch
- 500 g Selchschopf (faschiertes, geselchtes Schweinefleisch)
- etwas Salz
- 250 ml Milch
- 100 g Butter
- 250 g Weizenmehl
- 250 g Roggenmehl
- etwas Kümmel
- 1 l Sonnenblumenöl

1 Zwiebel schälen und fein würfeln. Petersilie waschen, trocken schütteln, Blättchen vom Stiel zupfen, fein hacken und beiseitestellen.

2 Für die Füllung: Zwiebelwürfel in einer tiefen Bratpfanne mit dem Öl anbraten. Rind und Selchschopf zugeben. Kurz durchrösten und mit Salz sowie der Hälfte der Petersilie würzen.

3 Für den Teig: Milch erwärmen und Butter darin schmelzen. In einer großen Schüssel Mehl mit einer ordentlichen Prise Salz und Kümmel durchmischen und mit der Milchbutter übergießen. Zu einem glatten Teig kneten. Klebt der Teig, einfach etwas mehr Mehl zufügen.

4 Mit einem Nudelholz den Teig dünn ausrollen und in 6 x 6 Zentimeter große Quadrate schneiden. Ca. 2 Esslöffel Füllung in die Mitte geben und die Teigquadrate zu einem Dreieck zusammenfalten. Ränder mit einer Gabel gut festdrücken, damit nichts von der Füllung austreten kann.

5 Öl in der Fritteuse oder einem Kochtopf erhitzen. Krapfen schwimmend im heißen Fett ausbacken, bis sie goldbraun und rösch sind. Kurz auf Küchenpapier das Fett auffangen und heiß mit etwas Petersilie servieren.

> Im Herbst ist ein frischer **KRAUTSALAT** die perfekte Beilage. Im Winter darf es mit Sauerkraut etwas deftiger sein.

DER GUTE RAT

Wenn Sie kein geselchtes Faschiertes von Rind und Schwein finden, schmeckt auch das normale fein!

ERDÄPFEL ZUR FÜLLE!

Um den Geschmack der Füllung zu verfeinern, einfach eine gekochte und passierte Erdäpfel unter das geselchte Faschierte geben.

FÜR 4 PERSONEN

ZUBEREITUNGSZEIT: 1,5 Std.

AUFWAND: ✪

JAHRESZEIT:
Fr/So

Steirisches Wurzelfleisch

Viele Wurzelgemüse wie Erdäpfel, Petersilienwurzel, Karotten und Sellerie geben diesem Gericht seinen Namen – und die Leichtigkeit.

- 1 Lorbeerblatt
- 1 TL Pfefferkörner
- 1 TL Wacholderbeeren
- 100 ml Essig
- 750 g Schweinefleisch, (z.B. Halsgrat oder Schulter)
- 500 g festkochende Erdäpfel
- 2 Karotten
- 250 g Kohlrabi
- 200 g Knollensellerie
- Salz
- 2 EL Schnittlauchröllchen
- 1–2 EL frisch geriebener Kren

1 Für das Wurzelfleisch die Gewürze in ein Gewürzsäckchen füllen und in einem großen Topf mit ca. 2 Liter Wasser und dem Essig aufkochen. Schweinefleisch waschen, trocken tupfen, hineingeben, sodass es mit Wasser bedeckt ist, und ca. 60–70 Minuten leise gar simmern lassen. Falls nötig, Wasser nachgießen.

2 Inzwischen Erdäpfel schälen, waschen und längs in Spalten schneiden. Karotten, Kohlrabi und Sellerie schälen und in Stifte schneiden. Gemüse während der letzten ca. 15–20 Minuten zum Fleisch geben, salzen und mitgaren lassen.

3 Vor dem Anrichten Gewürzsäckchen entfernen, Fleisch in Scheiben schneiden und mit Gemüse auf Teller verteilen. Etwas abgeschmeckten Kochsud darübergießen, mit Schnittlauch und geriebenem Meerrettich garnieren.

>**SALZ-** und **KÜMMELERDÄPFEL** sind die perfekte Beilage zu dieser steirischen Spezialität.

DER GUTE RAT

Delikat zu diesem leichten Essen ist eine Kren-Béchamel, die sich leicht zaubern lässt. 2 Esslöffel Butter mit 1 Esslöffel Mehl auf dem Herd anrühren. So viel Milch unterrühren, bis eine glatte Soße entsteht. Mit Salz, Pfeffer und frischem Kren abschmecken.

WEIN-EMPFEHLUNG

Ein weststeirischer „Schilcher“, ein dunkler Rosé, der aus der Blauen Wildbacher Rebe gekeltert wird, ist der perfekte Genuss.

FÜR 4 PERSONEN

ZUBEREITUNGSZEIT: 2,5 Std.

AUFWAND: ✪✪

JAHRESZEIT:
So

Innviertler Surbratl mit Radisalat

Das Innviertel ist der nordwestliche Kreis Oberösterreichs und war bis ins Jahr 1779 ein Teil Bayerns. Den Einfluss des Nachbarlandes spürt man deutlich in diesem Gericht.

- 1 Bund Suppengrün
- 2 Zwiebeln
- 1 Knoblauchzehe
- 1 Spanferkelschulter, leicht gepökelt
- 1 Radi
- etwas Butterschmalz
- 2 Paradeiser
- 1 EL Paradeisermark
- 1 TL Mehlbutter (weiches Mehl und Butter 1:1 gemischt)
- etwas Salz
- frisch gemahlener Pfeffer
- 1 Spritzer Zitronensaft
- 80 ml Weißwein
- 3 EL Rapsöl
- ½ Bund Schnittlauch

1 Suppengrün waschen, putzen, schälen und in grobe Würfel bzw. Ringe schneiden. Zwiebeln schälen und grob würfeln. Knoblauch schälen. Fleisch mit Pfeffer würzen und in Butterschmalz in einem Bräter von allen Seiten anbraten. Suppengemüse, Zwiebeln und Knoblauch zugeben und goldbraun rösten.

2 Paradeiser in heißem Wasser blanchieren, Haut abziehen und fein würfeln. Paradeisermark in den Bräter geben und anrösten. Paradeiserwürfel zugeben und mit wenig Wasser ablöschen.

3 So viel Wasser zugießen, dass der Topfboden ca. 1 Zentimeter hoch mit Wasser bedeckt ist. Fleisch bei geschlossenem Deckel ca. 1,5 Stunden dünsten, dabei den Bratensatz wiederholt mit Wasser lösen.

4 Fleisch aus dem Bräter nehmen. Soße durch ein Sieb passieren, Fond mit Mehlbutter binden. Mit Salz und Pfeffer abschmecken.

5 Radi putzen, schälen und in dünne Scheiben schneiden. Zitronensaft, Weißwein und Öl verquirlen, mit Salz und Pfeffer abschmecken. Schnittlauch waschen, trocken schütteln, in feine Röllchen schneiden und unter die Salatsoße mengen. Radischeiben mit der Salatsoße vermengen und zum Braten servieren.

> Als Beilage bieten sich **SEMMELKNÖDEL** an oder ein dunkles Bauernbrot.

DER GUTE RAT

Wenn möglich, sollten Sie immer frischen Schnittlauch für den Radisalat verwenden. Mit ihrem hohen Gehalt an ätherischen Ölen ergänzen sich Kraut und Wurzel perfekt.

FÜR 4 PERSONEN

ZUBEREITUNGSZEIT: 3 Std.

AUFWAND: ✪

JAHRESZEIT:
He/Wi

Szegediner Gulasch

Ob diese Variante des Gulaschs österreichischen oder ungarischen Ursprungs ist, darüber streiten sich die Geister. Hauptsache ist, das Krautgulasch schmeckt famos und es gehört auf den österreichischen Speiseplan wie Kaiserschmarrn und Topfenknödel.

- 750 g Schweineschulter (nicht zu mager)
- 125 g Zwiebeln
- 50 g Schmalz
- 2 EL Paprikapulver (edelsüß)
- 1 EL Paradeisermark
- 1 l Gemüse- oder Geflügelfond
- etwas Salz
- frisch gemahlener Pfeffer
- etwas Kümmel
- 1 Lorbeerblatt
- 1 Prise Knoblauchpulver
- 500 g rohes Sauerkraut
- etwas Sauerrahm
- etwas Knoblauch (zerdrückt)

1 Fleisch von Sehnen befreien und in ca. 4 Zentimeter große Würfel schneiden. Zwiebeln schälen, in feine Streifen schneiden und im Schmalz anbraten. Paprikapulver zugeben, Paradeisermark ca. 1–2 Minuten einrühren, mit dem Fond ablöschen, aber nicht die Hitze reduzieren. Mit Salz, Pfeffer, Kümmel, Lorbeerblatt und Knoblauch würzen und ca. 30 Minuten kräftig kochen lassen, um die Flüssigkeit zu reduzieren.

2 Hitze reduzieren und Fleischwürfel zugeben. Ca. 30 Minuten köcheln lassen.

3 Rohes Sauerkraut zugeben und alles bei niedriger Hitze weitere 90 Minuten weich köcheln. Ab und an umrühren und etwas Wasser zugießen. Ist das Fleisch zart, das Sauerkraut bekömmlich und die Melange nicht zu flüssig, Gericht mit Sauerrahm und Knoblauch verfeinern und anrichten.

> **SALZ**- und **KÜMMELERDÄPFEL** sind die perfekte Beilage.

DER GUTE RAT

Sollte die Melange am Ende noch zu flüssig sein, 1–2 Esslöffel Mehl darübersieben und verrühren. Eventuell dafür die Temperatur nochmals etwas erhöhen.

DOPPELTE MENGE KOCHEN!

Je öfter Sie Gulasch aufwärmen, umso besser schmeckt es. Zudem hält sich das Gulasch gut 3 Tage im Kühlschrank. Oder Sie frieren Portionen ein, die Sie in der Mikrowelle wieder aufwärmen.

FÜR 4 PERSONEN

ZUBEREITUNGSZEIT: 50 Min.

AUFWAND: ✪✪

JAHRESZEIT: Fr/So/He/Wi

Schweinsjungfer im Schlafrock

Die Schweinsjungfer kommt aus der Lende des Schweins, aber es ist kein Ripperl, wohlgemerkt.

- 600–800 g Schweinsjungfer (Filet vom Schweinslungenbraten)
- 40 g Schweineschmalz
- 1 Stängel Rosmarin
- etwas Salz
- frisch gemahlener Pfeffer
- 300 g Champignons
- ½ Bund Petersilie
- einige Spritzer Zitronensaft
- 300 g Blätterteig (TK-Ware)
- 8 Scheiben geräucherter Schinken
- 2 Eier

1 Fleisch von überschüssigem Fett und Sehnen befreien. 20 Gramm Schmalz in einer Pfanne erhitzen und Lende von allen Seiten darin braten, bis sie fast durch ist. Aus der Pfanne nehmen und abkühlen lassen. Rosmarinnadeln waschen, vom Stiel streifen und fein hacken. Schweinsjungfer mit Rosmarin, Salz und Pfeffer einreiben.

2 Champignons putzen und in dünne Scheiben schneiden. Petersilienblättchen waschen, trocken schütteln, Blättchen vom Stiel zupfen und fein hacken. Champignons im restlichen Schmalz anbraten, bis sie Wasser ziehen. Mit Salz, Pfeffer, Petersilie und Zitronensaft abschmecken. Vom Herd nehmen.

3 Blätterteig auf ca. 3 Millimeter Dicke ausrollen. In vier Rechtecke aufschneiden. Schweinsjungfer ebenfalls in vier Lendenstücke unterteilen. Jeweils auf ein Blätterteig-Rechteck zwei Scheiben von dem Räucherschinken geben. Auf die rechte Hälfte ein Stück Fleisch und etwa ein Viertel von den Champignons geben. Den Teig umschlagen und vorsichtig eine kleine Rolle daraus formen. Teignähte mit etwas Wasser anfeuchten und fest von allen Seiten verschließen, damit das Fleisch im eigenen Saft schmort.

4 Backofen auf 180 °C (Umluft 160 °C) vorheizen. Die Schweinsjungfer mit der Teignaht nach unten auf ein mit Backpapier belegtes Backblech setzen. Eidotter vom Eiklar trennen und die Oberfläche des Teigs mit dem Eidotter bestreichen. Jungfer im Schlafrock für ca. 25 Minuten im Backofen goldgelb backen.

> Ein frischer **PARADEISER-SALAT** rundet diesen Gaumenschmaus ab.

DER GUTE RAT

Verwenden Sie einen aromatischen Rohschinken, z.B. einen Turmschinken aus der Südoststeiermark, für dieses Rezept!

FÜR 4 PERSONEN

ZUBEREITUNGSZEIT: 1 Std.

AUFWAND: ✪

JAHRESZEIT: Fr/So/He/Wi

Überbackene Palatschinken mit Kalbsfaschiertem

Palatschinken zählen zu den kulinarischen Schätzen der österreichischen Mehlspeisen. Jeder liebt sie, egal ob er sie Eierkuchen, Pancakes, Crêpes oder Pfannkuchen nennt.

- 120 g Mehl
- 175 ml Milch
- 3 Eier
- etwas Salz
- 2–3 EL Öl
- 3 Stängel Petersilie
- 1 Zwiebel
- 250 g Faschiertes
- etwas frisch gemahlener Pfeffer

1 Aus Mehl, 125 Milliliter Milch, 2 Eiern und einer Prise Salz in einer großen Schüssel einen Teig anrühren. Öl in einer Pfanne erhitzen und nach und nach die Palatschinken darin ausbacken. Für jeden Palatschinken eine Schöpfkelle voll Teig in die Pfanne geben. Den Teig vollflächig in der Pfanne verlaufen lassen und von beiden Seiten goldbraun backen. Die Palatschinken auf einen Teller geben und auskühlen lassen.

2 Petersilie waschen, trocken schütteln, Blättchen vom Stiel zupfen, fein hacken und zur Seite stellen. Zwiebel schälen, fein würfeln und in einer großen Pfanne mit etwas Öl anbraten. Faschiertes zugeben, von allen Seiten anbraten, sodass es gut durch ist, und mit Salz, Pfeffer und der Petersilie würzen.

3 Palatschinken mit Faschiertem füllen, einrollen und in eine feuerfeste Form schichten.

4 Backofen auf 180 °C (Umluft 160 °C) vorheizen. Übriges Ei mit 50 Millilitern Milch verschlagen, salzen, pfeffern und alles über die Palatschinken geben. Palatschinken in den Backofen geben und ca. 15 Minuten goldgelb überbacken.

> **GRÜNER SALAT** schmeckt perfekt zu den Palatschinken und ein leckerer **SAUERRAHM** (s. Forelle im pikanten Wickel) krönt den Genuss.

FÜR 4 PERSONEN

ZUBEREITUNGSZEIT: 3 Std.

AUFWAND: ✪✪

JAHRESZEIT:
Fr/So

- ½ Stange Lauch
- 1 Karotte
- ¼ Knollensellerie
- 10 Pfefferkörner
- etwas Salz
- 2 kg Tafelspitz
- 1 kg Schulterscherzerl
- 500 g Äpfel
- 1 EL + 50 g + 2 EL Butter
- 1 EL Zucker
- Saft und 2 EL abgeriebene Schale von ½ unbehandelten Zitrone
- etwas Kren
- 750 g Erdäpfel
- 1 kg Blattspinat
- 2 Knoblauchzehen
- frisch gemahlener Pfeffer
- frisch geriebener Muskat
- etwas Béchamel
- etwas Obers

Tafelspitz mit Apfelkren und Erdäpfelschmarrn

Tafelspitz ist so untrennbar mit der Wiener Küche verbunden, dass seit einigen Jahren sogar eine gastronomische Auszeichnung nach dem Klassiker benannt ist. Ob dieser Tafelspitz es in ein „Tafelspitz"-prämiertes Lokal schafft?

1 Lauch waschen, Karotte und Sellerie schälen und alles in grobe Stücke schneiden. Mit den Pfefferkörnern in 3 Litern Salzwasser zum Kochen bringen. Tafelspitz und Schulterscherzerl von Sehnen befreien und ausklopfen. Kocht der Gemüsesud, Fleisch hineinlegen, sodass es gut überdeckt ist. Bei mittlerer Hitze ca. 2–3 Stunden (je nach Größe der Fleischstücke) köcheln lassen.

2 Für den Apfelkren 350 Gramm Äpfel schälen, entkernen und vierteln. Mit 1 Esslöffel Butter, Zucker und Zitronensaft in wenig Wasser weich dünsten. Kren schälen und Zitronenschale untermischen. Äpfel durch ein Sieb passieren, mit geriebenem Kren mischen und abkühlen lassen. Restliche Äpfel schälen, entkernen und roh hineineiben, unterrühren und kalt stellen.

3 Für den Erdäpfelschmarrn Erdäpfel in reichlich Salzwasser kochen, noch heiß pellen, feinblättrig schneiden und in 50 Gramm Butter von allen Seiten rösch anbraten. Mit 1 Prise Salz würzen und warm stellen.

4 Für den Cremespinat Blattspinat gut waschen, von groben Stielen befreien und schleudern. Knoblauchzehen schälen, fein hacken und in 2 Esslöffeln Butter anbraten. Wenn der Knoblauch Farbe annimmt, Spinat zugeben und zusammenfallen lassen. Mit Salz, Pfeffer und Muskat abschmecken und bei niedriger Hitze 5 Minuten ziehen lassen. Pürieren und mit Béchamel und Obers verfeinern.

5 Kurz vor dem Servieren Tafelspitz und Schulterscherzerl aus dem Topf nehmen und in fingerdicke Scheiben schneiden. Sud mit Salz abschmecken und mit den Fleischscheiben in einer Schüssel servieren.

> Ein **TROCKENER RIESLING** rundet dieses feine Essen ab.

FÜR 4 PERSONEN

ZUBEREITUNGSZEIT: 2,5 Std.

AUFWAND: ✪

JAHRESZEIT: Fr/So/He/Wi

Schweinsbraten mit Semmelknödeln

Ein Festmahl, das etwas mehr Zeit in der Küche verlangt, aber die Mühe lohnt.

- 1 Stange Lauch
- 2 Karotten
- ½ Knollensellerie
- 1 kg Schweineschulter/ Nacken
- 2 EL Senf
- etwas Kümmel
- etwas Salz
- frisch gemahlener Pfeffer
- 2 Zwiebeln
- 1 EL Öl
- 1–3 Knoblauchzehen (nach Belieben)
- 6–7 altbackene Semmeln
- 350 ml Milch
- etwas Butter
- 2 Stängel Petersilie
- 2 Eier
- etwas frisch geriebener Muskat

1 Backofen auf 180 °C (Umluft 160 °C) vorheizen.

2 Lauch waschen, Karotten und Sellerie schälen und alles grob zerteilen. Schweinefleisch von Sehnen und überschüssigem Fett befreien. Aus Senf, Kümmel, Salz und Pfeffer eine Gewürzpaste anrühren und Fleisch damit von allen Seiten bestreichen.

3 1 Zwiebel schälen, in Streifen schneiden und in einem großen, ofenfesten Topf im Öl anbraten. Schweinsbraten hineinlegen und von allen Seiten anbraten. Gemüse und nach Belieben Knoblauchzehen zum Fleisch geben und Braten für ca. 1,5 Stunden im Backofen schmoren lassen. Ab und an das Fleisch mit dem Sud übergießen, damit es ein besonders saftiger Braten wird.

4 Semmeln in feine Scheiben schneiden und in eine große Schüssel geben. Milch erwärmen und Semmeln damit übergießen. Mit einem Teller beschweren, damit die Milch überall gut einziehen kann. Restliche Zwiebel schälen, fein würfeln und in Butter anbraten. Petersilie waschen, trocken schütteln, Blättchen vom Stiel zupfen und fein hacken.

5 Eier, Zwiebeln, Petersilie, Salz, Pfeffer und Muskat zu den eingeweichten Semmeln geben und alles gut verkneten. Mit feuchten Händen je nach gewünschter Knödelgröße 6–8 Knödel rollen. Bis ca. 30 Minuten vor Ende der Garzeit des Bratens ruhen lassen. Einen großen Topf mit Salzwasser aufsetzen. Kocht das Wasser, Knödel hineingeben. Bei mittlerer Hitze Knödel ca. 20 Minuten sieden lassen.

6 Ist der Braten fertig, die Soße für den Bratensaft abseihen, mit etwas Mehl eindicken und nach Belieben mit Salz und Pfeffer abschmecken.

> Ein **WÜRZIGER KRAUTSALAT** oder Sauerkraut mit Speck sind die klassischen Beilagen zum österreichischen Schweinsbraten.

DER GUTE RAT

Wenn kein Semmelbrot zu finden ist, kann auch Toastbrot eine gute Alternative sein.

FÜR 4 PERSONEN

ZUBEREITUNGSZEIT: 45 Min.

AUFWAND: ✪

JAHRESZEIT:
Fr/So/He/Wi

- 600 g Erdäpfel
- etwas Salz
- 1 Zwiebel
- 2 EL Öl
- frisch gemahlener Pfeffer
- etwas Majoran (getrocknet)
- 1 EL Butter
- 4 Eier
- 8 Scheiben Speck

Tiroler Gröstl

Schnell, einfach und lecker, ist dieser Alm-Klassiker auf jeder Tafel gern gesehen.

1 Erdäpfel in reichlich Salzwasser weich kochen. Noch heiß pellen und in Scheiben schneiden. Zwiebel schälen, fein würfeln und in einer großen Pfanne mit dem Öl anbraten. Erdäpfelscheiben zugeben und von allen Seiten rösch anbraten. Mit Salz, Pfeffer und Majoran würzen – kurz warm halten.

2 Speckscheiben in einer Pfanne nach Belieben rösch oder saftig braten.

3 Butter in einer weiteren Pfanne erhitzen, Eier aufschlagen und zu Spiegeleiern ausbraten.

4 Rösterdäpfel mit je zwei Streifen Speck und einem Spiegelei auf einem Teller anrichten und sofort servieren.

> Ein **FRISCHES HELLES** ist fein zu diesem deftigen Pfannenschmaus.

RESTL-GRÖSTL!

Wenn mal wieder zu viel Fleisch vom Sonntagsbraten übriggeblieben ist, empfiehlt sich als deftiges Abendessen oder als Mittagessen für den nächsten Tag ein Gröstl, das sich beliebig variieren lässt. Probieren Sie das Tiroler Gröstl also auch mal mit gekochtem Rindfleisch & Co.!

FÜR 4 PERSONEN

ZUBEREITUNGSZEIT: 30 Min.

AUFWAND: ✪

JAHRESZEIT:
Fr/So/He/Wi

Tiroler Kalbsleber

Ein feines, schnelles Gericht, das sich schon längst über Tirols Grenzen hinaus einen Namen gemacht hat.

- 600–700 g Kalbsleber
- etwas Salz
- frisch gemahlener Pfeffer
- 3 EL Mehl zum Bestäuben
- 2 EL Butterschmalz
- ½ Zwiebel
- 3 EL Butter
- 150 ml Rinderfond
- 1–2 TL Kapern
- etwas abgeriebene Schale und Saft von 1 Zitrone
- 3–4 EL Obers

1 Leber von Äderchen und Silberhaut befreien, in größere Streifen schneiden und rundum mit Salz und Pfeffer einreiben. Auf einer Seite mit Mehl bestäuben und in einer heißen Pfanne mit dem Schmalz rundum rasch anbraten. Aus der Pfanne nehmen und zur Seite stellen.

2 Zwiebel schälen und fein würfeln. Überschüssiges Fett aus der Pfanne gießen und durch frische Butter ersetzen. Zwiebeln darin anbraten, mit 1 Esslöffel Mehl bestäuben und unter ständigem Rühren mit dem Fond ablöschen, sodass eine glatte Soße entsteht. Kapern, Zitronenschale und Obers zugeben. Einige Minuten einkochen, dann mit Zitronensaft, Salz und Pfeffer abschmecken. Leber zufügen und in der Soße kurz erwärmen.

3 Auf Teller geben und sofort servieren.

> Fisolen, **ÜBERGRILLTE PARADEISER** und Erdäpfelrösti empfehlen sich als Beilage.

DER GUTE RAT

Damit die Leber schön zart bleibt, sollte man sie wirklich nur ganz kurz anbraten!

PIKANT MIT LARDO!

Der feine, durchwachsene Speck gibt der Leber eine pikante Note. Einfach auf Backpapier im Backofen rösch ausbacken.

FÜR 4 PERSONEN

ZUBEREITUNGSZEIT: 30 Min.

AUFWAND: ✪

JAHRESZEIT: Fr/So/He/Wi

Topfenfleckerl mit Grammeln

Grammeln sind rösch geröstete Rückenspeck-Ecken und in Knödeln wie hier zu den Topfenfleckerln eine saufeine Zutat.

- 400 g Fleckerl
- etwas Salz
- 200 g Selchspeck
- 200 g Topfen
- 80g Grammeln

1 Fleckerl in reichlich Salzwasser bissfest kochen und über einem Sieb abgießen.

2 Selchspeck fein würfeln und in einer heißen Pfanne zerlassen. Fleckerln im heißen Fett schwenken. Topfen darüberbröseln und einrühren. Mit Salz abschmecken.

3 Auf Teller geben und die Grammeln über die heißen Topfenfleckerl streuen.

> Ein **FRISCHER PARADEISERSALAT** rundet das Gericht harmonisch ab.

DER GUTE RAT

Keine Fleckerl gefunden? Farfalle, Rigatoni oder Spiralnudeln sind eine wunderbare Alternative.

FÜR 4 PERSONEN

ZUBEREITUNGSZEIT: 1 Std.

AUFWAND: ✪

JAHRESZEIT: Fr/So/He/Wi

Schinkenfleckerl aus dem Backofen

Die Austria-Variante des Nudelauflaufs – ein Gericht, das besonders bei Kindern sehr gut ankommt.

- etwas Salz
- 400 g Fleckerl
- Butter für die Form + 5 EL Butter
- 300 g gekochter Schinken
- 1 Zwiebel
- 3 Eier
- 175 g Sauerrahm
- frisch gemahlener Pfeffer
- 1 Msp. frisch geriebener Muskat
- 250 g Emmentaler (gerieben)

DER GUTE RAT

Für eine würzigere Note noch ca. 100 Gramm Schinkenspeck-Würfel mit den Zwiebeln anbraten und unter die Fleckerln geben.

1 3 Liter Salzwasser zum Kochen bringen. Fleckerl in das kochende Salzwasser geben und ca. 10 Minuten bissfest garen. Wasser abgießen und abtropfen lassen.

2 Backofen auf 200 °C (Umluft 180 °C) vorheizen. Ofenfeste Form mit Butter ausstreichen. Schinken grob würfeln. Zwiebel schälen, fein hacken und in 2 Esslöffeln Butter anbraten. Zwiebel- und Schinkenwürfel unter die Fleckerl mischen. Eier mit Sauerrahm, Salz, Pfeffer und Muskat verschlagen. Schinkenfleckerl in die Form geben und mit dem Eiersauerrahm übergießen. Mit Emmentaler bestreuen.

3 Im Backofen auf der mittleren Schiene ca. 30 Minuten backen. Restliche Butter in Flöckchen auf dem Auflauf verteilen, mit Alufolie abdecken und Schinkenfleckerl nochmals ca. 10 Minuten backen.

> Ein Bett aus lecker angemachtem **VOGERLSALAT** ist die perfekte Beilage!

> **KETCHUP** darf auf dem Tisch nicht fehlen!

FÜR 4 PERSONEN

ZUBEREITUNGSZEIT: 1 Std.

AUFWAND: ✪

JAHRESZEIT: So/He/Wi

Vanillerostbraten mit Braterdäpfeln

Vanillerostbraten entstammt der Altwiener Küche und kommt ganz ohne Vanilleschote aus. Knoblauch war früher die Vanille des kleinen Mannes, daher kommt der Name.

- 1 kg festkochende Erdäpfel
- etwas Salz
- 1–2 Zwiebeln
- 2–3 EL Butterschmalz
- 100 g Schinkenspeckwürfel
- frisch gemahlener Pfeffer
- etwas Kümmel
- 4–6 Knoblauchzehen
- 4 Scheiben Rostbratenried à 200 g
- Mehl zum Einreiben
- 2 EL Olivenöl
- 5 EL Butter
- 300 ml Rinderfond

1 Erdäpfel in reichlich Salzwasser weich kochen. Noch heiß pellen und in Scheiben schneiden. Zwiebeln schälen, fein würfeln und im Schmalz mit dem Schinkenspeck anbraten. Erdäpfelscheiben zugeben und von allen Seiten rösch anbraten. Mit Salz, Pfeffer und Kümmel abschmecken und bei niedrigster Hitze warm stellen.

2 Knoblauchzehen schälen und durch die Knoblauchpresse drücken. Fleisch waschen und mit dem Plattiereisen flach klopfen. Mit einem Drittel des Knoblauchs, Salz, Pfeffer und Mehl einreiben. Olivenöl in der Pfanne erhitzen. Bratenscheiben von beiden Seiten kurz scharf anbraten. Aus der Pfanne auf einen Teller legen und beiseitestellen.

3 Bratenfett aus der Pfanne gießen und 2 Esslöffel von der Butter einmal stark aufschäumen lassen. Hitze reduzieren, restlichen Knoblauch in der Butter anbraten. Mit dem Fond aufgießen. Rostbratenscheiben hineinlegen und bei mittlerer Hitze ca. 20 Minuten köcheln.

4 Braterdäpfel noch mal richtig heiß anbraten. Vanillerostbraten auf Tellern anrichten. Rest von der Butter in die Soße einschlagen, nochmals mit Salz und Pfeffer abschmecken und über die Bratenscheiben geben. Braterdäpfel ebenfalls auf die Teller geben und servieren.

> Ein gemischter Salat mit **GURKEN**, Paradeisern und **RADIESERLN** rundet den Gaumenschmaus ab!

DER GUTE RAT

Der Rostbraten wird besonders zart, wenn das Bratenried vom Jungrind stammt – am besten beim Metzger vorbestellen.

FÜR 4 PERSONEN

ZUBEREITUNGSZEIT: 45 Min.

AUFWAND: ✪

JAHRESZEIT:
Fr/So/He/Wi

Wiener Schnitzel mit Petersilien-Erdäpfeln

Wiener Schnitzel – das vielleicht international bekannteste österreichische Gericht! Man findet es auf Speisekarten rund um den Globus. „Echt" ist es nur mit Kalbfleisch, am besten im Wiener Beisl um die Ecke genossen.

- 500 g Erdäpfel
- etwas Salz
- 4 Kalbsschnitzel (à 175 g)
- 2 kleine Eier
- frisch gemahlener Pfeffer
- etwas Mehl
- etwas Semmelbrösel
- 3–4 EL Butterschmalz
- 1 Kopfsalat
- 150 g Sauerrahm
- Saft von ½ Zitrone
- etwas Zucker
- ½ Bund Petersilie
- 2 EL Butter
- 1 unbehandelte Zitrone zur Garnitur

1 Erdäpfel schälen und in reichlich Salzwasser ca. 20–30 Minuten weich kochen.

2 Kalbsschnitzel waschen, trocken tupfen und mit dem Plätteisen flach klopfen. Eier mit Salz und Pfeffer verrühren. Mehl und Semmelbrösel jeweils auf einen extra Teller geben und Schnitzel zuerst in Mehl wenden, durch das Ei ziehen und zuletzt in Semmelbröseln wenden. Butterschmalz in einer großen Bratpfanne erhitzen und Schnitzel schwimmend von jeder Seite ca. 3–4 Minuten rösch ausbacken. Auf einen Teller mit Küchenpapier legen, damit dies das überschüssige Fett aufsaugt.

3 Salat waschen, putzen, in mundgerechte Stücke zupfen und schleudern. Sauerrahm mit Zitronensaft, Salz, Pfeffer und Zucker in einer Salatschüssel verrühren. Salatblätter zugeben und unter das Rahmdressing heben.

4 Erdäpfel abgießen und ausdampfen lassen. Petersilie waschen, trocken schütteln, Blättchen vom Stiel zupfen und fein hacken. Erdäpfel in Butter schwenken und mit Salz und Petersilie abschmecken.

5 Zitrone mit heißem Wasser abwaschen und vierteln. Schnitzel mit je einem Zitronenviertel auf Tellern anrichten.

DER GUTE RAT

Es muss nicht immer Kalb sein. Schweineschnitzel schmecken auch und sind günstiger zu bekommen.

CONVENIENCE-TIPP!

Pommes Frites sind ebenfalls eine beliebte Beilage und als Tiefkühlware auch herrlich schnell und einfach zuzubereiten.

FÜR 4 PERSONEN

ZUBEREITUNGSZEIT: 45 Min.

AUFWAND: ✪

JAHRESZEIT:
He/Wi

Salzburger Krautspatzen

So deftig wie ein Brief von Mozart passt dieses Gericht unsagbar gut zum alten Bischofssitz – und natürlich zu einem herben Salzburger Bier!

- 250 ml Milch
- 5 Eier
- etwas Salz
- etwas frisch geriebener Muskat
- 500 g Mehl
- 1 Zwiebel
- 2 Knoblauchzehen
- 250 g Speck
- 2 EL Butterschmalz
- 350 g Sauerkraut
- 1 Bund Schnittlauch
- frisch gemahlener Pfeffer

1 Für die Spatzen Milch und Eier verschlagen, mit 1 Prise Salz und Muskat mischen und Mehl zugeben. Mit den Quirlen des Handrührgeräts zu einem zähflüssigen Teig vermengen. Einen großen Topf mit Salzwasser aufsetzen. Kocht das Wasser, den Teig durch ein Spatzensieb reiben. Die Spatzen einmal kurz aufkochen lassen und mit kaltem Wasser abschrecken. Abtropfen lassen und zur Seite stellen.

2 Zwiebel und Knoblauch schälen und wie den Speck fein würfeln. In einer Pfanne etwas von dem Schmalz erhitzen und Würfel darin anbraten. Sauerkraut mit seinem Saft dazugeben und ca. 10–20 Minuten köcheln lassen. Spatzen zugeben, unterrühren und im Kraut erwärmen.

3 Schnittlauch waschen, trocken schütteln und in kleine Röllchen schneiden. Spatzenkraut mit Salz und Pfeffer abschmecken und auf Tellern anrichten. Mit Schnittlauchröllchen garnieren.

DER GUTE RAT

Eine deftige Brühwurst oder Kassler passen hervorragend zu diesem Gericht.

DER GUTE RAT

Je länger Sie Sauerkraut köcheln lassen, desto verträglicher wird es.

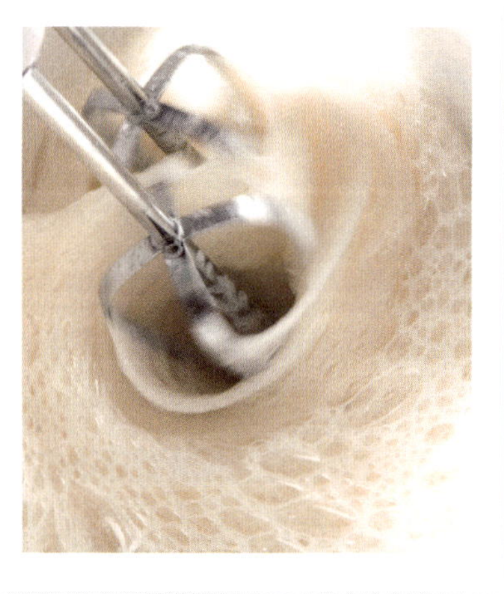

FÜR 4 PERSONEN

ZUBEREITUNGSZEIT: 30 Min.

AUFWAND: ✪

JAHRESZEIT:
So/He

- 400 g Steinpilze
- 1 Zwiebel
- 4 Stängel Petersilie
- 400 g Rehrücken ohne Knochen
- etwas Salz
- frisch gemahlener Pfeffer
- einige Wacholderbeeren
- 50 ml Olivenöl
- 1 Stängel Thymian
- 1 Stängel Rosmarin
- 100 g Obers
- 50 g Butter

Rehmedaillons auf Rahmsteinpilzen

Reh hat von Mai bis Dezember Schusszeit und ist in dieser Zeit frisch zu bekommen. Kaufen Sie nur beim Metzger Ihres Vertrauens. Besonders zart ist das Fleisch von Einjährigen.

1 Einen Teller auf niedrigster Stufe im Backofen vorwärmen. Steinpilze putzen und vierteln. Kleine Pilze nur halbieren, sodass alle in etwa die gleiche Größe und Garzeit haben. Zwiebel schälen und fein würfeln. Petersilie waschen, trocken schütteln, Blättchen vom Stiel zupfen, fein hacken und zur Seite stellen.

2 Rehrücken von Sehnen und Fett befreien, in 6 Medaillons schneiden und mit Salz, Pfeffer sowie Wacholder einreiben. Olivenöl, Thymian und Rosmarin in einer Pfanne erhitzen. Medaillons von beiden Seiten scharf anbraten und bei mittlerer Hitze rosa braten.

3 Medaillons auf den vorgewärmten Teller geben und im Backofen warm halten. Zwiebelwürfel im Fond der Medaillons glasig dünsten. Steinpilze zugeben und gut durchschwenken. Mit Obers übergießen, auf die Hälfte reduzieren und mit Salz und Pfeffer abschmecken. Butter untermischen und mit den fein gehackten Petersilienblättern bestreuen.

4 Medaillons aus dem Backofen nehmen. Pilze auf Tellern anrichten und Medaillons daraufsetzen.

> Erdäpfel in **PETERSILIENBUTTER** sind zu diesem feinen Essen eine ideale Beilage.

VORSICHT PILZSAMMLER!

Steinpilze sind dem ungenießbaren Gallenröhrling sehr ähnlich. Der Gallenröhrling ist im Gegensatz zum Steinpilz sehr bitter. Also bei selbst gesammelten Pilzen lieber zuerst ein kleines Stückchen probieren, bevor am Ende das ganze Gericht nicht mehr schmeckt.

FÜR 4 PERSONEN

ZUBEREITUNGSZEIT: 3 Std.

AUFWAND: ✪✪

JAHRESZEIT:
He/Wi

Hirschkeule mit Petersilienpüree und Maroni

Das Fleisch des edlen Wildtiers kommt nur selten auf den Tisch und gerade deswegen sollte es mit großer Sorgfalt und viel Liebe zubereitet werden.

- 2 Karotten
- 2 Zwiebeln
- 2 Knoblauchzehen
- 200 g Knollensellerie
- 1 Hirschkeule, ca. 1,4 kg (mit Knochen)
- Salz
- frisch gemahlener Pfeffer
- 1 EL Butterschmalz
- 1 EL Paradeisermark
- 400 ml Rotwein
- ca. 400 ml Wildfond
- 1 Lorbeerblatt
- 1 TL Wacholderbeeren
- 1 TL Pfefferkörner
- 1 Stängel Thymian

Für das Gemüsepüree:

- 200 g mehligkochende Erdäpfel
- 200 g Knollensellerie
- 200 g Petersilienwurzeln
- 200 ml Milch
- 100 g Obers
- 200 ml Gemüsebrühe
- Salz
- Muskat
- 2 EL Butter

Für die Maroni:

- 2 EL Butter
- 1 EL Zucker
- 350 g Maroni, vorgegart

1 Backofen auf 160 °C (Umluft 140 °C) vorheizen. Karotten, Zwiebeln, Knoblauch und Sellerie schälen und alles in kleine Stücke schneiden bzw. würfeln. Keule waschen, trocken tupfen und mit Salz und Pfeffer würzen. In einem heißen Bräter im Schmalz rundherum braun anbraten. Gemüse zugeben und kurz mitbraten. Paradeisermark untermischen und mit Wein sowie etwas Fond ablöschen. Lorbeerblatt, Wacholderbeeren, Pfeffer und Thymian zugeben und im Backofen ca. 1,5 Stunden schmoren lassen. Zwischendurch nach Bedarf Fond nachgießen und Fleisch immer wieder mit Soße übergießen.

2 Für das Püree Erdäpfel, Sellerie und Petersilienwurzeln schälen, waschen und würfeln. In einen Topf geben und Milch, Obers und Brühe zufügen. Mit Salz und Muskat würzen und ca. 20 Minuten weich köcheln lassen. Sollte noch zu viel Flüssigkeit im Topf sein, abgießen, Butter zum Gemüse geben und mit dem Stampfer zu einem cremigen Püree verarbeiten (nach Bedarf etwas aufgefangene Flüssigkeit ergänzen). Abschmecken und warm halten.

3 Butter mit Zucker aufschäumen, Maroni unterschwenken und leicht karamellisieren lassen. Mit etwas Wasser ablöschen und ca. 4–5 Minuten sämig köcheln lassen.

4 Bräter aus dem Backofen nehmen und Soße abschmecken. Im Bräter servieren und dazu das Püree mit Maroni reichen.

Saisonale Schmankerl

im Frühling und Sommer

Im Frühling erwacht die Welt zum Leben und zeigt, was sie zu bieten hat. Alles blüht und sprießt! Vergessen sind die finsteren Nächte und auf dem einen oder anderen Fest in der Umgebung kann man die Lebensfreude buchstäblich schmecken. Im Sommer hingegen lechzt die Haut nach Sonne und auch von Konzerten in der lauen Sommerluft bekommt man nicht genug. Er berauscht durch die Süße seiner Früchte und die Leichtigkeit, die er uns bringt. Auch auf die Teller! Denn nach einem entspanntem Tag am See oder einer atemberaubenden Wanderung durch die grüne Schönheit majestätischer Berge sucht man auch beim Essen im Freien nach Unbeschwertheit.

Schnelle Sommerleckereien

Mit diesen Leckereien haben Sie mehr Zeit, um den Sommer zu genießen:

- ***gebackene Hollerblüten:*** *Hierfür tunkt man eine Hollerblüte tief in Palatschinkenteig und frittiert sie dann in heißem Fett. Zum Schluss bestäubt man sie mit Staubzucker.*
- ***Heidelbeertatscherl:*** *Zum Palatschinkenteig (Palatschinkenteig) gibt man so viele (vorzugsweise frische) Heidelbeeren, dass der Teig kaum noch zu sehen ist. Er hält die Beeren zusammen. Einen Schöpfer von der Masse in eine eingefettete Pfanne geben und wie einen Palatschinken wenden. Mit Staubzucker bestäuben und eventuell mit Vanilleeis servieren.*
- ***Parfaits:*** *Das Halbgefrorene ist ursprünglich eine Erfindung aus Frankreich. In Österreich verfeinert man das Parfait mit heimischen Beeren und Früchten. Anders als das Speiseeis entsteht es nicht unter Rühren, sondern gefriert im Ruhezustand.*

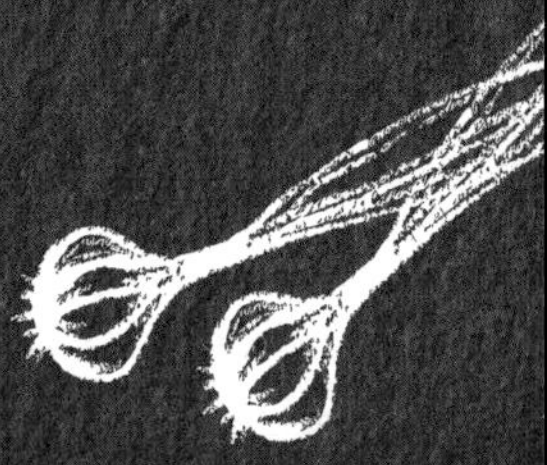

Frühlingskraut Bärlauch

Seinen Namen verdankt der Verwandte des Knoblauchs den Braunbären. Diese fressen das saftig grüne Frühlingsgewächs direkt nach dem Winterschlaf, um wieder zu Kräften zu kommen. Das Küchenwunder beliefert unseren Körper mit viel Vitamin C und Mineralstoffen. Im Gegensatz zum Knoblauch begünstigt der Bärlauch außerdem keinen unangenehmen Körpergeruch oder Atem. Doch Vorsicht ist geboten! Es besteht Verwechslungsgefahr mit den Blättern der Maiglöckchen. Um dem giftigen Doppelgänger auszuweichen, ist man gut beraten, Bärlauch ausschließlich an ordentlichen Marktständen zu besorgen. Am besten lässt man sich von seinen vielfältigen Zubereitungsmöglichkeiten in gutbürgerlichen Gasthäusern verwöhnen.

Frühlingsfrischer Spargel

Das Gemüse wird auf viele Arten zubereitet und in Gerichte eingebaut, jedoch schätzt man es hierzulande am meisten in seiner puren Form. Sehr beliebt ist auch die Spargelcremesuppe. Mancherorts gibt man fein geschnittenen Spargel auch als Einlage in die Suppentassen.

Eierschwammerl – das Gold des Sommers

Eierschwammerl sind im Sommer vielerorts zu finden. Die köstlichen Waldschätze verspeist man gerne in Form von Eierschwammerlsoße mit Semmelknödel. Verfeinert mit Obers, unterstreicht man das feine Waldaroma der Pilze. Für die deftigere, aber soßenfreie Variante röstet man die Eierschwammerl mit Zwiebeln und Speck an. Am Ende schlägt man noch ein Ei darüber. Die g'rösten Schwammerl kann man dann pur oder auf einen Salat gestreut essen.

Gerichte mit Bärlauch

Bärlauch lässt sich hervorragend pur genießen. Über Salate, Soßen oder Suppen gestreut, verleiht er den Gerichten das gewisse Etwas. Doch zum vollen Einsatz kommt er erst bei der Zubereitung – und das bei vollem Geschmack. Einige Beispiele:

- Bärlauchaufstrich – unverfälscht und einfach angerührt mit Topfen, etwas Salz und Pfeffer. Auch Dips wertet der Frühlingsbote auf und verleiht ihnen Pepp!
- Bärlauchknödel – geschmacklich so vollkommen, dass es reicht, sie mit brauner Butter und geriebenem Käse zu servieren
- Bärlauchcremesuppe – verfeinert mit einem Tupfen Schlagobers

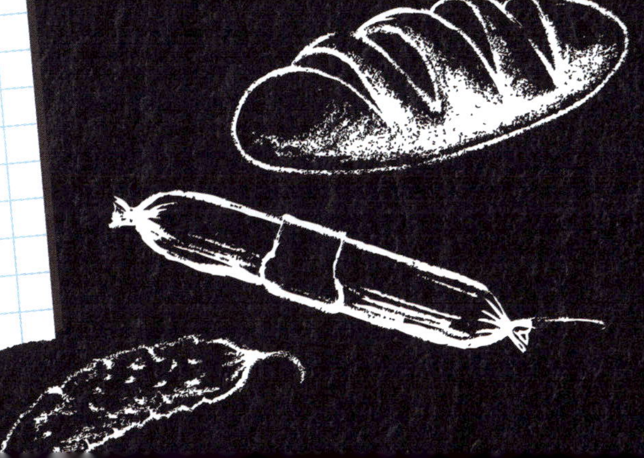

FÜR 4 PERSONEN

ZUBEREITUNGSZEIT: 4 Std.

AUFWAND: ✪✪✪

JAHRESZEIT:
He/Wi

Wildrahmgeschnetzeltes mit Blaukraut

Das Aroma der Natur – in keinem anderen Fleisch ist es so präsent wie im Wild. Dieses Gericht, das nach Wald und Herbst schmeckt, ist eine Köstlichkeit, die ihresgleichen sucht.

- ¼ Blaukraut, ca. 400 g
- 1 kleine Zwiebel
- 3–4 Stängel Thymian
- 2 Gewürznelken
- 1 TL Wacholderbeeren
- 1 Lorbeerblatt
- 1 Stück Zimtstange
- 1 TL Pfefferkörner
- 1 EL Butterschmalz
- 2 EL Rotweinessig
- 200 ml Rotwein
- 1 EL Speisestärke, Salz
- 1–2 EL Preiselbeeren, Glas
- ca. 150 g Semmelbrösel
- 2 EL Mehl
- 2 Eier
- Pflanzenöl zum Frittieren

Für das Geschnetzelte:

- 2 Zwiebeln
- 800 g Wildgeschnetzeltes, z. B. Reh, Wildschwein
- 3–4 EL Butterschmalz
- 1–2 EL Mehl
- 75 ml Sherry
- 200 ml Wildfond
- 150 g Obers
- Salz, frisch gemahlener Pfeffer
- Piment, gemahlen
- frisch gehackte Petersilie, zum Bestreuen

1 Den Strunk vom Blaukraut entfernen, putzen und den Kohl fein hobeln oder in dünne Streifen schneiden. Zwiebel schälen und fein hacken. Thymian, Nelken, Wacholder, Lorbeer, Zimt und Pfeffer in ein Gewürzsäckchen geben und gut verschnüren. Zwiebelwürfel in einem Topf im Schmalz anschwitzen. Blaukraut untermengen und mit dem Essig sowie Wein ablöschen. Gewürzsäckchen zugeben und zugedeckt bei milder Hitze ca. 45 Minuten leise schmoren lassen. Zwischendurch ab und zu umrühren.

2 Gewürzsäckchen entfernen, die mit 1 EL Wasser angerührte Stärke untermischen und mit Salz und Preiselbeeren abschmecken. Blaukraut abkühlen lassen. 2–3 EL Brösel untermischen und ca. 15 Minuten ziehen lassen, sodass die Masse formbar wird. 4 Klöße formen und im Gefrierfach ca. 75 Minuten anfrieren lassen (evtl. auch etwas länger).

3 Für das Geschnetzelte Zwiebeln schälen und in Streifen schneiden. Fleisch waschen, trocken tupfen und in Streifen schneiden. In einer heißen Pfanne portionsweise im Butterschmalz anbraten und wieder aus der Pfanne nehmen. Zwiebeln in der Pfanne golden bräunen lassen. Mehl kurz mitschwitzen, mit Sherry ablöschen und einreduzieren lassen. Fond und Obers angießen und ca. 5 Minuten leicht sämig köcheln lassen. Fleisch zurück in die Soße geben und darin ca. 10 Minuten bei milder Hitze gar ziehen lassen. Mit Salz, Pfeffer und Piment abschmecken.

4 Klöße aus dem Gefrierfach nehmen und im Mehl wenden. Eier verquirlen und Klöße damit umhüllen. In Bröseln wenden, noch mal mit Ei umhüllen und ein zweites Mal mit den Bröseln panieren. Im heißen Öl (ca. 170 °C) ca. 8–10 Minuten goldbraun frittieren. Auf Küchenkrepp abtropfen lassen und auf dem Geschnetzelten anrichten. Mit Petersilie bestreut servieren.

FÜR 4–6 PERSONEN

ZUBEREITUNGSZEIT: 5,5 Std.

AUFWAND: ✪✪✪

JAHRESZEIT:
He/Wi

- 1 Häuptel Blaukraut
- 3 Zwiebeln
- einige Nelken
- 7 Äpfel
- 3 EL Schmalz
- etwas Fett von der Gans
- 250 ml Rotwein
- 125 ml Rotweinessig
- etwas Salz
- etwas Kümmel
- 1 EL Preiselbeeren
- Zucker nach Belieben
- 2 Schalotten
- 1 Bio-Weidegans (ca. 3 Kilo)
- etwas Majoran (getrocknet)
- 1 l Geflügelfond
- 3 Eier
- 450 ml Milch
- etwas frisch geriebener Muskat
- 100 g Butter
- 4 Stängel glatte Petersilie
- 380 g altbackene Semmeln

Weihnachtsgansl mit Blaukraut und Knödeln

Ein nicht alltägliches Gericht, das besonders an Festtagen ausnehmend fein schmeckt!

1 Blaukraut am Vortag zubereiten. Hierfür das Häuptel waschen und in feine Streifen raspeln. 1 Zwiebel schälen und mit Nelken spicken. 4 Äpfel schälen, entkernen und vierteln. Im Schmalz etwas Fett von der Gans anbraten. Kraut, Zwiebel und Äpfel zugeben und bei hoher Hitze so lange im Topf anschwitzen, bis das Kraut glasig ist. Mit Wein und Essig ablöschen. Mit Salz, Kümmel, Preiselbeeren und nach Belieben Zucker abschmecken und bei mittlerer Hitze ca. 2 Stunden köcheln. Immer wieder umrühren und Flüssigkeit nachgießen, damit das Kraut nicht anbrennt.

2 Am Festtag Backofen auf 200 °C (Umluft 180 °C) vorheizen. Schalotten fein würfeln. Gans mit Salz, Schalottenwürfeln und Majoran von innen und außen einreiben. 3 Äpfel schälen, entkernen, vierteln und die Gans damit füllen. Geflügelfond in einem Topf erhitzen. Gans mit dem Bauch nach unten in einen Bräter geben und mit Fond übergießen. Mit geschlossenem Deckel ca. 1,5 Stunden garen lassen. Knödel zubereiten: Eier mit Milch, einer guten Prise Salz und Muskat verschlagen. Restliche Zwiebeln schälen, sehr fein würfeln und in Butter anbraten. Petersilie waschen, trocken schütteln, Blättchen von den Stielen zupfen und fein hacken. Semmeln grob würfeln. Semmelwürfel, Zwiebelbutter sowie Petersilie mit der Eiermasse verkneten und den Teig ca. 1 Stunde ruhen lassen.

3 Nach ca. 1,5 Stunden Garzeit Deckel des Bräters abnehmen, die Hälfte vom Gänsefett entnehmen, Gans wenden und die Hitze auf 250 °C (Umluft 230 °C) erhöhen. Noch ca. 1,5 Stunden braten. Dabei alle 15–20 Minuten Gans begießen. Ca. 30 Minuten vor dem Garpunkt Gans wenden. Ca. 60 Minuten vor dem Servieren einen großen Topf mit Salzwasser ansetzen und Knödelteig zu einer Rolle von 5–6 Zentimeter Durchmesser formen. Die Rolle gut in hitzebeständiger Frischhaltefolie – bis 160 °C – einbinden. Den verpackten Knödel in leicht siedendes Wasser geben und ca. 30–40 Minuten gar ziehen lassen. Blaukraut aufwärmen und in eine Schüssel geben. Gans auf einer Servierplatte anrichten, Serviettenknödel aufschneiden und dazureichen. Fett und Sud von der Gans in eine Sauciere geben und servieren.

FÜR 4 PERSONEN

ZUBEREITUNGSZEIT: 40 Min.

AUFWAND: ✪

JAHRESZEIT:
Fr/So/He/Wi

- 2 Hähnchen (küchenfertig)
- etwas Salz
- frisch gemahlener Pfeffer
- 4 EL Mehl
- 3 Eier
- 5 EL Milch
- 150 g Semmelbrösel
- Butterschmalz (oder Pflanzenfett) zum Ausbacken
- 2 unbehandelte Zitronen
- ½ Bund Petersilie
- ½ Bund Schnittlauch

Wiener Backhendl

„Gebackener Gockl" hat in der Kaiserstadt eine lange Tradition. Für die Wiener muss er goldgelb, knusprig und saftig sein. Mit ein bisschen Geschick und diesem Rezept gelingt Ihnen das bestimmt auch zu Hause.

1 Hähnchen vierteln, von allen Seiten gründlich salzen und pfeffern und in Mehl wenden. Für die Panade Eier mit Milch verquirlen und Hähnchenteile zunächst in dieser Mischung und anschließend in den Semmelbröseln wenden. Darauf achten, dass die Hähnchenteile gut mit der Panade bedeckt sind.

2 Butterschmalz auf ca. 150 °C erhitzen und Hähnchen darin ca. 12 Minuten ausbacken. Überschüssiges Fett auf Küchenpapier abtropfen lassen. Zitronen heiß abwaschen und achteln. Petersilie waschen, trocken schütteln, Blättchen vom Stiel zupfen und fein hacken. Schnittlauch waschen, trocken schütteln und in feine Röllchen schneiden. Backhendl mit Zitronen und gehackten Kräutern bestreut servieren.

> Dazu passt ein leckerer ERDÄPFELSALAT.

DER GUTE RAT

Wenn Sie ein nahezu perfektes Wiener Backhendl zubereiten wollen, sollte vor allem die Qualität stimmen. Bevorzugen Sie ein Huhn aus Biohaltung oder lassen Sie sich bei Ihrem Metzger beraten. Wichtig ist, dass das Huhn frisch ist und nicht aus der Tiefkühltruhe kommt.

SEMMELBRÖSEL SELBST GEMACHT

Wenn Sie die Semmelbrösel für die Panade selbst herstellen, sollten Sie darauf achten, diese etwas gröber zu mahlen, damit die Panade am Fleisch haftet und schön knusprig wird. Zudem sollte das Fett nicht zu heiß sein und die Garzeit stimmen: 150 °C bei 12 Minuten Backzeit sind ein guter Mittelwert.

FÜR 4 PERSONEN

ZUBEREITUNGSZEIT: 1,5 Std.

AUFWAND: ✪

JAHRESZEIT:
Fr/So/He/Wi

Paprikahendl

Typisch Österreich-Ungarn! In diesem Gericht zeigt sich einmal mehr das kulinarische Vermächtnis der Donaumonarchie! Der feurig-fruchtige Geschmack der pannonischen Tiefebene, vereint mit zartem Geflügel.

- 4 Hühnerbeugel
- 2 Stängel Rosmarin
- 4 Zwiebeln
- 2 EL Butterschmalz
- 6 EL Paradeisermark
- 2 EL Paprikapulver (edelsüß)
- 750 ml Geflügelfond
- etwas Salz
- frisch gemahlener Pfeffer
- 2 EL Mehl
- 3 Paprikaschoten
- 3–4 EL Crème fraîche

1 Beugel waschen und trocken tupfen. Rosmarin waschen, trocken schütteln, Blättchen vom Stiel zupfen und die Hälfte fein hacken.

2 Zwiebeln schälen, fein würfeln und in einer tiefen Bratpfanne mit Butterschmalz anbraten. Paradeisermark und Paprikapulver einrühren und mit 500 Milliliter Fond ablöschen. Den Sud mit Salz, Pfeffer und dem fein gehackten Rosmarin abschmecken.

3 Beugel in den Sud geben, Mehl über das Gericht sieben und ca. 50 Minuten bei mittlerer Hitze köcheln. Immer wieder umrühren und Fond nachgießen, damit nichts anbrennt.

4 Paprikaschoten waschen, entkernen und ohne Strunk in grobe Rauten schneiden. Ca. 20 Minuten vor Ende der Garzeit zu den Beugeln geben.

5 Wenn das Fleisch fast vom Knochen fällt, die Paprikaschote sich im Gericht aufgelöst hat und der Sud verkocht ist, das Gericht mit Crème fraîche verfeinern. Auf Teller geben und mit Rosmarin garnieren.

> Reis und ein frischer **LETSCHO-SALAT** sind eine perfekte Beilage.

DER GUTE RAT

Sie lieben es scharf? Dann geben Sie mit der Paprikaschote noch die Ringe einer oder auch zweier großer roter Chilis mit ins Gericht.

FÜR 4 PERSONEN

ZUBEREITUNGSZEIT: 45 Min.

AUFWAND: ✪

JAHRESZEIT: Fr/So/He/Wi

Saibling mit Erdäpfel-Sellerie-Püree

Im steirischen Salzkammergut ist ein besonders wohlschmeckender Fisch beheimatet – der Ausseerland Seesaibling. Wenn möglich, sollten Sie diesen besonders natürlichen Fisch für dieses Gericht verwenden!

- 700 g mehlige Erdäpfel
- 300 g Sellerie
- etwas Salz
- 2 Knoblauchzehen
- 125 g Obers
- frisch gemahlener Pfeffer
- 1 Prise frisch geriebener Muskat
- 4 Saiblingsfilets à 300 g
- etwas Saft und abgeriebene Schale von 1 unbehandelten Zitrone
- 20 g Butter
- 2 EL + 100 ml Olivenöl
- 50 g Petersilie
- 30 g Mandelblättchen

1 Für das Püree: Erdäpfel und Sellerie schälen, würfeln und in Salzwasser weich kochen. 1 Knoblauchzehe schälen, in feine Blättchen schneiden und mit Obers in einem Topf erwärmen. Sind Erdäpfel und Sellerie weich gekocht, über einem Sieb abgießen, mit dem Knoblauchobers übergießen und mit dem Stampfer zu Püree verarbeiten. Mit Salz, Pfeffer und Muskat abschmecken.

2 Saiblingsfilets mit Zitronensaft beträufeln sowie mit Salz und Pfeffer einreiben. Butter und 2 Esslöffel Öl in einer Pfanne erhitzen und Filets mit der Hautseite bei mittlerer Hitze braten, bis das Fischfleisch leicht glasig ist. Wenden, Pfanne vom Herd nehmen und Filets ca. 2 Minuten im heißen Fett ziehen lassen.

3 Ca. 500 Milliliter Wasser zum Kochen bringen. Petersilie waschen, trocken schütteln und Blättchen vom Stiel zupfen. Petersilienblättchen mit dem kochenden Wasser in einer Schüssel mit Sieb übergießen. Kurz ziehen lassen und herausnehmen. Die blanchierten Blätter ausdrücken und mit den Mandelblättchen, 1 geschälten Knoblauchzehe und 100 Milliliter Olivenöl pürieren. Mit Salz, Pfeffer und Zitronenschale abschmecken.

4 Erdäpfel-Sellerie-Püree auf Teller geben. Jeweils ein Saiblingsfilet daraufsetzen und mit dem Pesto garnieren.

DER GUTE RAT

Wenn es keinen Saibling gibt? Zander oder Wolfsbarsch sind eine gute Alternative.

FÜR 4 PERSONEN

ZUBEREITUNGSZEIT: 45 Min.

AUFWAND: ✪

JAHRESZEIT:
He/Wi/Fr

Röscher Wels auf Erdäpfel-Vogerlsalat

Wels erinnert geschmacklich an Kalbfleisch und ist das ganze Jahr über erhältlich, weil er auch in Aquakulturen gezüchtet wird.

- 500 g festkochende Erdäpfel
- etwas Salz
- ½ Zwiebel
- 4 EL Olivenöl
- 4 EL Weißweinessig
- 1 TL Estragonsenf
- 1 TL Zucker
- frisch gemahlener Pfeffer
- 4 Welsfilets ohne Haut à 180 g
- Saft von 1 Zitrone
- 2 Eier
- etwas Mehl
- etwas Paniermehl
- Öl zum Ausbacken
- 4 Handvoll Vogerlsalat

1 Für den Salat Erdäpfel in Salzwasser weich kochen.

2 Für die Marinade Zwiebel schälen, fein würfeln und in einer heißen Pfanne mit Öl anbraten. Zwiebeln mit Essig ablöschen, vom Herd nehmen und mit Senf, Zucker, Salz und Pfeffer abschmecken.

3 Welsfilets mit Zitronensaft, Salz und Pfeffer einreiben. Eier verschlagen. Mehl und Paniermehl jeweils auf einen extra Teller geben und Filets zuerst in Mehl wenden, durch das Ei ziehen und zuletzt im Paniermehl wenden.

4 Reichlich Öl in einer großen Bratpfanne erhitzen und panierte Fischfilets darin schwimmend ausbacken. Auf einem Teller mit Küchenpapier abtropfen lassen.

5 Gekochte Erdäpfel mit kaltem Wasser abschrecken, pellen und in Scheiben schneiden. Scheiben vorsichtig unter die Marinade heben. Vogerlsalat mit viel Wasser waschen, sodass keine Erde in den Wurzeln zurückbleibt, und trocken schleudern.

6 Vogerlsalat-Nester auf Tellern anrichten, Erdäpfel daraufgeben und je 1 Fischfilet daraufsetzen.

DER GUTE RAT

Wer Wels nicht bei seinem Fischhändler bekommt: Seelachs, Kabeljau oder Schellfisch eigenen sich ebenso zum Panieren und Frittieren.

FÜR 4 PERSONEN

ZUBEREITUNGSZEIT: 30 Min.

AUFWAND: ✪

JAHRESZEIT: Fr/So/He/Wi

Wallergröstl mit Riesenkapern

Der Waller, offiziell Europäischer Wels genannt, verfügt über ein festes und grätenarmes Fleisch. Der Riesenfisch ist in Österreichs Gewässern heimisch.

- 500 g kleine gegarte Erdäpfel
- 4 EL Olivenöl
- 2 Knoblauchzehen
- 500 g Wallerfilet, küchenfertig (mit Haut)
- etwas Salz
- frisch gemahlener Pfeffer
- 2 EL Mehl
- 1 Salzzitrone
- 8–5 Kapernäpfel
- 2 EL Butter
- 2 EL Balsamico
- 1 TL frisch gehackter Rosmarin

1 Erdäpfel pellen und in Scheiben schneiden. In einer heißen, beschichteten Pfanne in 2 Esslöffeln Öl rundherum ca. 5 Minuten leicht bräunen lassen. Knoblauch schälen und in Scheiben schneiden. Zu den Erdäpfeln geben und zusammen weitere ca. 5 Minuten knusprig braun braten.

2 Den Fisch waschen, trocken tupfen und in mundgerechte Stücke schneiden. Mit Salz und Pfeffer würzen und die Hautseite mit dem Mehl bestreuen. In einer weiteren beschichteten Pfanne in 2 Esslöffeln heißem Öl auf der Hautseite ca. 3–4 Minuten goldbraun braten. Wenden, vom Herd nehmen und gar ziehen lassen.

3 Salzzitrone abtropfen lassen und in kleine Stücke schneiden. Kapern abtropfen lassen. Butter mit Balsamico, Zitrone und Kapern unter die Erdäpfel schwenken. Fisch vorsichtig untermengen, Rosmarin darüberstreuen und mit Salz und Pfeffer abgeschmeckt servieren.

DER GUTE RAT

Das Wallerfleisch immer ganz frisch beim Fischhändler kaufen und nur kurz – im Kühlschrank – lagern.

FÜR 4 PERSONEN

ZUBEREITUNGSZEIT: 25 Min.

AUFWAND: ✪

JAHRESZEIT:
Fr/So

Forelle im pikanten Wickerl

Ein Klassiker, der Grillmeister begeistert und dabei schnell und einfach zuzubereiten ist.

- 4 küchenfertige Forellen
- Saft von ½ Zitrone
- 4 kleine Stängel Rosmarin
- 4 kleine Stängel Zitronenthymian
- 8 Salbeiblätter
- 20 Streifen Speck

1 Den Grill vorheizen. Forellen unter fließendem Wasser säubern und trocken tupfen. Mit Zitronensaft innen wie außen beträufeln und jeweils mit einem Rosmarin- und Thymianzweig sowie den Salbeiblättern füllen.

2 Jeweils 5 Streifen Speck um 1 Forelle wickeln, sodass die Forelle bis auf den Kopf komplett eingewickelt ist. Fische auf den Grill legen. Bei mehrfachem Wenden ca. 10 Minuten von jeder Seite grillen, bis der Speck überall rösch ist.

> Als leichte Beilagen Erdäpfel- und **KÜRBISSCHEIBEN** sowie ganze Paprikaschoten einfach mit auf den Grill legen.

LECKERER SCHNITTLAUCH-SAUERRAHM

Zu Grillerdäpfeln, Gemüse und der Forelle passt ein Schnittlauch-Sauerrahm, der in wenigen Minuten zubereitet ist: Einen Becher Sauerrahm mit 1–2 gepressten Knoblauchzehen, Salz, Pfeffer und Schnittlauchröllchen abschmecken – und fertig.

FÜR 4 PERSONEN

ZUBEREITUNGSZEIT: 45 Min.

AUFWAND: ✪

JAHRESZEIT: He/Wi

Waldviertler Karpfen mit Erdäpfelkruste

Ein lecker-leichtes Fischgericht, insbesondere mit einer frischen Beilage.

- 600 g Erdäpfel
- etwas Salz
- 50 g Butter
- 2 EL Kräutermix
- 100 g geriebener Bergkäse
- 1 Prise Knoblauchpulver
- 4 geschröpfte Karpfenfilets à 180 g
- etwas Zitronensaft
- etwas frisch gemahlener Pfeffer
- etwas Mehl zum Bestäuben
- 2 EL Butter

1 Erdäpfel schälen und in reichlich Salzwasser ca. 20–30 Minuten weich kochen. Erdäpfel mit dem Stampfer zu Püree verarbeiten und mit Butter, Kräutern, Bergkäse und Knoblauchpulver zu einer streichfähigen Masse verarbeiten.

2 Backofen auf 180 °C (Umluft 160 °C) vorheizen. Karpfenfilets mit Zitronensaft, Salz und Pfeffer einreiben und mit Mehl bestäuben. In heißer Butter auf beiden Seiten goldgelb braten. Aus der Pfanne auf ein mit Backpapier ausgelegtes Backblech legen und fingerdick mit der Erdäpfelmasse bestreichen. Im Backofen ca. 20–25 Minuten überbacken.

> Ein **GURKENSALAT** verleiht dem Gericht eine frische Note.

DER GUTE RAT

Erdäpfel kommen in der österreichischen Küche oft vor, da lohnt es sich immer, einige als Pellkartoffeln vorgekocht im Kühlschrank zu lagern.

RECHTZEITIG VORBESTELLEN!

Geschröpfte Fischfilets sind eine geräucherte Spezialität, die selbst bei ausgesuchten Fischhändlern nur noch schwer zu finden ist, daher rechtzeitig vorbestellen!

FÜR 4 PERSONEN

ZUBEREITUNGSZEIT: 45 Min.

AUFWAND: ✪

JAHRESZEIT:
Fr/So/He/Wi

Lachsforelle mit Lardo auf Spinat

Lachsforelle erinnert aufgrund der roten Farbe an Lachs, ist aber mit 15–20 % weniger Fett der leichtere Fisch.

- 100 ml Öl
- 1 kg Blattspinat
- 1 Knoblauchzehe
- 50 g Kren
- 4 küchenfertige Lachsforellenfilets
- 8 dünne Scheiben Lardo (Speck)
- 40 g Butter
- etwas Salz
- frisch gemahlener Pfeffer

1 Öl in ein hitzebeständiges Gefäß geben. Dieses und eine flache Auflaufform im Backofen (Umluft nicht empfehlenswert) bei 100 °C auf der zweiten Schiene von unten erwärmen.

2 Spinat gut waschen, von harten Stielen befreien und trocken schleudern. Knoblauchzehe schälen und durch die Knoblauchpresse drücken. Kren schälen und fein reiben.

3 Lachsforellenfilets mit je 2 Scheiben Lardo belegen. Fisch in die vorgewärmte Form legen und mit dem heißen Öl begießen. Mit hitzebeständiger Klarsichtfolie abdecken und im vorgeheizten Backofen ca. 15 Minuten garen.

4 Butter in einem breiten Topf erhitzen, Spinat zugeben und zusammenfallen lassen. Mit der gepressten Knoblauchzehe, Salz und Pfeffer abschmecken.

5 Spinat auf Tellern anrichten, die pikanten Fischfilets daraufsetzen und mit geriebenem Kren garnieren.

> **BRAT**- oder **PETERSILIENERDÄPFEL** sind die perfekte Beilage.

DER GUTE RAT

Falls Sie Schwierigkeiten haben, Lachsforelle zu bekommen, eignen sich für dieses Gericht auch Lachs oder Renke.

DER GUTE RAT

Fahren Sie mit dem Zeigefinger auf der Innenseite über die Filets, so können sie noch unbemerkte Gräten entfernen.

FÜR 4 PERSONEN

ZUBEREITUNGSZEIT: 1,5 Std.

AUFWAND: ✪✪

JAHRESZEIT: Fr/So/He/Wi

Gebratener Zander auf Paprikakraut

Der schmackhafte Süßwasserfisch wird in Österreich auch als Fogosch bzw. Fogasch (abgeleitet vom ungarischen Wort für „Zahn") oder als Schill bezeichnet.

- 1 Zwiebel
- 80 g Butter
- 60 g Ajvar
- 1 EL Paprikapulver (edelsüß)
- 350 g Sauerkraut
- 100 g mehligkochende Erdäpfel
- etwas Salz
- frisch gemahlener Pfeffer
- ca. 350 ml Gemüsebrühe
- 1 Schalotte
- 1 Knoblauchzehe
- 250 ml Fischfond
- 200 ml Riesling
- 2 cl Wermut, z. B. Noilly Prat
- 150 g Obers
- 1 Lorbeerblatt
- 4–5 Wacholderbeeren
- 600 g Zanderfilet
- 2 EL Pflanzenöl
- 1 EL frisch gehackte Petersilie

1 Die Zwiebel schälen und in feine Streifen schneiden. In 1 Esslöffel heißer Butter in einem Topf glasig anschwitzen. Ajvar und Paprikapulver zugeben, gut abgetropftes Sauerkraut untermischen. Erdäpfel schälen, waschen und fein raspeln. Unter das Kraut mischen. Mit Salz und Pfeffer würzen, Brühe angießen und halb zugedeckt bei milder Hitze ca. 30 Minuten leise köcheln lassen. Zwischendurch umrühren und nach Bedarf ein wenig Brühe ergänzen.

2 Für die Soße Schalotte und Knoblauch schälen und würfeln. In 1 Esslöffel Butter glasig anschwitzen, mit Fond, Wein und Wermut ablöschen und aufkochen lassen. Obers, Lorbeerblatt und Wacholder zugeben und alles um etwa die Hälfte einköcheln lassen.

3 Fisch waschen, trocken tupfen und in 4 etwa gleich große Stücke schneiden. Mit Salz und Pfeffer würzen und mit der Hautseite nach unten in einer heißen beschichteten Pfanne im Öl ca. 5 Minuten langsam goldbraun braten. Wenden und bei milder Hitze einige Minuten nur noch gar ziehen lassen. 1 Esslöffel Butter mit Petersilie in der Pfanne schmelzen lassen und über den Fisch träufeln.

4 1 Esslöffel Butter unter das Kraut rühren, abschmecken und auf Tellern anrichten (möglichst ohne Flüssigkeit).

5 Soße durch ein feines Sieb passieren, erneut aufkochen lassen, übrige Butter zugeben, abschmecken und schaumig aufmixen. Schaum um das Kraut herum verteilen, Fisch (Hautseite nach oben) auf die Mitte setzen und servieren.

Deftig vegetarisch und Beilagen

KÜRBISKERNÖL – GRUSS AUS DER STEIERMARK

Die nussige Spezialität verbreitete sich in ihrer heutigen Form zwischen 1870 und 1880 in der Steiermark und eignet sich z. B. für Salate, Suppen und zum Marinieren.

POLENTA – VON ITALIEN NACH ÖSTERREICH

Der italienische Brei aus Maisgrieß ist auch in vielen Teilen Österreichs fester Bestandteil der lokalen Kochtradition – ob herzhaft oder süß, als Beilage, Kuchen oder Suppe.

STRUDELTEIG – HAUCHDÜNNE SPEZIALITÄT

Der Teig aus Weizenmehl, Wasser, flüssigem Fett oder Öl wird traditionell so dünn ausgewalzt, dass er ungebacken durchscheinend ist. Schneller geht's mit Tiefkühlteig.

KÜRBISSE – BESTANDTEIL DER HERBSTKÜCHE

Ob als Suppe, Strudel oder Gulasch – Kürbisse sind ein fester Bestandteil der österreichischen Küche. Von September bis März haben sie hier Saison.

FÜR 2 PERSONEN

ZUBEREITUNGSZEIT: 30 Min.

AUFWAND: ✪

JAHRESZEIT:
So/He

Eierschwammerl-Erdäpfel-Pfanne

Wild und würzig brauchen Eierschwammerl keine Fleischeinlagen – hier ein feines Rezept für Vegetarier.

- 8–10 Erdäpfel
- etwas Salz
- 500 g Eierschwammerl
- 1 Zwiebel
- 1 Stängel Rosmarin
- 5 EL Olivenöl
- 1 EL Butter
- frisch gemahlener Pfeffer

1 Erdäpfel in reichlich Salzwasser weich kochen. Noch heiß pellen und in Scheiben schneiden.

2 Eierschwammerl putzen und in mundgerechte Stücke schneiden. Zwiebel schälen und fein würfeln. Rosmarin waschen, trocken schütteln, Blättchen vom Stiel zupfen und fein hacken.

3 In einer großen Pfanne Öl so stark erhitzen, dass es Straßen zieht. Erdäpfelscheiben mit dem Rosmarin hineingeben und erst von einer Seite goldbraun ausbacken. Wenden und die Zwiebelwürfel mit in die Pfanne geben. Eierschwammerl und Butter zugeben und ca. 5 Minuten mitbraten. Mit Salz und Pfeffer abschmecken und heiß servieren.

> Ein PARADEISERSALAT ist eine erfrischende Beilage.

> Für alle Fleischliebhaber: Eine kräftige BRATWURST passt hervorragend zur Eierschwammerl-Erdäpfel-Pfanne, aber auch ein kurzgebratenes Filetsteak.

EIERSCHWAMMERL RICHTIG SÄUBERN!

Zuerst Stielansätze abschneiden. Erde abbürsten oder mit einem Küchenpinsel entfernen, dann die Pilze mit einem Sieb kurz in stehendes Wasser tauchen. Zum Trocknen aus dem Tauchbad direkt auf mehrere Lagen Küchenpapier geben.

FÜR 4–5 PERSONEN

ZUBEREITUNGSZEIT: 1,5 Std.

AUFWAND: ✪✪

JAHRESZEIT:
Fr/So/He/Wi

Böhmische Knödel

Böhmen ist berühmt für sein Bier, seine deftige Küche und wunderbare Knödel!

- ½ Würfel frischer Germ
- 1 TL Zucker
- 500 g Mehl
- 1 Ei
- 1 TL Salz

1 Germ mit Zucker in 150 Milliliter lauwarmem Wasser auflösen. Mehl mit Ei und Salz in eine Schüssel geben. Sobald der Germ schäumt, diesen zum Mehl geben. Alles zu einem glatten Teig verkneten. Er darf nicht zu wässrig oder zu trocken sein. Notfalls noch ein bisschen Mehl oder Wasser zugeben. Ein gelungener Teig sieht schön glatt aus und klebt nicht am Schüsselrand. Den Teig zudecken, an einem warmen Ort gehen lassen, bis er sich verdoppelt hat.

2 Mit einem Messer den Teig in vier gleich große Stücke teilen. Aus jedem Stück eine Rolle formen. Die Knödel sollten gleich dick und gleich groß sein.

3 Einen großen Topf Salzwasser aufsetzen. Kocht das Wasser, Knödel hineingeben und ca. 20–25 Minuten sieden lassen – ab und an wenden.

4 Die fertigen, noch heißen Knödel mit einem Faden oder Knödelschneider in Scheiben schneiden und sofort servieren.

> Schmeckt köstlich zu allen Arten von **BRATEN**, besonders Schweine- und Sauerbraten.

DER GUTE RAT

Bereiten Sie die doppelte Menge zu, dann ist am nächsten Tag auch noch was da! Die Knödel lassen sich auch perfekt einfrieren und können dann später noch verwendet werden.

FÜR 4 PERSONEN

ZUBEREITUNGSZEIT: 40 Min.

AUFWAND: ✪

JAHRESZEIT:
Fr/So

Eiernockerln mit Salat

Als Mehlspeise ein Klassiker der österreichischen Küche – sehr einfach, sehr schnell, schmeckt hervorragend auch als Hauptmahlzeit ohne Fleisch.

- etwas Salz
- 3 Eier
- etwas frisch geriebener Muskat
- ¼ l Milch
- 4 EL Pflanzenöl
- 250 g Mehl
- 1 Kopfsalat
- 1 Knoblauchzehe
- 3 EL Apfelessig
- frisch gemahlener Pfeffer
- 2 EL Butter
- ½ Bund Schnittlauch

1 Einen großen Topf mit reichlich Salzwasser aufsetzen. 1 Ei mit Salz, Muskat, Milch und 3 Esslöffeln Pflanzenöl verschlagen. Mehl zugeben und so lange rühren, bis ein glatter Teig entsteht.

2 Mit 2 Teelöffeln kleine Nockerln aus dem Teig stechen und in das siedende Salzwasser gleiten lassen. Haben sich die Nockerln deutlich vergrößert und schwimmen oben, sind sie gar. Über einem Sieb abgießen, abschrecken und abtropfen lassen.

3 Kopfsalat entblättern. Blätter in viel Wasser waschen und trocken schleudern. Knoblauchzehe schälen und Salatschüssel damit ausreiben. Mit 1 Esslöffel Öl, Apfelessig, Salz und Pfeffer eine Vinaigrette anrühren. Salatblätter oben auflegen und erst bei Tisch unterheben, damit der Salat knackig bleibt.

4 Butter in einer großen Pfanne erhitzen, Nockerln darin schwenken. Restliche Eier mit etwas Salz verschlagen. Über die Nockerln gießen, umrühren oder als Omelett stocken lassen.

5 Schnittlauch waschen, trocken schütteln, in feine Röllchen schneiden und über die Eiernockerln streuen.

FÜR 4 PERSONEN

ZUBEREITUNGSZEIT: 30 Min.

AUFWAND: ✪

JAHRESZEIT: Fr/So/He/Wi

Erdäpfelgulasch nach Wiener Art

Die vegetarische Variante des Gulasch – einfach köstlich, wie's Wiener halt genießen.

- 800 g mehlige Erdäpfel
- 1 große Zwiebel
- 2 Knoblauchzehen
- 40 g Butter
- 20 g Paprikapulver (edelsüß)
- 1 EL Essig
- 500 ml Gemüsefond
- etwas Salz
- frisch gemahlener Pfeffer
- 1 EL Kümmel
- 1 TL Majoran (getrocknet)
- etwas frische Petersilie
- 2 EL Sauerrahm

1 Erdäpfel schälen und in kleine Stücke schneiden. Zwiebel schälen und fein würfeln. Knoblauch schälen.

2 Butter in einer Pfanne zum Schmelzen bringen. Zwiebel darin scharf anbraten, mit Paprikapulver bestreuen, kurz mit anbraten und mit Essig sowie Gemüsefond ablöschen. Erdäpfel zugeben und mit Salz, Pfeffer, durchgepresstem Knoblauch, Kümmel und Majoran abschmecken. Erdäpfelgulasch so lange bei mittlerer Hitze köcheln lassen (ca. 20 Minuten), bis die Erdäpfel weich sind und der Sud sämig ist.

3 Petersilie waschen, trocken schütteln, Blättchen von den Stielen zupfen und fein hacken. Kurz vor dem Servieren mit dem Sauerrahm an das Gulasch geben.

DER GUTE RAT

Etwas Käse über das Gulasch gerieben und es schmeckt noch mal so fein!

WURZELGEMÜSE-VARIANTE

Das Gericht erweitern und ein paar Karotten, Sellerie, Petersilienwurzel, Kohlrabi und anderes mehr mitschmoren.

FÜR 4 PERSONEN

ZUBEREITUNGSZEIT: 1 Std.

AUFWAND: ✪✪

JAHRESZEIT:
Fr/So

Kärntner Erdäpfelstrudel mit Minze

Eine raffinierte Beilage oder ein originelles Hauptgericht – hier haben wir Ihnen die Zutaten für ein Hauptgericht portioniert.

- 1 TK-Strudelteig
- 1 kg Erdäpfel
- etwas Salz
- etwas Kümmel
- ½ Bund Minze
- 500 g Topfen
- frisch gemahlener Pfeffer
- 2 Zwiebeln
- 1–2 Stangen Lauch
- 100 g Schinkenspeckwürfel
- 1 EL Butter
- 2 Eier + 1 Eidotter zum Bestreichen

1 Strudelteig auf einem Tuch auftauen lassen und ausrollen. Erdäpfel schälen, fein würfeln und in Salzwasser ca. 10 Minuten garen, nach Gusto etwas Kümmel dazugeben. Minze waschen, trocken schütteln, Blättchen vom Stiel zupfen und fein hacken. Erdäpfel abgießen und noch warm mit dem Stampfer zu Püree verarbeiten. Topfen unterheben, mit Minze, Salz und Pfeffer würzen und abkühlen lassen.

2 Zwiebeln schälen und fein würfeln. Lauch waschen und in feine Ringe schneiden. Zwiebelwürfel, Schinkenspeck und Lauch in Butter anbraten. Mit den Eiern unter den Erdäpfel-Topfen heben.

3 Backofen auf 200 °C (Umluft 180 °C) vorheizen. Strudelteig mit der Erdäpfelmasse etwa zu zwei Dritteln belegen. An den Rändern 2–3 Zentimeter frei lassen. Den Rand an den Seiten über die Masse einklappen und festdrücken. Mithilfe des Tuchs Strudel aufrollen. Straff, aber nicht zu fest, damit er beim Backen nicht aufreißt!

4 Strudel auf ein mit Backpapier ausgelegtes Backblech legen und mit dem verschlagenen Eidotter bestreichen. In den Backofen schieben und für ca. 30 Minuten goldgelb backen.

> Ein **VOGERLSALAT** mit Joghurtdressing oder ein Kräuter-Sauerrahm passen hervorragend zu diesem Erdäpfelstrudel.

> Für Weingenießer empfiehlt sich ein **TROCKENER WEISSER**.

FÜR 4 PERSONEN

ZUBEREITUNGSZEIT: 1,5 Std.

AUFWAND: ✪✪

JAHRESZEIT: He/Wi

- 250 g festkochende Erdäpfel
- etwas Salz
- 500 g Semmelbrot
- 2 Zwiebeln
- 100 g Butter
- 500 ml Milch
- 3 Eier
- frisch gemahlener Pfeffer
- etwas frisch geriebener Muskat
- 100 g Feiner Tiroler Käse
- 100 g Bergkäse
- ½ Bund Petersilie
- 1 Kopfsalat
- ½ Bund Schnittlauch
- 2 EL Kürbiskernöl
- 1 EL Weißweinessig
- 1 TL Zucker
- Butterschmalz

Vorarlberger Kaspressknödel

Ein Hüttenschmaus, der auch in jeder guten Stube willkommen ist.

1 Erdäpfel schälen und in reichlich Salzwasser weich kochen. In einer großen Schüssel mit dem Stampfer zu Püree verarbeiten und Semmelbrot zugeben.

2 Zwiebeln schälen, fein würfeln und in der Butter anbraten. Zwiebelbutter zur Erdäpfel-Brot-Masse gießen.

3 Milch erwärmen und mit Eiern, Salz, Pfeffer und Muskat mischen. Alles über die Knödelmasse geben.

4 Feiner Tiroler und Tiroler Bergkäse in kleine Würfel schneiden. Petersilie waschen, trocken schütteln, Blättchen vom Stiel zupfen und fein hacken. Käse und Petersilie ebenfalls zur Knödelmasse geben und alles gut durchkneten, bis ein glatter Teig entsteht. Ca. 30 Minuten ruhen lassen.

5 Salat vorbereiten. Kopfsalat waschen, in kleine Stücke rupfen und schleudern. Schnittlauch waschen, trocken schütteln und in kleine Röllchen schneiden. Für das Dressing Öl und Essig in der Salatschüssel verrühren. Mit Zucker, Salz, Pfeffer und Schnittlauchröllchen abschmecken und Salatblätter zugeben. Erst am Tisch Salat wenden!

6 Knödel formen, flach drücken und im Butterschmalz goldbraun braten.

> Wer keinen Salat mag, nimmt einfach ein bisschen **KRÄUTER-SAUERRAHM** (s. Rezept Kärntner Erdäpfelstrudel mit Minze).

FÜR 2 PERSONEN

ZUBEREITUNGSZEIT: 30 Min.

AUFWAND: ✪

JAHRESZEIT:
So

- 1 Karfiolkopf
- etwas Salz
- 80 g Butter
- 60–80 g Semmelbösel
- etwas frisch geriebener Muskat

DER GUTE RAT

Noch besser schmeckt's, wenn etwas fein gehackte Petersilie bei den Bröseln mitgeröstet wird.

Karfiol mit Butterbröseln

Karfiol ist im Gegensatz zu vielen anderen Kohlgewächsen gut verträglich, kalorienarm und sehr sättigend.

1 Blätter und Stunk vom Karfiol entfernen und Kohlkopf unter fließendem Wasser gut waschen. In einen großen Topf mit Salzwasser legen, sodass der Kopf nur zur Hälfte mit Wasser bedeckt ist – dann wird er knackiger! Bei geschlossenem Topf zum Kochen bringen und ca. 20 Minuten garen – je nach Größe des Kohls dauert es etwas länger oder kürzer.

2 Für die Butterbrösel: Butter bei mittlerer Hitze schmelzen, Semmelbrösel einrühren und unter ständigem Rühren hellbraun rösten. Mit Salz und einer kleinen Prise Muskat abschmecken.

3 Gegarten Karfiol aus dem Topf nehmen, halbieren und auf Tellern anrichten. Butterbrösel darüberstreuen und heiß servieren.

> **ERDÄPFEL** sind eine beliebte Beilage.

GELBER SCHMECKT BESSER!

Gekochter Karfiol bekommt eine appetitliche gelbe Farbe, wenn man ihn mit etwas Curry oder Kurkuma verfeinert. Dazu einfach etwas Butter in einer Pfanne anschwitzen, 1 Teelöffel Curry oder Kurkuma zugeben, die Karfiolröschen hineingeben und darin schwenken. Senfkörner, Kreuzkümmel und Bockshornklee verleihen dem Karfiol zusätzlich eine exotische Note.

FÜR 4 PERSONEN

ZUBEREITUNGSZEIT: 1 Std.

AUFWAND: ✪

JAHRESZEIT: He/Wi

Pikanter Krautstrudel mit feiner Käsesoße

Krautstrudel schmeckt famos als vegetarisches Hauptgericht und ist ganz einfach zuzubereiten durch den fertigen Blätterteig.

- 1 Rolle TK-Blätterteig
- ½ Krautkopf (weiß)
- 1 kl. Zwiebel
- 2 EL Butter
- 125g Schinkenspeckwürfel nach Belieben
- 2 TL Kümmel
- etwas Salz
- frisch gemahlener Pfeffer
- 1 Eidotter
- 25 g Butter
- 2 EL Mehl
- 125 ml Milch
- 1 Doppelrahmkäseecke (ca. 25 g)
- 75 g Obers

1 Blätterteig auftauen lassen und ausrollen.

2 Für die Füllung den Krautkopf putzen, vierteln, Strunk entfernen und raspeln. Zwiebel schälen, würfeln und mit Butter sowie – wenn es nicht vegetarisch sein soll – Schinkenspeckwürfeln in einer Pfanne anbraten. Kraut zugeben und mit Kümmel, Salz und Pfeffer abschmecken. Mit ca. 150 Millilitern Wasser aufgießen und ca. 30 Minuten weich dünsten.

3 Backofen auf 200 °C (Umluft 180 °C) vorheizen. Krautmasse auf die Mitte des Blätterteigs geben, einrollen und an den Enden verschließen. Strudel auf ein mit Backpapier ausgelegtes Backblech legen und mit Eidotter bestreichen. Ca. 35 Minuten goldbraun backen.

4 Für die Käsesoße Butter in einer Pfanne erhitzen, Mehl darin aufschäumen und mit Milch zu einer Béchamel glatt rühren. Käse klein schneiden und unter die Béchamel rühren, bis er sich aufgelöst hat. Mit Obers, Salz und Pfeffer abschmecken und bei mittlerer Hitze reduzieren, bis die Soße eine cremige Konsistenz besitzt.

5 Krautstrudel auf Tellern anrichten und mit der Käsesoße servieren.

> Vegetarier können die **SCHINKENSPECKWÜRFEL** einfach weglassen.

> Ein **GRÜNER VELTLINER** passt hervorragend zu diesem einfachen und leckeren Gericht.

DER GUTE RAT

Wer fertiges Sauerkraut zur Zubereitung der Füllung verwendet, hat den Strudel noch schneller im Backofen.

FÜR 4 PERSONEN

ZUBEREITUNGSZEIT: 45 Min.

AUFWAND: ✪

JAHRESZEIT:
So/He

Kürbis-Erdäpfel-Gulasch

Kürbis und Erdäpfel vereinen sich hier zu einem fleischlosen Gulasch, das nicht nur für Vegetarier ein Genuss ist!

- 500 g Hokkaido-Kürbis
- 500 g Erdäpfel
- 2 kleine rote Zwiebeln
- 3 EL Öl
- 4 EL Paradeisermark
- 1 EL Paprikapulver (edelsüß)
- 1 Prise Oregano (gerebelt)
- 1 Prise Thymian (getrocknet)
- 1 Prise Majoran (getrocknet)
- etwas Salz
- frisch gemahlener Pfeffer
- 250 ml Gemüsebrühe
- ½ Bund Petersilie
- ½ Becher Crème fraîche

1 Kürbis waschen, entkernen und in mundgerechte Würfel schneiden. Erdäpfel ebenfalls schälen und würfeln.

2 Rote Zwiebeln schälen, fein würfeln und in einer Pfanne mit dem Öl anbraten. Paradeisermark und Gewürze hinzugeben, kurz rühren und mit der Brühe aufgießen. Kürbis- sowie Erdäpfelwürfel zufügen und ca. 20 Minuten köcheln lassen, bis die Würfel weich sind.

3 Petersilie waschen, trocken schütteln, Blättchen vom Stiel zupfen und fein hacken.

4 Sind die Würfel weich, mit Crème fraîche verfeinern, auf Tellern anrichten und mit Petersilie garnieren.

> Ein leichtes und leckeres Gulasch, das durch einen TROCKENEN ROSÉ abgerundet wird.

> Fleischliebhaber können ein paar FRANKFURTER WÜRSTCHEN oder würzige Debreziner mitköcheln lassen.

FÜR 4 PERSONEN

ZUBEREITUNGSZEIT: 45 Min.

AUFWAND: ✪✪

JAHRESZEIT:
Fr/So/He/Wi

- 250 g mehlige Erdäpfel
- etwas Salz
- 3 EL Kräuter (Minze, Petersilie, Dill)
- 1 Zwiebel
- 250 g Bröseltopfen
- 500 g Mehl
- 1 EL Öl
- 3 EL Butter

Kärntner Kasnudeln

Die allseits beliebten Teigtascherln lassen sich mit Speck, Weinsoße, Steinpilzen oder gern auch süß mit Topfen und frischem Obst servieren – hier der Klassiker.

1 Für die Füllung Erdäpfel schälen und in reichlich Salzwasser weich kochen. Erdäpfel noch warm in einer Schüssel mit dem Stampfer zu Püree verarbeiten. Kräuter waschen, trocken schütteln, Blättchen von den Stielen zupfen und fein hacken. Zwiebel schälen, fein würfeln und zusammen mit dem Topfen unter die Erdäpfel geben. Mit Salz und Kräutern abschmecken.

2 Für den Teig Mehl, Öl mit einer guten Prise Salz und etwas lauwarmen Wasser zu einem geschmeidigen Teig verarbeiten und eine Stunde im Kühlschrank ruhen lassen.

3 Teig ausrollen und mit einem Glas Kreise ausstechen. Füllung zu kleinen Knödeln formen und auf die Kreise legen. Teig umschlagen und die Ränder mit einer Gabel festdrücken. Wichtig: Es darf keine Luft drinnen bleiben, sonst platzen die Teigtaschen beim Kochen auf!

4 Einen großen Topf mit Salzwasser aufsetzen. Wenn das Wasser kocht, Teigtaschen hineingleiten lassen und ca. 10 Minuten bissfest kochen. Aus dem Topf nehmen, abtropfen lassen und mit etwas angebräunter Butter und Minze servieren.

> Sie können aber auch **RÖSCHEN LARDO**, den Sie in Rosmarinbutter ausgebacken haben, dazu reichen.

> Käseliebhaber reiben einfach etwas würzigen **PARMESAN** oder Bergkäse drüber.

ORIGINAL GEKRENDELT!

Die Original-Kasnudel wird nicht mit der Gabel eingedrückt, sondern gekrendelt – dafür werden die Teigränder zwischen den Fingern so zusammengedrückt, dass sie zackenartig abdichten.

Saisonale Schmankerl

im Herbst und Winter

Der Herbst steht für den Abschluss eines ereignisreichen Jahres und für den Beginn einer stillen Zeit der Dankbarkeit für die reiche Ernte. Eine Zeit, um in sich zu gehen und eine Zeit der Ruhe. Die fleißigen Landwirte und Bauern können nach arbeitsreichen Monaten endlich das Ergebnis ihrer harten Arbeit auskosten – am besten im Kreise der Familie und lieber Freunde. In den Wintermonaten erfreut man sich dann an den Schätzen, die man im Herbst geerntet und vielleicht sogar verarbeitet hat. Wenn es draußen kalt und dunkel ist, sucht man umso mehr nach Wärme und Licht. Am besten, wenn es von innen nach außen strahlt.

Ganslessen im Herbst

Den aromatischen Gänsebraten mit knuspriger Goldkruste und herrlich zartem Fleisch lässt man sich im November als traditionelles „Martinigansl" schmecken. Laut bäuerlichem Jahreszyklus ist das „Ganslessen" das Festessen zum Abschluss der Ernte. Danach sollte sechs Wochen lang gefastet werden. Dafür bietet sich in der rauen Zeit jedoch kaum die Möglichkeit: Viel zu verlockend duftet es aus den Töpfen und Pfannen!

Winterliche Räucherkammer

Eine Variante, um sich Gutes lange zu erhalten, ist das Räuchern. Diese Leckerbissen sind ein absolutes Muss für den winterlichen Genuss:

- *Räucherfisch: Am liebsten räuchert man Lachs und Forellen. Daraus lassen sich feine Tatars zaubern. Aber auch auf Toast mit einem Spritzer Zitrone munden die Fischstücke besonders.*
- *Räucherspeck: In hauchdünne Scheiben geschnitten, genießt man ihn pur oder auf Brot. Gehackt verfeinert er Eintöpfe und Suppen.*

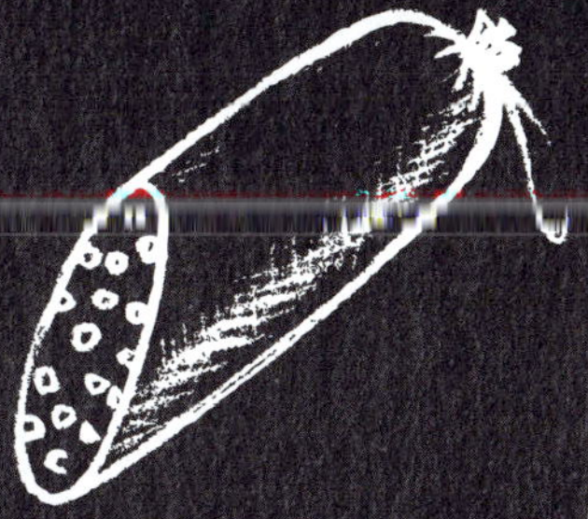

Kunst im Glas – von eingekochten Früchtchen & Co.

- ***Hollerkoch:*** *Die österreichische Süßspeise entsteht durch das Kochen schwarzer Hollerperlen. Verfeinert mit Apfel- oder Birnenstücken und Zimt, schmeckt man die Herbstsonne auch, wenn es schneit. Für eine Prise mehr Sommer einfach einen Löffel Vanilleeis dazugeben!*
- ***Chutney:*** *Zwar hat es seine Wurzeln in Indien, in Österreich spielt man jedoch mit heimischen Zutaten und kreiert dadurch eine völlig neue Geschmackswelt. Tipp: Zwetschken-, Birnen- und Marillenchutneys verfeinern jedes Fleischgericht mit einer fruchtigen Note.*
- ***Eingelegtes:*** *Pilze, Schwammerl, Paprika und Paradeiser bleiben durch das Einmachverfahren über Monate oder gar Jahre besonders saftig und g'schmackig.*

Herbstliches Hirschragout

Ein feines Hirschragout zergeht förmlich auf der Zunge. Serviert mit reschen Kroketten und einem Klecks Preiselbeermarmelade, bildet es einen Hochgenuss der besonderen Art. Seit einigen Jahren hat sich auch das Wildschwein in die österreichische Küche verirrt und erfreut sich großer Beliebtheit. Ob in Form von Braten, Ragout oder Gulasch – stets schätzt man sein saftiges Fleisch und den aromatischen Geschmack.

Vorratskammer im Winter

Geräuchertes schmeckt besonders im Winter. Auch Eingelegtes und Eingekochtes wird vermehrt in der dunklen Jahreszeit gelöffelt. Marmeladen, Pilze, Gemüse harren in den Kellern bis zu ihrem Auftritt aus. Sie verfeinern Eintöpfe und Desserts oder runden als knackige Beilage eine Jause gekonnt ab. Das Beste möchte man sich bis zum Schluss aufheben. Da bietet sich das Einkochen direkt an!

FÜR 4 PERSONEN

ZUBEREITUNGSZEIT: 50 Min.

AUFWAND: ✪

JAHRESZEIT:
Fr

Marchfelder Ofenspargel

Spargel findet mit vielen Sonnenstunden und leicht sandigen Böden in der Ebene des Marchfelds ideale Bedingungen, daher entwickelt er hier einen unvergleichlichen Geschmack.

- 24 Stangen weißer Spargel
- etwas Salz
- 1 TL Zucker
- 150 g Butter
- 1 Bund Schnittlauch
- Saft von 2 Orangen
- abgeriebene Schale von 1 unbehandelten Orange

1 Spargel schälen, holzige Enden abschneiden und je 6 Stangen auf zwei übereinandergelegte große Bögen Alufolie legen. Mit Salz und Zucker würzen. Butter in einer heißen Pfanne bräunen.

2 Schnittlauch waschen, trocken schütteln und in kleine Röllchen schneiden. Spargel mit der braunen Butter und Orangensaft beträufeln sowie mit etwas Orangenschale und Schnittlauch bestreuen. Gut in die Folie einpacken und sorgfältig verschließen.

3 Backofen auf 220 °C (Umluft 200 °C) vorheizen. Spargelpakete nebeneinander auf ein Blech legen und auf der untersten Schiene ca. 30 Minuten garen. Spargel aus dem Backofen nehmen, in der Folie kurz ruhen lassen und die Folie erst bei Tisch öffnen, damit sich das feine Karamellaroma nicht vorzeitig verflüchtigt.

> **PETERSILIENERDÄPFEL** und geräucherter Lachs passen hervorragend zum Marchfelder Ofenspargel.

> Ein **GRÜNER VELTLINER** rundet den Genuss ab.

DER GUTE RAT

Eine Hollandaise aus dem Supermarkt lässt sich mit ein bisschen Sauerrahm, Zitronensaft und frischen Kräutern verfeinern und Sie haben noch eine tolle Soße zum Ofenspargel.

HOLLANDAISE SELBST GEMACHT

Drei Eidotter mit Butter im Wasserbad verschlagen, bis sich die Butter aufgelöst hat. Etwa ½ Becher Crème fraîche unterschlagen und mit Salz, Pfeffer, etwas Zitronensaft und frischen Kräutern abschmecken. So lange weiterrühren, bis der Eidotter stockt und dafür sorgt, dass die Hollandaise cremig wird – sofort vom Herd nehmen.

FÜR 4 PERSONEN

ZUBEREITUNGSZEIT: 40 Min.

AUFWAND: ✪

JAHRESZEIT:
Fr/So

Gebackener Kopfsalat mit Soße

Wer diese vegetarische Spezialität einmal probiert hat, für den bekommt der Terminus „Salat essen" eine ganz neue Bedeutung!

Für die Soße:

- 2 hart gekochte Eier
- 2 Essiggurken
- 1 EL Kapern
- 3 EL frisch gehackte Petersilie
- 50 g Mayonnaise
- 200 g Sauerrahm
- 1–2 EL Zitronensaft
- etwas Salz
- frisch gemahlener Pfeffer

Für den Salat:

- 4 Kopfsalatherzen
- 2 Eier
- etwas Salz
- frisch gemahlener Pfeffer
- Paprikapulver (edelsüß)
- ca. 100 g Mehl
- ca. 150 g Semmelbrösel
- Pflanzenöl zum Ausbacken

1 Für die Soße Eier pellen und hacken. Gurken und Kapern fein hacken. Beides mit Ei, Petersilie und Mayonnaise unter den Sauerrahm mengen. Mit Zitronensaft, Salz und Pfeffer abschmecken.

2 Salat im Ganzen waschen und gut trocken schleudern. Möglichst am Strunk zusammenhängend in Stücke oder Scheiben schneiden. Eier in einem tiefen Teller mit Salz, Pfeffer und Paprikapulver verquirlen. Mehl und Brösel jeweils in tiefe Teller streuen. Salat im Mehl wenden, abklopfen und durch die Eier ziehen. Mit Bröseln panieren und im heißen Fett in der Pfanne goldbraun ausbacken. Auf Küchenkrepp abtropfen lassen und mit der Soße servieren.

WIE WÄRE ES MIT SELLERIESCHNITZEL?

1 Knollensellerie schälen und in etwa 4 Millimeter dicke Scheiben schneiden. In kochendem Salzwasser (mit einem Spritzer Essig und/oder Zitronensaft) ca. 10 Minuten kochen. Auskühlen lassen und nach Belieben mit Käse oder Schinkenscheiben belegen. Mit der zweiten Selleriescheibe bedecken. In Mehl und einem verquirlten Ei sowie anschließend in Semmelbröseln wälzen. In Öl goldbraun ausbacken.

FÜR 4 PERSONEN

ZUBEREITUNGSZEIT: 45 Min.

AUFWAND: ✪

JAHRESZEIT: Fr/So/He/Wi

Wiener Grenadiermarsch und Allerlei

Erdäpfel, Zwiebel und Fleckerl finden sich immer in der Speis, um spontan ein schnelles Abendessen zu zaubern.

- 1 kg Erdäpfel
- etwas Salz
- 250 g Fleckerl
- 1 Zwiebel
- 2 Knoblauchzehen
- etwas Öl
- frisch gemahlener Pfeffer
- Paprikapulver (edelsüß)

1 Erdäpfel schälen und in reichlich Salzwasser weich kochen. Parallel zu den Erdäpfeln einen weiteren Topf mit Salzwasser für die Fleckerl aufsetzen. Kocht das Wasser, Fleckerl hineingeben und nach Packungsanweisung bissfest garen. Fleckerl abgießen und in einem Sieb abtropfen lassen. Erdäpfel nach der Garzeit ebenfalls abgießen und kurz abkühlen lassen. Reiben oder sehr klein schneiden.

2 Zwiebel und Knoblauchzehen schälen, fein hacken und in einer heißen Pfanne mit etwas Öl anbraten.

3 Erdäpfel mit in die Pfanne geben und ebenfalls braten. Zum Schluss die abgetropften Fleckerl unterheben. Mit Salz, Pfeffer und Paprikapulver abschmecken.

>Im Kühlschrank findet sich noch etwas kalter Braten, **ROASTBEEF**, Schinken, Sardinen oder ein Wurstl – fertig ist der Marsch mit Allerlei.

>Ein schöner **KOPFSALAT** ist ebenfalls eine leckere Beilage, man kann aber auch einen Röster zum Wiener Grenadiermarsch reichen.

DER GUTE RAT

Schinkenspeckwürfel mit den Zwiebeln angebraten oder etwas gekochter Schinken und ein Spiegelei dazu und es ist noch mal so gut.

APFELRÖSTER SELBST ZUBEREITET!

Es macht zwar ein bisschen mehr Arbeit, aber die Mühe lohnt sich. Einfach vier bis fünf Äpfel schälen, entkernen, vierteln und in Zuckerwasser weich kochen. Das Wasser abgießen und die Äpfel zerstampfen. Selbst gemacht ist es weniger süß und einfach lecker!

FÜR 4 PERSONEN

ZUBEREITUNGSZEIT: 50 Min.

AUFWAND: ✪✪

JAHRESZEIT:
He/Wi

Erdäpfelblattln mit Schinken-Kraut

Die in Fett ausgebackenen Blattln sind eine deftige österreichische Spezialität.

- 800 g mehlige Erdäpfel
- etwas Salz
- 1 Zwiebel
- 100 g Schinkenspeckwürfel nach Belieben
- 2 EL Butter
- 700 g Sauerkraut
- 2 Lorbeerblätter
- Kümmel
- 500 g Mehl + etwas Mehl für die Arbeitsfläche
- 10 EL Milch
- Öl zum Frittieren

1 Erdäpfel schälen und in reichlich Salzwasser weich kochen, über einem Sieb abgießen und abkühlen lassen.

2 Für das Sauerkraut Zwiebel schälen, fein würfeln und mit den Schinkenspeckwürfeln in einem großen Topf in Butter anbraten, Sauerkraut zugeben und weich dünsten. Nach Bedarf mit Wasser aufgießen, damit es nicht anbrennt. Je nach Geschmack Lorbeerblätter und Kümmel mitdünsten.

3 Kalte Erdäpfel in einem Topf mit dem Stampfer zu Püree verarbeiten und mit einer ordentlichen Prise Salz, Mehl und Milch zu einem glatten Teig verarbeiten. Auf einer mit Mehl bestäubten Arbeitsfläche nicht zu dünn ausrollen und Dreiecke schneiden. Öl in der Fritteuse oder einem Topf auf ca. 150–160 °C erhitzen und die Ecken darin goldbraun ausbacken. Sie blähen sich dabei schön auf.

4 Die ausgebackenen Dreiecke auf Küchenpapier abtropfen lassen und mit dem Kraut heiß auf Tellern anrichten.

> **EIN KRÄUTER-SAUERRAHM** würde hierzu gut passen und immer auch ein trockener Weißwein.

FÜR 4 PERSONEN

ZUBEREITUNGSZEIT: 1,5 Std.

AUFWAND: ✪✪

JAHRESZEIT: So/He

Erdäpfel-Paunzen

Dieses leckere Gericht – das sich vom tirolerischen „Paunzele" (etwas Dickes, Rundliches) ableitet – präsentiert wieder eine neue Zubereitungsvariante des vielseitigen Knollengewächses!

- 800 g mehligkochende Erdäpfel
- etwas Salz
- 1 Ei
- 170 g Topfen
- 250–300 g Mehl
- etwas frisch geriebener Muskat
- Mehl zum Arbeiten
- 2 EL Butter zum Braten
- 150 g Obers
- 150 g Crème fraîche
- 2 EL Schnittlauchröllchen
- frisch gemahlener Pfeffer

1 Erdäpfel waschen und in reichlich Salzwasser gar dämpfen. Schälen, durch eine Erdäpfelpresse drücken und ausdampfen lassen. Ei, gut abgetropften Topfen und Mehl untermengen, sodass ein gut formbarer Teig entsteht. Evtl. die Mehlmenge etwas variieren. Mit Salz und Muskat würzen. Auf bemehlter Arbeitsfläche eine Rolle von ca. 1,5 Zentimeter Durchmesser formen. Stücke von ca. 3 Zentimeter Länge abschneiden, leicht flach drücken und an den Seiten mit den Fingern leicht eindrücken.

2 In einer beschichteten Pfanne langsam in heißer Butter ca. 10 Minuten goldbraun braten. Dabei mehrmals wenden und gleichmäßig bräunen. Obers mit Crème fraîche kurz aufkochen lassen, Schnittlauch zugeben und mit Salz und Pfeffer abschmecken. Paunzen auf vorgewärmte Teller verteilen, Soße darübergeben und servieren.

> Super schmecken die Paunzen auch mit APFEL-SAUERKRAUT und Preiselbeeren!

SÜSSE VARIANTE!

Wie so viele österreichische Gerichte, die auf Erdäpfeln, Germ- oder Topfenteig basieren, lässt sich auch dieses wunderbar in einer süßen Variante zubereiten. Einfach die gebratenen Paunzen pur lassen und zu Apfelmus oder Röster servieren.

FÜR 4 PERSONEN

ZUBEREITUNGSZEIT: 1,5 Std. + 1 Nacht Ruhezeit

AUFWAND: ✪✪

JAHRESZEIT: He/Wi

Linsenpörkölt und Semmelauflauf

Pörkölt ist eigentlich ein ungarisches Ragout aus Fleisch mit Zwiebeln, Paprikaschoten, Knoblauch, Paradeisern und Gewürzen – hier eine leckere vegetarische Linsenvariante.

- 300 g Linsen
- 250 g Semmelbrot
- 3 Zwiebeln
- 2 EL Butter
- 200 ml Milch
- etwas Salz
- frisch gemahlener Pfeffer
- etwas frisch geriebener Muskat
- 4 EL Petersilie (getrocknet)
- 3 Eier
- 2 Paprikaschoten
- 2 EL Öl
- 4 EL Paprikapulver (edelsüß)
- 4 EL Ketchup
- 250 ml Gemüsebrühe
- 4 Stängel Thymian
- 1 Dose passierte Paradeiser

1 Linsen einen Tag vor der Zubereitung in reichlich Wasser einweichen oder schnellkochende Linsen verwenden.

2 Semmelbrot in eine große Schüssel geben. 1 Zwiebel schälen, fein würfeln und in 1 Esslöffel Butter anschwitzen. Mit Milch ablöschen, mit Salz, Pfeffer und Muskat abschmecken und über das Semmelbrot geben. Petersilie mit Eiern zur Brotmasse geben und alles zu einem glatten Teig verarbeiten. Teig ein paar Minuten ziehen lassen. Die Masse sollte gut durchfeuchtet sein – ggf. noch etwas Milch erwärmen und zugeben.

3 Backofen auf 220 °C (Umluft 200 °C) vorheizen. Ofenfeste Förmchen, Schälchen oder Tassen mit restlicher Butter auspinseln. Locker mit der Semmelmasse auffüllen.

4 Eine Auflaufform mit kochendem Wasser füllen, sodass das Wasser ca. 2 Zentimeter hoch steht. Förmchen hineinstellen und im Backofen ca. 15 Minuten ausbacken. Anschließend warm halten, bis die Linsen gar sind.

5 Für das Pörkölt Paprikaschoten putzen, waschen, entkernen und fein würfeln. Restliche Zwiebeln schälen, würfeln und mit den Paprikawürfeln sowie Öl in einem großen Topf anbraten. Paprikapulver und Ketchup zugeben und mit Brühe ablöschen. Kurz köcheln lassen.

6 Linsen abgießen und gut durchwaschen. Thymian waschen, trocken schütteln und Blättchen vom Stiel zupfen. Linsen und Thymianblättchen zum Fond geben und ca. 20 Minuten köcheln lassen, bis die Linsen gar sind. Paradeiser zugeben und ca. 10 Minuten reduzieren. Mit Salz und Pfeffer abschmecken und mit dem Semmelauflauf servieren.

> Ein **GRÜNER VELTLINER** rundet den Genuss ab.

DER GUTE RAT

Mit Crème fraîche oder Obers schmeckt es noch feiner! Einfach kurz vor dem Servieren ½ Becher unter das Linsenpörkölt geben.

FÜR 4 PERSONEN

ZUBEREITUNGSZEIT: 30 Min.

AUFWAND: ✪

JAHRESZEIT:
So/He

Melanzanischnitzel

Melanzanischnitzel, auch als ausgebackene Auberginen bekannt, sind ein feines, vegetarisches Gericht, was man beim Namen nicht gleich denken würde.

- 3 Melanzani
- etwas Salz
- frisch gemahlener Pfeffer
- 6 EL Mehl
- 3 Eier
- 6 EL Semmelbrösel
- Pflanzenöl zum Ausbacken
- 2 unbehandelte Zitronen

1 Melanzani waschen und längs in fingerdicke Scheiben schneiden, mit Salz und Pfeffer würzen, etwas einziehen lassen. Beidseitig in Mehl wenden.

2 Eier verschlagen, Melanzanischeiben durchziehen und in den Semmelbröseln panieren. In einer Pfanne mit reichlich Öl rösch ausbacken und mit Zitronenvierteln heiß servieren.

> **ERDÄPFEL** und Salat sind eine leckere Beilage zu den Gemüseschnitzeln.

> Mit **KRÄUTERSEITLINGEN** gelingt dieses Rezept ebenfalls.

DER GUTE RAT

Wer in die Semmelbrösel noch etwas Parmesan reibt oder Kürbiskerne untermischt, gibt den Melanzanischnitzeln eine feine würzige bzw. nussige Note.

DER GUTE RAT

Paniertes und in Fett Ausgebackenes immer nach dem Garen auf Küchenkrepp legen, damit das überschüssige Fett aufgesaugt wird.

FÜR 4 PERSONEN

ZUBEREITUNGSZEIT: 30 Min.

AUFWAND: ✪

JAHRESZEIT: He/Wi

Krautfleckerl

Ein süß-pikanter Klassiker aus der Wiener Küche, der schnell und einfach zubereitet ist.

- 1 Kopf Weißkraut (ca. 500 g)
- etwas Salz
- 4 Zwiebeln
- 2 EL Butter
- 2 EL Öl
- 4 EL Zucker
- 100 ml Weißwein
- 100 ml Gemüsebrühe
- 2 TL gemahlener Kümmel
- 500 g Fleckerl
- 1 Bund Schnittlauch
- frisch gemahlener Pfeffer

1 Krautkopf waschen, putzen, vierteln, den Strunk entfernen und die Viertel raspeln. Salzen und beiseitestellen.

2 Zwiebeln schälen, würfeln und in Butter sowie Öl anbraten. Zucker zufügen und karamellisieren lassen. Mit Weißwein und Brühe ablöschen, Salz und Kümmel zugeben und einige Minuten einkochen lassen.

3 Weißkraut zugeben und ca. 20 Minuten zugedeckt weich dünsten.

4 Salzwasser in einem Topf zum Kochen bringen und die Fleckerl darin bissfest kochen. Über einem Sieb abgießen und abtropfen lassen. Schnittlauch waschen und in kleine Röllchen schneiden.

5 Krautmasse mit den Fleckerln vermischen und mit Salz und Pfeffer abschmecken. Auf Teller geben und mit den Schnittlauchröllchen garnieren.

> Ein schöner **GURKENSALAT** passt hervorragend zu diesem deftigen Klassiker.

DER GUTE RAT

Vier Kassler, Debreziner oder grobe Bratwürste lassen sich wunderbar mit dem Kraut gar dünsten.

FÜR 4 PERSONEN

ZUBEREITUNGSZEIT: 45 Min.

AUFWAND: ✪

JAHRESZEIT:
Fr/So

- 1 kg grüne Fisolen
- 5 Erdäpfel
- 1 Zwiebel
- 1 Knoblauchzehe
- 1 Bund Dill
- 500 ml Gemüsefond
- etwas Salz
- frisch gemahlener Pfeffer
- 125 g Crème fraîche
- 2 EL Mehl

Fisolen-Erdäpfel-Rahm

Eine kräftige Beilage oder ein leckeres vegetarisches Hauptgericht.

1 Fisolen waschen, putzen, Fäden ziehen und klein schneiden. Erdäpfel schälen und klein würfeln. Zwiebel schälen und fein würfeln. Knoblauchzehe schälen. Dill waschen, trocken schütteln, Fähnchen vom Stiel zupfen und fein hacken.

2 Fisolen, Erdäpfel und Zwiebelwürfel mit dem Gemüsefond in einen Topf geben, sodass das Gemüse bedeckt ist. Alles zum Kochen bringen und köcheln lassen, bis die Erdäpfel weich sind.

3 Mit Salz, Pfeffer und Crème fraîche abschmecken. Mehl in vier Esslöffeln Wasser anrühren und den Fisolen-Erdäpfel-Rahm damit binden. Knoblauch dazupressen und Dill einrühren.

> SCHWARZBROT passt gut zum Fisolen-Erdäpfel-Rahm!

> Fleischesser rösten noch etwas SCHINKENSPECK an und geben ihn hinzu oder lassen eine grobe Wurst ca. 8 Minuten im Rahm mitziehen.

KOHLRABI ODER PORREE

Wenn Fisolen gerade schwer zu finden sind, gelingt das Gericht auch mit Kohlrabi oder Porree. Hier einfach den Kohlrabi schälen und in gleich große Würfel wie die Erdäpfel schneiden. Den Porree in feine Scheiben schneiden.

FÜR 4 PERSONEN

ZUBEREITUNGSZEIT: 50 Min.

AUFWAND: ✪✪

JAHRESZEIT:
Fr/So/He/Wi

Steirische Gemüselaiberl

Es müssen nicht immer Faschierte Laibchen sein! Auch Gemüselaiberl schmecken, ob im Burger oder mit Salat, und sind immer ein Gaumenschmaus!

- 1 kg TK-Mischgemüse
- etwas Salz
- 3 EL Butter
- 2 EL Mehl
- 125 ml Milch
- frisch gemahlener Pfeffer
- etwas frisch geriebener Muskat
- 2 EL Instant Gemüsebrühe
- 4 Eier
- 4 große gekochte Erdäpfel
- 4 EL Semmelbrösel
- Pflanzenöl zum Ausbacken
- 1 Bund Schnittlauch
- 1 Knoblauchzehe
- 1 Becher Sauerrahm
- 2 Knoblauchzehen

1 Mischgemüse in reichlich Salzwasser bissfest kochen.

2 Für die Béchamelsoße Butter zerlassen, mit Mehl bestäuben und unter ständigem Rühren mit der Milch ablöschen, sodass eine glatte Soße entsteht. Mit Salz, Pfeffer und Muskat abschmecken und abkühlen lassen.

3 Gemüse in eine Schüssel geben und mit Instantpulver würzen. Eier und Béchamelsoße unterheben. Gekochte Erdäpfel pellen, reiben und mit den Semmelbröseln ebenfalls untermischen. Ca. 30 Minuten ziehen lassen.

4 Handtellergroße Laiberl formen und in reichlich Öl rösch ausbacken. Auf Küchenpapier abtropfen lassen.

5 Schnittlauch waschen, trocken schütteln und in kleine Röllchen schneiden. Knoblauch schälen. Sauerrahm cremig schlagen und mit Salz, Pfeffer, Schnittlauch und frisch gepresstem Knoblauch abschmecken.

> **EIN GURKEN-** oder Paradeisersalat dazu gibt eine frische Note.

> **FLEISCHESSER** genießen zu den Laiberln ein Stück kalten Braten.

FÜR 4 PERSONEN

ZUBEREITUNGSZEIT: 40 Min.

AUFWAND: ✪

JAHRESZEIT:
Fr/So

Letscho

Letscho ist ein österreichisch-ungarisches Paprika-Gericht, das hervorragend zu Kalbsschnitzel oder Schweinebraten passt.

- je 1 rote, gelbe und grüne Paprikaschote
- 1 Zwiebel
- 2 EL Öl
- 1–2 EL Paprikapulver (edelsüß)
- 1–2 EL Chilipulver
- etwas Essig
- 1 Dose passierte Paradeiser
- etwas Salz
- frisch gemahlener Pfeffer
- etwas Zucker
- Knoblauchpulver nach Belieben

1 Backofen auf 250 °C (Grillfunktion, Umluft nicht empfehlenswert) vorheizen. Paprikaschoten waschen, putzen, entkernen, halbieren und mit der Hautseite nach oben auf ein mit Backpapier ausgelegtes Blech legen. Auf der zweiten Schiene von oben ca. 8 Minuten grillen, bis die Haut schwarze Blasen wirft.

2 Paprikaschoten mit einem feuchten Küchentuch abdecken, etwas abkühlen lassen, häuten und in Streifen schneiden. Zwiebel schälen und in gleich große Streifen schneiden. Beides in Öl ca. 5 Minuten anbraten.

3 Paprika- und Chilipulver zugeben, gut umrühren und kurz mitrösten – nicht zu lange, sonst wird das Letscho bitter. Mit 1 Schuss Essig ablöschen. Paradeiser zugeben und alles ca. 8 Minuten weich kochen.

4 Mit Salz, Pfeffer, Zucker und nach Belieben mit Knoblauchpulver abschmecken.

> Vegetarier können das Letscho auch nur mit NUDELN oder ERDÄPFELN genießen.

> Kalt schmeckt es hervorragend als Dip zu NACHOS.

DER GUTE RAT

Wer eine größere Menge Paprikaschoten kauft, kann die Paprikastreifen einfrieren. Die gefrorenen Paprikastreifen können dann direkt verarbeitet werden.

KAROTTEN-FISOLEN-FLEISCH

Wer mag, schneidet ein paar gekochte Karotten oder auch Speck und Würstel mit hinein. Man kann auch rote Bohnen mit zugeben. Dann ist das Letscho eine komplette Mahlzeit und keine Beilage beziehungsweise kein Dip mehr.

FÜR 4 PERSONEN

ZUBEREITUNGSZEIT: 1 Std.

AUFWAND: ✪✪

JAHRESZEIT:
He

Semmelknödel mit Waldpilzrahmsoße

Ein herrliches Herbstgericht, wenn im Wald die frischen Pilze stehen.

- 250 ml Milch
- 300 g Semmelbrot
- ½ Bund Schnittlauch
- ½ Bund Petersilie
- 3 Eier
- etwas Salz
- frisch gemahlener Pfeffer
- etwas frisch geriebener Muskat
- 3 Zwiebeln
- 2 Knoblauchzehen
- 70 g Butter
- 2 EL Mehl u. etwas Semmelbrösel nach Bedarf
- 1 kg Waldpilze
- 125 g Crème fraîche

DER GUTE RAT

Knödel à 30 Gramm formen, denn je kleiner, umso appetitlicher!

1 Milch erwärmen und das Semmelbrot darin ca. 15 Minuten einweichen.

2 Schnittlauch waschen, trocken schütteln und in kleine Röllchen schneiden. Petersilie waschen, trocken schütteln, Blättchen vom Stiel zupfen und fein hacken. Eier mit den Kräutern, Salz, Pfeffer und Muskat verschlagen.

3 2 Zwiebeln und Knoblauchzehen schälen, fein würfeln und in 50 Gramm Butter anbraten.

4 Zwiebeln und Knoblauch mit den Kräutereiern unter die Masse heben und zu einem glatten Teig kneten. Ist der Teig noch zu flüssig, etwas Mehl oder Semmelbrösel mit einkneten. Teig ca. 20 Minuten ruhen lassen.

5 Waldpilze putzen und in Scheiben schneiden, gegebenenfalls mit Küchenpapier abreiben. Restliche Zwiebel schälen und fein würfeln.

6 Einen große Topf Salzwasser aufsetzen. Wenn das Wasser kocht, die Semmelknödel hineingeben. Hitze reduzieren und Knödel ca. 20 Minuten sieden lassen.

7 Waldpilze zubereiten. Zwiebelwürfel mit der restlichen Butter in einer großen Pfanne anbraten. Pilzscheiben zugeben und mit Salz, Pfeffer und Crème fraîche abschmecken. Waldpilzsoße in tiefe Teller geben und jeweils drei kleine Knödel daraufsetzen.

> Ein schöner **VOGERLSALAT** mit roten Rüben und Walnüssen ist zu diesem Gericht sehr fein!

FÜR 4 PERSONEN

ZUBEREITUNGSZEIT: 15 Min.

AUFWAND: ✪

JAHRESZEIT:
He/Wi

Knödelschmarrn mit Ei

Ein schnelles und leckeres Resteessen, das sich ebenfalls gut aus Erdäpfeln vom Vortag zubereiten lässt.

- 4 Semmelknödel vom Vortag
- 6 Eier
- etwas Salz
- frisch gemahlener Pfeffer
- etwas frisch geriebener Muskat
- ½ Bund glatte Petersilie
- 1 kleine Zwiebel
- 1 EL Butterschmalz

1 Semmelknödel in fingerdicke Scheiben schneiden. Eier mit einer Prise Salz, Pfeffer und Muskat verschlagen.

2 Petersilie waschen, trocken schütteln, Blättchen vom Stiel zupfen und fein hacken. Zwiebel schälen, fein würfeln und in einer Pfanne mit Butterschmalz anbraten. Knödelscheiben zufügen und mitbraten. Eier und Petersilie zufügen, kurz stocken lassen und heiß servieren.

> Mit **PARADEISERN** und **GURKEN** bringen Sie noch eine frische Note mit auf den Teller.

> Käseliebhaber mögen vielleicht noch etwas **WÜRZIGEN BERGKÄSE** in den Schmarrn.

DER GUTE RAT

Das Rezept geht auch mit Erdäpfeln vom Vortag. Hier für eine würzige Note eventuell noch ein paar Schinkenspeckwürfel mit anbraten.

FÜR 4 PERSONEN

ZUBEREITUNGSZEIT: 50 Min.

AUFWAND: ✪✪

JAHRESZEIT:
Fr/So/He/Wi

Tiroler Spinatknödel

Ein Gericht, das an schöne Sommerwanderungen und ereignisreiche Skitage erinnert.

- 1,5 kg TK-Spinat
- 500 ml warme Milch
- 600 g Semmelbrot
- 2 Knoblauchzehen
- 1 Zwiebel
- 120 g Butter
- etwas Salz
- frisch gemahlener Pfeffer
- 4 Eier
- 5–7 EL Semmelbrösel
- etwas frisch geriebener Muskat
- 6 EL geriebener Parmesan

1 Spinat auftauen lassen. Milch erwärmen und lauwarm über das Semmelbrot gießen. Die Brot-Milch-Masse beschweren, damit die Milch überall gut einzieht.

2 Knoblauchzehen schälen. Zwiebel schälen, fein würfeln und in der Hälfte der Butter anbraten. Spinat in der Zwiebelbutter ca. 5 Minuten schmoren lassen und mit durchgedrücktem Knoblauch, Salz und Pfeffer abschmecken.

3 Spinat, Eier und Semmelbrösel mit 1 Prise Salz, Pfeffer und Muskat zur Brotmilchmasse geben und alles zu einem glatten Knödelteig verkneten. Ist der Teig zu feucht, einfach etwas mehr Semmelbrösel zugeben. Aus der Masse 10–12 kleine Knödel formen.

4 Einen großen Topf mit Salzwasser aufsetzen. Kocht das Wasser, die Knödel hineingleiten lassen, die Hitze reduzieren und die Knödel ca. 15–20 Minuten ziehen lassen.

5 Restliche Butter in einer Pfanne bräunen. Fertige Knödel abtropfen lassen, auf Tellern anrichten, mit Butter überziehen und mit frischem Parmesan bestreut servieren.

> In einem PARADEISERSUGO mit frischem Parmesan schmecken die Knödel auch sehr fein.

PARADEISERSUGO

Zwei Knoblauchzehen und eine Zwiebel schälen und fein würfeln. In einem Topf mit einem Esslöffel Olivenöl anschwitzen. Vorsicht, der Knoblauch darf nicht verbrennen und bitter werden. Eine große Dose geschälte Paradeiser zugeben und mit Salz, Pfeffer und frischen Basilikumblättern abschmecken.

FÜR 4 PERSONEN

ZUBEREITUNGSZEIT: 50 Min.

AUFWAND: ✪

JAHRESZEIT:
Fr/So

Spinatstrudel

Der Strudel hat seinen Ursprung in der Habsburgerzeit. Das älteste Rezept stammt aus dem Jahr 1696 und findet sich in einer als „Koch Puech" betitelten Handschrift, die heute in der Wiener Stadtbibliothek aufbewahrt wird.

- 2–3 Knoblauchzehen
- 750 g Blattspinat
- 2 EL Butter
- 250 g Schafskäse
- etwas Salz
- frisch gemahlener Pfeffer
- 1 Rolle Blätterteig (Kühlregal)
- 1 Becher Crème fraîche
- 1 Ei

1 Knoblauchzehen schälen. Blattspinat in reichlich Wasser waschen und von groben Stielen befreien. Noch nass in einen heißen Topf mit Butter geben und in wenigen Minuten unter Rühren zusammenfallen lassen. Mit Butter, Knoblauch, dem gleichmäßig über den Spinat zerbröselten Schafskäse, Salz und Pfeffer abschmecken. Vorsichtig salzen, denn der Schafskäse ist bereits sehr würzig.

2 Backofen auf 200 °C (Umluft 180 °C) vorheizen. Blätterteig ausrollen, in der Mitte mit Crème fraîche bestreichen und Spinatkäsefüllung daraufsetzen. Einrollen und an allen Enden mit dem verschlagenen Ei bestreichen und fest verschließen. Auf ein mit Backpapier belegtes Blech legen und ca. 20 Minuten im Backofen goldbraun backen.

> Ein SCHNITTLAUCH-SAUERRAHM rundet diesen Strudelgenuss ab!

> Fleischesser können den Strudel auch als Beilage zu KALTEM ROASTBEEF mit frischem Kren essen.

PIKANTE PAPRIKASOSSE

Zwei rote Paprikaschoten waschen, putzen und klein würfeln. Mit zwei klein gehackten Knoblauchzehen in 1 Esslöffel Butter anschwitzen. Ablöschen mit 250 Milliliter klarem Gemüsefond und ca. 5 Minuten reduzieren. 125 Gramm Crème fraîche einrühren und weitere 7 Minuten köcheln lassen. Soße fein pürieren, mit Salz, Pfeffer und einigen Tropfen Zitronensaft abschmecken.

FÜR 4 PERSONEN

ZUBEREITUNGSZEIT: 2 Std.

AUFWAND: ✪✪

JAHRESZEIT: So/He

Spinat-Schlutzkrapfen

Selbst gemachte Nudeln sind immer etwas Feines, doch mit Spinatfüllung in angerösteter Butter unschlagbar.

- 300 g Roggenmehl
- 200 g Weizenmehl
- 3 Eier
- 1 EL Olivenöl
- etwas Salz
- 500 g Spinat
- 1 Zwiebel
- 3 EL Butter
- 1 EL Mehl
- 125 ml Milch
- 1 Prise Zucker
- etwas frisch geriebener Muskat
- 1 Eiklar
- 2 EL geriebener Parmesan

1 Beide Mehlsorten, Eier, Olivenöl und 1 gute Prise Salz mit den Knethaken des Handrührgeräts zu einem glatten Teig verarbeiten. Eine Kugel formen und zudeckt 1 Stunde ruhen lassen.

2 Spinat waschen, von groben Stielen befreien, nass in einen heißen Topf geben, in wenigen Minuten zusammenfallen lassen und fein hacken.

3 Zwiebel schälen, fein würfeln und in einer Pfanne mit 1 Esslöffel Butter anbraten. Mehl dazugeben und unter ständigem Rühren mit Milch ablöschen. Spinat darunterheben und mit Salz, Zucker und Muskat abschmecken. Die Spinatfüllung sollte weich, aber nicht flüssig sein!

4 Den Teig in sechs Stücke teilen und zu Blättern ausrollen. Drei davon mit Eiklar bestreichen. Mit einem Kaffeelöffel in Abständen die Füllung auf die nicht mit Eiklar bestrichenen Teigflächen geben und mit den bepinselten Teigblättern zudecken. Ein umgedrehtes Glas über die Füllung stülpen und bei leichtem Drehen Kreise ausstechen. Die Ränder fest mit einer Gabel andrücken, sodass nichts von der Füllung austreten kann.

5 Einen großen Topf mit Salzwasser aufsetzen. Kocht das Wasser, die Krapfen für ca. 5–10 Minuten, je nach Größe, sieden lassen. Schwimmen sie oben, sind sie fertig. Gut abtropfen lassen.

6 In der Zwischenzeit restliche Butter zerlassen und mit dem geriebenen Parmesan über die Krapfen geben.

DER GUTE RAT

Sehr fein schmeckt es, wenn Sie noch einige Salbeiblätter in der Butter mitbraten.

SPINAT-RICOTTA-FÜLLUNG

Was den Italienern recht ist, soll uns billig sein. Einfach mit den Gewürzen nach Geschmack noch etwas Ricotta in die Füllung geben und die Schlutzkrapfen werden noch etwas cremiger.

FÜR 4 PERSONEN

ZUBEREITUNGSZEIT: 40 Min.

AUFWAND: ✪✪

JAHRESZEIT: He/Wi

Vorarlberger Kasspatzen

Ein Klassiker der alpenländischen Küche, der immer gut ankommt, ob als Vorspeise oder Beilage.

- 500 g Mehl
- etwas Salz
- frisch gemahlener Pfeffer
- etwas frisch geriebener Muskat
- 2 Eier
- 125 ml Milch
- 1–2 Zwiebeln
- 3 EL Butter
- 50 g Bergkäse (gerieben)
- 50 g Emmentaler (gerieben)
- 50 g Räßkäse (gerieben)

1 Mehl, 1 Prise Salz, Pfeffer, Muskat, Eier und Milch in einer Schüssel zu einem glatten, zähflüssigen Teig verrühren – bei Bedarf etwas Wasser zugeben.

2 Zwiebeln schälen, fein würfeln, in Butter anbraten und zur Seite stellen.

3 Einen großen Topf mit Salzwasser aufsetzen. Kocht das Wasser, den Teig durch ein Spätzlesieb in das Wasser schaben. Schwimmen die Spätzle oben, mit einem Sieb abschöpfen und in eine Schüssel geben. Dabei kann ruhig ein wenig Kochwasser mit in die Schüssel gelangen, damit das Gericht nicht zu trocken wird.

4 Sofort den geriebenen Käse zugeben und die Kasknöpfle durchmischen, bis sie Fäden ziehen. Kasspatzen auf Tellern anrichten und mit den Röstzwiebeln garnieren.

> Die vorgegebenen Käsesorten sind kein Muss. Hauptsache, es werden **WÜRZIGE KÄSESORTEN** für die Kasspatzen verwendet.

> Kasspatzen passen ausgezeichnet zu **ROASTBEEF**, kaltem Braten oder grober Bratwurst.

DER GUTE RAT

Mit Spätzle aus der Kühltheke, die nur kurz in einer Pfanne mit Butter erwärmt werden müssen, geht es schneller – und ist fast genauso lecker.

APPENZELLER STATT RÄSSKÄSE

Räßkäse ist ein scharf-würziger Schnittkäse aus pasteurisierter Kuhmilch, der in Vorarlberg und der benachbarten Ostschweiz produziert wird. Er ist eine Variante des Appenzeller und kann daher gut durch diesen ersetzt werden.

FÜR 4 PERSONEN

ZUBEREITUNGSZEIT: 1 Std.

AUFWAND: ✪

JAHRESZEIT:
He/Wi

Zillertaler Holzknechtkrapfen

Ein typisches Gericht aus der Zillertaler Region, das durch den Tiroler Graukäse lebt.

- 150 g Mehl
- 1 Eidotter
- 2 Eier
- 380 ml Milch
- etwas Salz
- Öl zum Ausbacken
- 6 Erdäpfel
- 1 kleine Zwiebel
- 1 Knoblauchzehe
- 2 EL Butter
- 1 Bund Schnittlauch
- 150 g Tiroler Graukäse
- frisch gemahlener Pfeffer
- etwas frisch geriebener Muskat

1 Mehl, Eidotter, Eier, Milch und 1 Prise Salz zu einem Palatschinkenteig verrühren. Etwas Öl in einer Pfanne erhitzen und Palatschinken darin ausbacken, warm stellen.

2 Erdäpfel schälen und in Salzwasser gar kochen.

3 Zwiebel und Knoblauch schälen, fein würfeln und in etwas Butter anbraten. Schnittlauch waschen, trocken schütteln und in Röllchen schneiden.

4 Die noch heißen Erdäpfel mit einem Stampfer zu Püree verarbeiten. Mit dem zerbröselten Graukäse, Zwiebeln, Knoblauch, Salz, Pfeffer, Muskat und Schnittlauch mischen und abschmecken. Palatschinken mit der Erdäpfel-Käse-Masse füllen und heiß servieren.

> **EIN ROTE-RÜBEN-SALAT** mit Petersilie und Walnüssen rundet das leckere und einfache Gericht ab.

DER GUTE RAT

Tiroler Graukäse ist ein nahezu fettfreier, würziger Sauermilchkäse, der mit zunehmender Reife schärfer schmeckt. Ihn zu ersetzen ist nicht leicht, am ehesten kann ein kräftiger Bergkäse verwendet werden.

FÜR 4 PERSONEN

ZUBEREITUNGSZEIT: 40 Min.

AUFWAND: ✪

JAHRESZEIT:
Fr/So

Polentalaiberl auf Paradeisersugo

Ein bisschen aufwendig, aber die Mühe lohnt sich für dieses leckere vegetarische Gericht.

- 500 g Paradeiser
- 1 Zwiebel, 3 Karotten
- 1 Zucchini
- 4 EL Olivenöl
- 500 ml Paradeisersaft
- 2 EL Paradeisermark
- 250 ml Milch
- 250 ml Gemüsebrühe
- etwas frisch geriebener Muskat
- 250 g Polenta
- 1 Ei
- Semmelbrösel nach Bedarf
- ½ Bund Basilikum zum Garnieren
- 1 Prise Rosmarin (getrocknet)
- 1 Prise Thymian (getrocknet)
- 1 Prise Oregano (gerebelt)
- etwas Salz
- frisch gemahlener Pfeffer

1 Paradeiser mit kochendem Wasser übergießen und im Wasser lassen, bis die Haut Risse bekommt. Herausnehmen und die Haut abziehen. Geschälte Paradeiser grob würfeln und zur Seite stellen. Zwiebel und Karotten schälen und würfeln. Zucchini waschen und ebenfalls würfeln.

2 Zwiebel und Karottenwürfel in einer Pfanne mit 2 Esslöffeln Olivenöl anbraten. Eine Hälfte beiseitestellen. Für den Sugo die eine Hälfte der Zwiebel- und Karottenstückchen mit den Paradeiser- und Zucchiniwürfeln sowie dem Paradeisersaft und -mark aufgießen. Alles auf niedriger Flamme köcheln lassen.

3 Milch und Brühe mit etwas Muskat würzen und aufkochen. Unter ständigem Rühren nach und nach Polenta einrieseln lassen und aufkochen. Masse mit den restlichen Zwiebel-Karotten-Würfeln und dem Ei verschlagen. Sollte die Masse etwas zu flüssig sein, einfach mit Semmelbröseln binden. Runde Laiberl formen und in einer heiße Pfanne mit dem restlichen Öl ausbacken.

4 Basilikum waschen, trocken schütteln und Blättchen vom Stiel zupfen. Sugo mit Rosmarin, Thymian, Oregano, Salz und Pfeffer abschmecken, auf Teller geben und die Laiberl daraufsetzen. Mit den Basilikumblättern garnieren und sofort servieren.

› Ein trockener, **FRUCHTIGER WEISSWEIN** rundet das kulinarische Happening ab.

› Ein Schlag **CRÈME FRAÎCHE** lässt alles noch viel feiner schmecken.

DER GUTE RAT

Eine würzige Note erhalten Sie, wenn Sie etwas frischen Parmesan in den Grieß reiben.

Mehlspeisen

HONIG – FLÜSSIGES GOLD

Blumen und Blüten von Österreichs Wiesen und Wäldern machen das flüssige Gold besonders aromatisch und mild. Am besten schmeckt Bio-Honig vom heimischen Imker.

STRUDEL – DAS NATIONALGERICHT

Apfel-, Topfen-, Erdäpfel- …Strudel gibt es vielen Varianten. Die gefüllte Teigrolle entstand im Habsburgerreich und hielt später Einzug in die Nationalküche.

ZWETSCHKEN – EIN DAUERBRENNER

Ob Zwetschkenröster, Zwetschkenknödel oder Powidl – Zwetschken sind aus der österreichischen Küche nicht wegzudenken. Saison haben sie von Juli bis Oktober.

MARILLEN – DIE SÜSSEN ALLROUNDER

Frisch oder getrocknet, sind sie während der Saison im Juli stets beliebt. In Österreich kommen sie vornehmlich aus der Wachau, der Steiermark und dem Burgenland.

FÜR 4 PERSONEN

ZUBEREITUNGSZEIT: 2 Std.

AUFWAND: ✪✪

JAHRESZEIT:
Fr/So/He/Wi

Apfelstrudel

Unter den Mehlspeisen ist der Apfelstrudel das Wahrzeichen Österreichs. Es ist der Lieblingsnachtisch der Österreicher und fast jede Familie hat ein Rezept, das von Generation zu Generation weitergegeben wird.

- 1 Rolle Strudel- oder Blätterteig (Kühlregal)
- 4 EL Weinberl
- 50 ml Rum
- 100 g Semmelbrösel
- 50 g gemahlene Mandeln
- 100 g Butter
- 1,5 kg Äpfel
- Saft einer ½ Zitrone
- 80 g Zucker
- etwas Zimt
- etwas Gewürznelkenpulver
- reichlich flüssige Butter oder 1 Eidotter zum Bestreichen
- Staubzucker zum Bestreuen

1 Teig auftauen lassen und ausrollen. Weinberl im Rum einweichen. Semmelbrösel und Mandeln in einer heißen Pfanne bräunen. Sind sie von allen Seiten goldbraun, Hälfte der Butter unterrühren und zur Seite stellen.

2 Äpfel schälen, würfeln und mit Zitronensaft, Zucker, Zimt, Gewürznelkenpulver und Rumweinberl mischen.

3 Backofen auf 200 °C (Umluft 180 °C) vorheizen. Restliche Butter in einer Pfanne zerlassen. Strudelteig zur Hälfte mit den Mandelbröseln bestreuen. Weinberl-Äpfel zugeben und die andere Hälfte des Teigs großzügig mit der Butter bestreichen. Teig einschlagen und gut an den Enden verschließen. Mit Backpapier in eine ofenfeste Form geben.

4 Je nach Teig mit flüssiger Butter (Strudelteig) oder Eidotter (Blätterteig) bestreichen und ca. 40–50 Minuten goldbraun backen. Heißen Strudel herausheben, etwas abkühlen lassen und mit Staubzucker warm servieren.

> **VANILLESOSSE**, Obers oder Eis sind die klassischen Genussverstärker.

> Eine Variante im Sommer ist der **MARILLENSTRUDEL** oder ein Apfelstrudel mit Kokosraspeln statt der Mandeln.

VANILLESOSSE SELBST GEMACHT!

Eine Vanilleschote längs aufschlitzen und das Mark herausschaben. 3 Eidotter, 3 Esslöffel Zucker, 1 Esslöffel Maizena und Vanillemark verrühren. In einem Topf mit 350 Milliliter Milch aufgießen und bei schwacher Hitze inklusive der Vanilleschote so lange rühren, bis die Soße andickt. Achtung: Nicht kochen! Vor dem Servieren die Schote entfernen.

FÜR 4 PERSONEN

ZUBEREITUNGSZEIT: 2 Std.

AUFWAND: ✪✪

JAHRESZEIT:
Fr/So/He/Wi

Powidl-Buchteln mit Vanillesoße

Buchteln, auch als Wuchteln, Ofennudeln oder in Bayern als Rohrnudeln bekannt, sind süße gefüllte oder ungefüllte Germknödel, die im Backofen gebacken werden.

- 150 g Butter + Butter zum Einfetten
- 250 ml Milch
- 1 Päckchen Trockengerm
- 3 Eidotter
- 50 g Zucker
- 400 g Mehl
- 400 g Powidl
- 1 Päckchen Vanillesoße

1 Butter in der Milch zerlassen und lauwarm mit Germ, Eidotter, Zucker und Mehl zu einem glatten Germteig verkneten. Zugedeckt ca. 30 Minuten an einem warmen Ort ruhen lassen, bis der Teig sein Volumen verdoppelt hat.

2 Germteig nochmals gut durchkneten und fingerdick ausrollen. Kreise ausstechen, mit Powidl füllen und nach oben wie einen kleinen Knödel zusammendrücken. Buchteln in eine eingefettete Auflaufform mit der Verschlussseite nach unten dicht nebeneinandersetzen und zugedeckt wieder an einem warmen Ort ca. 30 Minuten gehen lassen.

3 Backofen auf 180 °C (Umluft 160 °C) vorheizen. Buchteln mit zerlassener Butter bestreichen und ca. 30 Minuten backen.

4 Vanillesoße nach Packungsanweisung zubereiten und erwärmen. Buchteln in tiefe Teller geben und mit der warmen Vanillesoße übergießen – sofort servieren.

> Wer Powidl nicht mag, kann auch **MARILLENMARMELADE**, eine Topfen- oder Mohncreme als Füllung benutzen oder ganz auf die Füllung verzichten.

> Statt Vanillesoße können Buchteln auch nur mit **STAUBZUCKER** garniert werden.

FÜR 4 PERSONEN

ZUBEREITUNGSZEIT: 2 Std.

AUFWAND: ✪✪

JAHRESZEIT:
He/Wi

- 5 EL + 250 ml Milch
- 30 g Germ
- 1 TL + 60 g + 4 EL Zucker
- 550 g Mehl
- 120 g Butter
- 1 Päckchen Vanillezucker
- 1 Prise Salz
- abgeriebene Schale von ½ unbehandelten Zitrone
- 1 Ei + 1 Eidotter
- 100–175 g Powidl
- 4 EL Mohn

DER GUTE RAT

Germknödel mit Mango-Chili-Füllung auf Ananas. Frische Mango mit 1–2 Esslöffeln Gelierzucker und ganz wenig Chili einkochen. Knödel damit füllen und auf Ananasstücken anrichten.

Germknödel Wiener Art

Germknödel oder auch Dampfnudeln sind ein Klassiker der bayrischen und der Wiener Küche. Nach Wiener Art werden sie mit zerlassener Butter, Mohn und Staubzucker angerichtet.

1 5 Esslöffel Milch erwärmen und Germ sowie 1 Teelöffel Zucker in der lauwarmen Milch auflösen. Aus Germmilch und 50 Gramm Mehl das Dämpferl ansetzen, mit etwas Mehl bestäuben und an einem warmen Ort zugedeckt ca. 10 Minuten gehen lassen.

2 70 Gramm Butter im Wasserbad zerlassen und mit 250 Milliliter Milch, 60 Gramm Zucker, Vanillezucker, Salz, Zitronenschale, Ei und Eidotter aufschlagen.

3 500 Gramm Mehl in eine Rührschüssel geben, eine Mulde hineindrücken und Dämpferl in die Mulde geben. Butter-Zucker-Ei-Masse ebenfalls in die Mulde geben und alles gut verkneten.

4 Nach Belieben vier oder sechs Germknödel aus dem Teig formen. Über die Knödel etwas Mehl streuen und sie ca. 30 Minuten zugedeckt an einem warmen Ort gehen lassen.

5 Knödel flach walzen und in der Mitte der Teigscheiben 1–2 Esslöffel Powidl platzieren. Germkreise zusammenklappen, an den Rändern fest andrücken und vorsichtig zu einem Knödel formen. Knödel auf ein bemehltes Backbrett legen und für ca. 30 Minuten nochmals gehen lassen, bis sich das Volumen erneut verdoppelt hat.

6 Einen großen Topf mit reichlich Salzwasser zum Kochen bringen. Knödel in das kochende Salzwasser legen und bei wenig Hitze zugedeckt ca. 7 Minuten sieden lassen. Knödel im Topf wenden und nochmals ca. 7 Minuten sieden lassen.

7 Inzwischen die Butter zerlassen. Germknödel gut abtropfen lassen, in tiefen Tellern anrichten, mit der zerlassenen Butter übergießen und mit Mohn und Zucker bestreuen – sofort servieren.

> Germknödel sind auch in VANILLESOSSE extrem lecker!

FÜR 4 PERSONEN

ZUBEREITUNGSZEIT: 45 Min.

AUFWAND: ✪

JAHRESZEIT:
He/Wi

Grießschmarrn

Eine willkommene Alternative zum klassischen Kaiserschmarrn.

- 500 ml Milch
- 1 Prise Salz
- 220 g Grieß
- 125 g Butter
- 70 g Zucker
- 1 Päckchen Vanillezucker
- abgeriebene Schale von 1 unbehandelten Zitrone
- 60 g Weinberl
- Staubzucker zum Bestäuben

1 Milch in einem Topf mit einer Prise Salz aufkochen. Grieß einrühren und zu einem dicken Brei einkochen.

2 Backofen auf 175 °C (Umluft 155 °C) vorheizen. Butter in den heißen Grießbrei einrühren, in eine ofenfeste Form geben und ca. 15 Minuten im Backofen backen. Mehrmals mit einer Gabel auflockern.

3 Zucker, Vanillezucker, Zitronenschale und Weinberl unter den Grieß mischen und so lange im Backofen weiterbacken, bis der Schmarrn eine schöne Farbe hat und körnig ist. Aus dem Backofen nehmen, auf Tellern anrichten und mit Staubzucker bestäuben.

> **APFELMUS** oder **MARILLENRÖSTER** schmeckt sehr fein zum Schmarrn.

> **ZWETSCHKENRÖSTER** und ein Schlag Obers sind ebenfalls sehr zu empfehlen.

APFELMUS SELBST GEMACHT!

Vier Äpfel schälen, entkernen und vierteln. In Zuckerwasser weich kochen und mit einem Paradeiserstampfer zu einem Mus verarbeiten. Eventuell mit Zucker oder nach Belieben auch mit Amaretto oder einem anderen Likör abschmecken.

FÜR 4 PERSONEN

ZUBEREITUNGSZEIT: 45 Min.

AUFWAND: ✪

JAHRESZEIT: Fr/So/He/Wi

Kaiserschmarrn

Die wohl bekannteste Mehlspeise der österreichischen Küche, deren Namen sich von Kaiser Franz Joseph I. ableitet.

- 4 Eier
- 250 g Mehl
- 40 g Zucker
- 2 Päckchen Vanillezucker
- 1 Prise Salz
- 400 ml Milch
- 40 g Weinberl (nach Belieben in Rum eingelegt)
- 50 g Butter
- Staubzucker zum Bestäuben

1 Eier trennen. In einer großen Schüssel Eidotter, Mehl, Zucker, Vanillezucker, Salz und Milch zu einem glatten, dickflüssigen Teig verrühren.

2 In einer anderen Schüssel Eiklar steif schlagen und mit den Weinberl unter den Teig heben. Backofen auf 180 °C (Umluft 160 °C) vorheizen. Butter in einer großen, ofenfesten Pfanne aufschäumen lassen, Teig langsam eingießen und auf beiden Seiten anbraten.

3 Kaiserschmarrn im Backofen ca. 10–12 Minuten fertig backen, bis er goldbraun ist.

4 Fertigen Teig mit zwei Gabeln in unregelmäßige Stücke teilen. Schmarrn auf Tellern anrichten, mit Staubzucker bestäuben und heiß servieren.

> Zwetschkenröster ist die original kaiserliche Beilage zum **SCHMARRN**, aber er ist ebenso fein mit Apfelmus oder Preiselbeeren.

DER GUTE RAT

Wer keine Weinberl mag, lässt sie einfach weg oder ersetzt sie durch angeröstete Mandelblätter – ebenfalls sehr fein.

DER GUTE RAT

Hat der Teig nicht die gewünschte Konsistenz, einfach vorsichtig noch etwas mehr Mehl hinzurühren.

HISTORISCHES ZUM KAISERSCHMARRN

Als ein Hofküchen-Pâtissier für die linienbewusste Kaiserin Elisabeth ein besonders leichtes Dessert aus Omelettenteig und Zwetschkenröster kreierte, aber in der kulinarischen Gunst der Kaiserin gar nicht zu landen vermochte, aß seine Majestät die Portion der Kaiserin mit den Worten „Na geb' er mir halt den Schmarrn her …".

FÜR 4 PERSONEN

ZUBEREITUNGSZEIT: 50 Min.

AUFWAND: ✪

JAHRESZEIT:
Fr/So

Gebackene Hollerblüten

Diese ausgebackenen Holunderdolden, deren Blütezeit von Mitte Mai bis Mitte Juni ist, sind der perfekte Abschluss für ein Frühlingsmenü.

- 2 Eier
- 125 g Mehl
- 2 TL Backpulver
- 1 Prise Salz
- 250 ml Milch
- 3 EL Honig
- 100 ml Öl
- 14 frische Holunderdolden
- Staubzucker zum Bestäuben

1 Eier trennen. Eidotter, Mehl, Backpulver, Salz, Milch und Honig zu einem glatten Teig verrühren. Eiklar steif schlagen und vorsichtig unter den Teig heben.

2 Reichlich Öl in einem Topf erhitzen. Holunderblüten am Stiel anfassen und in den Teig tauchen. Sofort mit dem Stiel nach oben ins heiße Fett legen und ca. 2 Minuten schwimmend ausbacken.

3 Herausnehmen, auf Küchenkrepp abtropfen lassen und sofort mit Staubzucker servieren.

> **VANILLEEIS** und **ERDBEEREN** passen perfekt zum Blütenzauber auf dem Teller.

DER GUTE RAT

Wenn die Holunderblüten beim Schütteln schon abfallen, ist der Holunder nicht mehr zu verwenden.

FÜR 4 PERSONEN

ZUBEREITUNGSZEIT: 1,5 Std.

AUFWAND: ✪✪

JAHRESZEIT:
So

Wachauer Marillenknödel

Eine Spezialität, die weit über die Grenzen der Region hinaus beliebt ist.

- 260 g Topfen
- 130 g Mehl
- 2 Eier
- 1 Prise Salz
- 1 EL Sauerrahm
- 100 g zimmerwarme Butter
- 1 TL Zimt
- abgeriebene Schale von 1 unbehandelten Zitrone
- 140 g grobe Semmelbrösel
- 2 EL Butter
- etwas Zucker nach Belieben
- 1 Vanilleschote
- 400 g Marillen
- 1 Packung Würfelzucker
- etwas Strohrum
- Staubzucker

1 Topfen in einem Geschirrtuch auswringen. Mit Mehl, Eiern, Salz, Sauerrahm, Butter, Zimt und Zitronenschale zu einem geschmeidigen Teig verkneten.

2 Semmelbrösel in Butter anbraten. Zucker nach Belieben darüberstreuen. Vanilleschote längs halbieren und Mark auskratzen, unter die Brösel mischen und alles zur Seite stellen.

3 Marillen waschen, halb aufschneiden und den Kern entfernen. An die Stelle des Kerns jeweils 1 Stück Würfelzucker setzen, das mit ein paar Tropfen Strohrum getränkt wird.

4 Aus dem Teig mit feuchten Händen kleine Knödel formen und flach drücken. Jeweils eine Marille einlegen, mit dem Teigfladen umschließen und zu einem geschlossenen Knödel rollen.

5 Reichlich Salzwasser in einem großen Topf zum Kochen bringen. Marillenknödel hineingeben und bei mittlerer Hitze ca. 20 Minuten sieden lassen. Aus dem Wasser heben, gut abtropfen lassen und in den gerösteten Semmelbröseln wenden. Auf tiefen Tellern anrichten, mit reichlich Staubzucker bestäuben und heiß servieren.

> Wenn keine Marillensaison ist, gehen auch **PFIRSICHE**, **KIRSCHEN** oder **ZWETSCHKEN** aus der Dose bzw. aus dem Glas.

DER GUTE RAT

Gefüllte Knödel werden am leckersten bei einem 1:1-Verhältnis von Füllung und Teig.

FÜR 4 PERSONEN

ZUBEREITUNGSZEIT: 1 Std.

AUFWAND: ✪✪

JAHRESZEIT: Fr/So/He/Wi

- 4 Eier
- 200 g Sauerrahm
- 1 Prise Salz
- 160 g Zucker
- 2 Päckchen Vanillezucker
- abgeriebene Schale von ½ unbehandelten Zitrone
- 120 g Mehl
- 50 g gemahlener Mohn
- 125 ml Milch
- 120 g Powidl
- 1 EL Rum
- 130 g Topfen
- 200 g Joghurt (3,5 %)
- 40 g Staubzucker + etwas Staubzucker zum Bestreuen
- 1 EL Zitronensaft
- etwas Öl für die Pfanne

Böhmische Rahmdalken mit Powidl

Dalken oder Dalkerln haben ihren Namen vom tschechischen Wort „vdolky", was so viel bedeutet wie „kleine Mulde". So wird für die traditionelle Zubereitung eine spezielle Pfanne mit halbrunden Vertiefungen gebraucht.

1 Für den Dalkenteig Eier trennen und Eidotter mit Sauerrahm, Salz, 60 Gramm Zucker, Vanillezucker sowie Zitronenschale zu einer Creme rühren. Mehl darübersieben, unterrühren und Dalkenteig ca. 20 Minuten ruhen lassen.

2 Für die Powidlfüllung Mohn und 100 Gramm Zucker in einem Topf unter ständigem Rühren bei mittlerer Hitze erhitzen. Mit Milch aufgießen und ca. 4 Minuten cremig einkochen. Vom Herd nehmen, abkühlen lassen und mit Powidl und Rum abschmecken.

3 Für die Topfenfüllung Topfen mit Joghurt, Staubzucker und Zitronensaft verrühren. Eiklar steif schlagen und unter den Dalkenteig heben. In einer heißen, mit Öl ausgepinselten Dalkenpfanne esslöffelgroße Portionen in die Mulden setzen und bei mittlerer Hitze auf beiden Seiten hellbraun ausbacken. Jeweils zwei Dalken abwechselnd mit Powidl- und Topfenfüllung zusammensetzen. Mit Staubzucker bestreuen und servieren.

> Dalken werden gern auch einfach mit Marmelade serviert – ein Klassiker ist eine **DREIFRUCHTMARMELADE** aus Himbeeren, Ribiseln und Stachelbeeren. Es geht aber auch mit Johannisbeergelee.

KEINE DALKENPFANNE ZUR HAND?

Macht nichts! Man kann sie auch einfach als kleine Palatschinken in einer normalen Pfanne ausbacken. Einen Esslöffel Teig auf den heißen Pfannenboden geben. Etwas flach drücken und von beiden Seiten goldbraun backen.

FÜR 4 PERSONEN

ZUBEREITUNGSZEIT: 1 Std.

AUFWAND: ✪✪

JAHRESZEIT: Fr/So/He/Wi

- 400 g Zwetschken
- 125 g Zucker + 1 EL Zucker
- 1 Zimtstange
- 2 TL gemahlene Gewürznelken
- etwas abgeriebene Schale von 1 unbehandelten Zitrone
- 300 ml Milch
- 10 g Butter
- 1 Prise Salz
- 1 Päckchen Vanillezucker
- 100 g Weizengrieß
- 2 Eidotter

Grießknödel mit Zwetschkenröster

Zwetschkenröster ist der klassische Begleiter des Kaiserschmarrns, schmeckt aber auch zu Grießknödeln ganz hervorragend!

1 Zwetschken waschen, in Hälften schneiden, entkernen, mit 62,5 Gramm Zucker mischen und zur Seite stellen.

2 Restlichen Zucker in einer großen Pfanne karamellisieren und mit 125 Milliliter Wasser ablöschen. Zimtstange, Gewürznelken und Zitronenschale zugeben und ca. 5 Minuten reduzieren. Zwetschken zugeben, aufkochen lassen und kalt stellen. Nach Belieben nachzuckern.

3 Milch mit Butter, Salz, 1 Esslöffel Zucker und Vanillezucker aufkochen. Grieß nach und nach einrühren. Grießbrei aufkochen lassen und ca. 5 Minuten köcheln lassen. Vom Herd nehmen, Eidotter in die warme Grießmasse einrühren. Vorsicht: Damit der Dotter nicht gerinnt, darf der Grießbrei nicht zu heiß sein.

4 Einen großen Topf mit reichlich Salzwasser zum Kochen bringen. Mit angefeuchteten Händen kleine Knödel formen, in das kochende Salzwasser gleiten lassen und ca. 5 Min. bei mittlerer Hitze sieden lassen. Vom Herd nehmen und weitere ca. 10 Min. zugedeckt ziehen lassen.

5 Knödel aus den Wasser heben, gut abtropfen lassen und in tiefen Tellern mit dem Zwetschkenröster anrichten.

> Feinschmecker nehmen statt Wasser 125 Milliliter **ROTWEIN** für den Zwetschkenröster.

> Ein Schlag **OBERS** rundet den Genuss perfekt ab!

FÜR 4 PERSONEN

ZUBEREITUNGSZEIT: 3 Std. + 1 Nacht Ruhezeit

AUFWAND: ✪✪

JAHRESZEIT: So/He

Kletzennudeln mit Schafsjoghurt

Diese Kärntner Süßspeise wurde ursprünglich als Hauptgericht gegessen, weshalb sich mancherorts die Beilage grüner Salat durchgesetzt hat. Wir empfehlen aber den süß angemachten Joghurt.

Für die Füllung:

- 125 g Kletzen
- 125 ml Riesling
- 40 g Honig
- 1 Scheibe Baguette
- 2 EL Kürbiskerne
- 1 Eiklar

Für den Teig:

- 250 g doppelgriffiges Mehl, z. B. Wiener Griessler
- 1 Ei
- 2–3 EL Kürbiskernöl
- Kürbiskernöl zum Bestreichen
- Mehl zum Arbeiten

Zum Servieren:

- 300 g Schafsmilchjoghurt
- 4 EL Sauerrahm
- 2 EL Zucker
- 2 EL Zitronensaft
- etwas Salz
- 50 g Butter
- 1 EL Honig
- 2 EL Thymianblättchen
- 1 EL Schale von 1 unbehandelten Zitrone

1 Zwei Tage vor dem Servieren des Gerichts die Kletzen mit dem Wein einweichen und über Nacht abgedeckt durchziehen lassen. Am nächsten Tag abgießen, Wein auffangen, einmal aufkochen lassen, nochmals über die Kletzen gießen und eine weitere Nacht ziehen lassen. Am darauffolgenden Tag sollten die Kletzen den Wein komplett aufgenommen haben.

2 Dörrobst klein würfeln und mit Honig in einer Schüssel vermengen. Baguette klein würfeln und untermischen. Kürbiskerne fein hacken und dazugeben, alles vermischen.

3 Für den Teig Mehl mit Ei, Öl und ca. 80 Millilitern Wasser zu einem glatten Teig verkneten. Falls nötig, noch Mehl oder Wasser ergänzen. Teig mit Öl bestreichen und in Folie gewickelt ca. 30 Minuten bei Zimmertemperatur ruhen lassen.

4 Teig am besten auf bemehlter Fläche, oder mit der Nudelmaschine, dünn ausrollen. Kreise à ca. 6 Zentimeter Durchmesser ausstechen und je 1 Teelöffel der Füllung in die Mitte setzen. Ränder mit dem verquirlten Eiklar bestreichen, zusammenklappen und Ränder gut andrücken. Auf bemehlter Fläche ruhen lassen, bis alle Nudeln geformt sind.

5 Joghurt mit Sauerrahm, Zucker und Zitronensaft glatt rühren.

6 Die Nudeln in einem großen Topf mit siedendem Salzwasser ca. 3 Minuten gar ziehen lassen. Butter schmelzen, Honig und Thymian einrühren und abgetropfte Nudeln darin schwenken. Auf Teller verteilen und mit Zitronenschale bestreuen. Dazu den Joghurt reichen.

FÜR 4 PERSONEN

ZUBEREITUNGSZEIT: 2 Std.

AUFWAND: ✪✪

JAHRESZEIT:
He

Herbstlicher Hollerkoch mit Grießschnitten

Wenn im Herbst Hollerbeeren und Zwetschken reif sind, ist dies ein wunderbarer Nachtisch.

- 400 g abgerebelte Hollerbeeren
- 1 kleine Zimtstange
- 2 Päckchen Vanillezucker
- 50 g Gelierzucker
- 1 Apfel
- 200 g Zwetschken
- 800 ml Milch
- 200 g Grieß
- 2 EL Zucker
- 3 große Eier
- abgeriebene Schale von ½ Zitrone
- 80 g Semmelbrösel
- 80 g gemahlene Mandeln
- 150 g Butter zum Ausbacken
- Staub- oder Zimtzucker zum Bestreuen

1 Hollerbeeren, Zimtstange, Vanillezucker und Gelierzucker in 100 Milliliter Wasser weich kochen. Zimtstange herausnehmen und Hollerbeeren durch ein Sieb passieren.

2 Hollerbeermus zurück in den Topf geben. Apfel schälen, entkernen und achteln. Zwetschken waschen, halbieren und entkernen. Äpfel und Zwetschken zum Hollermus geben und bei mittlerer Hitze ca. 10–15 Minuten köcheln, bis die Früchte weich sind. Bei Bedarf immer wieder etwas Wasser zugeben.

3 Milch aufkochen und Grieß einrühren. Herd ausschalten und Grieß ca. 10 Minuten zugedeckt auf der Herdplatte andicken lassen. Zucker, zwei Eier und Zitronenabrieb unterrühren. Kastenkuchenform mit Frischhaltefolie auslegen und Grieß hineingeben, glatt streichen und ca. 2,5 Stunden auskühlen lassen.

4 Grießkuchen stürzen, in fingerdicke Scheiben schneiden und halbieren. Übriges Ei verschlagen und Semmelbrösel mit Mandeln auf einem Teller mischen. Grießscheiben erst durch das Ei ziehen und dann in den Semmelmandeln panieren. In der Butter von beiden Seiten goldbraun rösten.

5 Holler in tiefe Teller geben, Grießschnitten daraufsetzen und mit Staubzucker oder Zimtzucker bestreuen.

> Mit einer Kugel **VANILLEEIS** oder geschlagenem **OBERS** schmeckt dieser Sommergenuss noch besser.

> Wer keine Hollerbeeren mehr bekommt, kann auch einen **ZWETSCHKENRÖSTER** zu den Grießschnitten servieren oder einen feinen Apfelröster.

DER GUTE RAT

Wenn die Früchte zu wässrig sind, einfach einen gestrichenen Esslöffel Maizena in etwas Wasser auflösen und den Holler damit andicken.

FÜR 4 PERSONEN

ZUBEREITUNGSZEIT: 1,5 Std.

AUFWAND: ✪✪

JAHRESZEIT:
He/Wi

Gebackene Mäuse

Gebackene Mäuse sind eine köstliche Versuchung der Wiener Küche und haben ihren Namen von der Form des Gebäcks.

- 250 ml Milch
- 40 g Germ
- 1 TL Zucker
- 500 g Mehl
- 40 g Butter
- 40 g Zucker
- 1 Päckchen Vanillezucker
- 1 Prise Salz
- 2 Eidotter
- Pflanzenöl zum Ausbacken/ Frittieren
- 4 EL Staubzucker

1 Milch erwärmen. Germ in 5 Esslöffeln von der lauwarmen Milch und 1 Teelöffel Zucker auflösen. Zwei Drittel des Mehls in eine Schüssel geben und eine Mulde hineindrücken. Germmilch in die Mulde geben und mit dem Mehl vom Rand zudecken. Dämpferl an einem warmen Ort ca. 30 Minuten gehen lassen.

2 Butter zerlassen und mit Zucker, Vanillezucker, Salz, Eidotter und restlicher Milch zugeben und alles solange kräftig abschlagen, bis der Teig Blasen wirft. Restliches Mehl mit den Händen unterkneten, sodass ein glatter Germteig entsteht. Teig zugedeckt an einem warmen Ort ca. 30 Minuten ruhen lassen, bis er sein Volumen verdoppelt hat.

3 Öl in einem großen Topf oder in einer Fritteuse erhitzen. Mit einem kalten Esslöffel Stücke aus dem Teig stechen und portionsweise im heißen Fett von jeder Seite ca. 2 Minuten goldbraun frittieren. Mäuse auf Küchenkrepp abtropfen lassen, auf Tellern anrichten und mit Staubzucker bestäuben.

> **VANILLECREME**, Marillen- oder Apfelröster runden diesen Klassiker der Wiener Mehlspeisenküche ab.

DER GUTE RAT

Die Mäuse können auch in einer Kokosraspel-Zucker-Mischung gewälzt und mit Ananas- oder Mangoröster serviert werden.

FÜR 12 STÜCKE

ZUBEREITUNGSZEIT: 3 Std.

AUFWAND: ✪✪

JAHRESZEIT:
Fr/So/He/Wi

Millirahmstrudel

Laut überliefertem Rezept aus dem 19. Jahrhundert muss der Strudelteig so dünn sein, „dass man eine Zeitung hindurch lesen kann."

Für den Teig:

- 250 g Mehl
- 1 Prise Salz
- 2 EL flüssige Butter
- Butter zum Bestreichen
- Mehl zum Arbeiten

Für die Füllung:

- 50 g Weinberl
- 2 EL Rum
- 400 g Sahnetopfen
- 200 g Sauerrahm
- 2 Eier
- 125 g Zucker
- 4 EL Zitronensaft
- 1 Prise Salz
- 1 unbehandelte Zitrone, Abrieb
- 50 g Butter
- Staubzucker zum Bestäuben

Für den Guss:

- 250 ml Milch
- 1 Ei
- 2 EL Vanillezucker

Für die Vanillesoße:

- 250 ml Milch
- 1 Vanilleschote
- 3–4 EL Zucker
- 1–2 TL Stärke
- 2 Eidotter

1 Mehl und Salz in eine Rührschüssel geben. Mit Butter und ca. 150 Milliliter warmem Wasser zu einem elastischen Teig verarbeiten, mindestens 5 Minuten kräftig durchkneten. Halbieren, jeweils zu Kugeln formen, mit flüssiger Butter bestreichen, in Klarsichtfolie wickeln und ca. 30 Minuten bei Zimmertemperatur ruhen lassen.

2 Für die Füllung Weinberl mit Rum beträufeln und zugedeckt durchziehen lassen. Topfen mit Sauerrahm in eine Schüssel geben. Eier, Zucker, Zitronensaft und Salz unterrühren und abgeriebene Zitronenschale sowie abgetropfte Weinberl zugeben. Butter schmelzen lassen. Ein Küchentuch ausbreiten und mit Mehl bestreuen, einen Teig daraufgeben, etwas ausrollen und über die Handrücken möglichst dünn ausziehen, sodass das Muster des Küchentuchs durch den Teig sichtbar wird.

3 Backofen auf 200 °C (Umluft 180 °C) vorheizen. Einen Bräter mit Butter auspinseln. Teig dünn mit Butter bestreichen und die Hälfte der Topfenmasse daraufgeben. Auf dem Teig verstreichen und dabei seitlich ca. 5 Zentimeter und oben ca. 10 Zentimeter Rand lassen. Teig an den Seiten über die Füllung schlagen und mithilfe des Tuchs vorsichtig zu einem Strudel aufrollen. Vorsichtig mit der Nahtstelle nach unten in den Bräter gleiten lassen. Den zweiten Strudel auf die gleiche Weise zubereiten.

4 Die Strudel mit übriger Butter einpinseln und im heißen Backofen auf der mittleren Schiene ca. 15 Minuten backen. Für den Guss Milch mit Ei und Vanillezucker verquirlen, über den Strudel gießen und nochmals ca. 30 Minuten goldbraun backen. Fertigen Strudel herausnehmen und abkühlen lassen.

5 Für die Vanillesoße von der Milch 3–4 Esslöffel abnehmen und zur Seite stellen. Restliche Milch mit der aufgeschlitzten Vanilleschote und Zucker aufkochen, vom Feuer nehmen. Speisestärke mit der beiseitegestellten Milch und Eidottern glatt rühren. In die nicht mehr kochende Milch einrühren und unter Rühren erhitzen (nicht kochen), bis die Masse eine sämige Soßenkonsistenz aufweist. Strudel in Stücke schneiden und mit Vanillesoße auf Tellern anrichten. Mit Staubzucker bestäubt servieren.

FÜR 4 PERSONEN

ZUBEREITUNGSZEIT: 45 Min.

AUFWAND: ✪✪

JAHRESZEIT:
So

Wiener Wäschermädeln

Bereits im Grazer Kochbuch von 1688 aufgeführt, sind die Wäschermädeln eine der köstlichsten Formen, Marillen Wiener Art zu genießen.

- 8 Marillen
- 80 g Marzipan
- 20 g Staubzucker
- 60 ml Marillenlikör
- 50 g Butter
- 250 g Mehl
- 250 ml Weißwein
- 3 Eier
- 1 Prise Salz
- 1 EL Zucker
- 1 Päckchen Vanillezucker
- Öl zum Ausbacken
- Staubzucker zum Bestäuben

1 Marillen waschen, kurz mit kochendem Wasser übergießen und ca. 3 Minuten darin liegen lassen. Seitlich ab dem Stielansatz einschneiden, entsteinen und mit kleinen Kugeln Marzipan befüllen. Mit Staubzucker und Likör marinieren.

2 Butter in einer Pfanne zerlassen. Mehl und Wein zu einem glatten Teig verrühren. Eier trennen und Eidotter mit Salz, Zucker, Vanillezucker und der flüssigen Butter in den Weinteig einrühren. Eiklar steif schlagen und unter den Teig heben.

3 Öl in einer Fritteuse oder großen Pfanne erhitzen. Mit einer Gabel Marillen durch den Teig ziehen und Wäschermädeln im heißen Fett goldbraun ausbacken. Auf Küchenpapier abtropfen lassen und vor dem Servieren mit Staubzucker bestäuben.

DER GUTE RAT

Rundum perfekt werden die Wäschermädeln, wenn die Marillen in Maizena gewälzt werden, bevor sie durch den Teig gezogen werden – dann bleibt er überall gut haften.

HISTORISCHES SCHMANKERL

Wie die Wiener Wäschermädeln zu ihrem Namen gekommen sind, lässt sich nicht mehr eindeutig feststellen. Wahrscheinlich erinnerte ihre Form an die weiblichen Rundungen der Wiener Wäschermädeln. Vermehrt wurden sie zu Hochzeiten und im Fasching gegessen und sollen in eine fröhliche Stimmung versetzen – so wie Wiener Wäschermädel halt.

FÜR 4 PERSONEN

ZUBEREITUNGSZEIT: 1 Std.

AUFWAND: ✪✪

JAHRESZEIT: Fr/So/He/Wi

Böhmische Liwanzen

Liwanzen sind wie böhmische Dalken dicke Palatschinken, die in einer Spezialpfanne mit Mulden ausgebacken werden. Es können aber auch in jeder normalen Pfanne Plinsen – kleine Palatschinken – gebacken werden.

- 300 ml Milch
- 20 g Germ
- 30 g Zucker
- 250 g Mehl
- 75 g Butter
- 1 Päckchen Vanillezucker
- 1 Prise Salz
- etwas abgeriebene Schale von 1 unbehandelten Zitrone
- 1 Ei
- Butterschmalz zum Ausbacken
- Topfen zum Füllen
- Marmelade zum Füllen

1 Milch erwärmen. Germ mit 1 Teelöffel Zucker in 3 Esslöffeln lauwarmer Milch auflösen. Mehl in eine große Schüssel geben und eine Mulde ins Mehl drücken. Germ-Milch hineingeben und mit Mehl vom Rand zudecken. Dämpferl an einem warmen Ort ca. 30 Minuten gehen lassen.

2 Butter schmelzen und mit restlichem Zucker, Vanillezucker, Salz, Zitronenschale, Ei und restlicher Milch zugeben und alles kräftig abschlagen, bis der Teig Blasen wirft. Germteig zugedeckt an einem warmen Ort ca. 30 Minuten ruhen lassen, bis er sein Volumen verdoppelt hat.

3 In eine heiße, gebutterte Pfanne je 1 Esslöffel Teig geben und Plinsen nacheinander von beiden Seiten goldgelb backen. Fertige Plinsen mit Topfen und Marmelade bestreichen, zusammenrollen und heiß servieren.

> Böhmisch original wird eine **DREIFRUCHTMARMELADE** aus Himbeeren, Ribiseln und Stachelbeeren zum Füllen der Liwanzen genommen, es schmeckt aber jede Lieblingsmarmelade.

> Wer mag, kann den Topfen auch durch einen Schlag **OBERS** ersetzen oder ganz weglassen.

DER GUTE RAT

Auf großen Flohmärkten in Wien oder München werden oft noch alte Liwanzen- beziehungsweise Dalkenpfannen gehandelt. Im Internet findet sich Ähnliches auch schnell.

FÜR 4 PERSONEN

ZUBEREITUNGSZEIT: 1,5 Std.

AUFWAND: ✪

JAHRESZEIT:
Fr/So/He/Wi

Waldviertler Mohnnudeln

Ein Last-Minute-Dessert – und ideale Begleitung zu einer Kugel Vanilleeis.

- 500 g mehlige Erdäpfel
- 150 g Mehl
- 40 g + 3 EL Butter zum Braten
- 1 Prise Salz
- 1 Ei
- 2–3 EL Zucker
- 1 Päckchen Vanillezucker
- 1 Schuss Rum
- 200 g Graumohn
- etwas Staubzucker zum Bestäuben

1 Erdäpfel kochen und abkühlen lassen – am besten am Vortag.

2 Erdäpfel schälen, mit einem Stampfer zu Püree verarbeiten und mit Mehl, 40 Gramm Butter, Salz und Ei zu einem glatten Teig verkneten. Ca. 4 Zentimeter lange fingerdicke Nudeln formen.

3 Reichlich Salzwasser in einem großen Topf zum Kochen bringen. Nudeln darin gar kochen und über einem Sieb abgießen. In einer großen Pfanne 3 Esslöffel Butter zerlassen und Zucker, Vanillezucker sowie Rum zugeben. Nudeln in der Rumbutter schwenken. Graumohn daruntermischen, auf Tellern anrichten und mit Staubzucker bestäubt servieren.

>**ZWETSCHKENRÖSTER**, Apfel- oder Marillenröster sorgen für eine frische Note.

DER GUTE RAT

Es geht nichts über selbst gemachte Nudeln, doch wer's ein bisserl schneller mag, macht die Nudeln nicht selbst, sondern kauft Gnocchi aus dem Kühlregal und erwärmt sie mit der Rumbutter.

FÜR 4 PERSONEN

ZUBEREITUNGSZEIT: 30 Min.

AUFWAND: ✪

JAHRESZEIT:
So

Pinzgauer Moosbeeren Nidei

Moosbeeren sind eine Untergattung der Heidelbeeren – süß-sauer wachsen sie im Wald, Moor und auf der Heide im Pinzgau.

- 2 Eier
- 1 Päckchen Vanillezucker
- 1 Prise Salz
- Mark von ½ Vanilleschote
- 4 EL Mehl
- etwas Milch
- 300 g frische Moosbeeren
- Butterschmalz zum Ausbacken
- Staubzucker zum Bestäuben

1 Eier mit Vanillezucker, Salz und Vanillemark mit den Quirlen des Handrührgeräts verschlagen. Mehl einrühren, bis ein glatter Palatschinkenteig entsteht. Milch zugeben, sodass der Teig cremig bleibt, aber nicht zu dick ist. Moosbeeren waschen, gut abtropfen lassen und unter den Teig heben.

2 In einer mittelgroßen Pfanne mit dem Schmalz die Moosbeeren Nidei beidseitig anbraten. Sofort auf Teller geben und mit Staubzucker bestäubt heiß servieren.

> Wer keine Moosbeeren findet, kann natürlich auch frische **HEIDELBEEREN**, Himbeeren oder **BROMBEEREN** nehmen.

> **VANILLEEIS** oder ein Schlag Obers passen vorzüglich zu diesem „beerenstarken" Nachtisch.

DER GUTE RAT

Wer mag, kann die Pfannkuchen auch ohne die Beeren ausbacken und aus den Beeren mit Zucker und einem Schuss Rum ein feines Mus zaubern, das er über das Nidei gibt.

FÜR 4 PERSONEN

ZUBEREITUNGSZEIT: 45 Min.

AUFWAND: ✪✪

JAHRESZEIT:
Fr/So/He/Wi

Powidltascherln

In Bayern als Powidldatschgerl bekannt, ist das Herkunftsgebiet dieser feinen Mehlspeise Österreich-Böhmen.

- 500 g Erdäpfel
- etwas Salz
- 25 g + 2–3 EL Butter
- 1 Ei
- 250 g Mehl
- 1 Prise Salz
- 250 g Powidl
- Staubzucker

1 Erdäpfel in reichlich Salzwasser gar kochen und abkühlen lassen – am besten am Vortag.

2 25 Gramm Butter in einer warmen Pfanne zerlassen. Ei trennen. Erdäpfel schälen, mit einem Stampfer zu Püree verarbeiten und mit Mehl, Eidotter, zerlassener Butter und Salz zu einem glatten Teig verkneten.

3 Tascherlteig auf einer bemehlten Arbeitsfläche ausrollen und mit einem Glas oder einer Tasse Kreise ausstechen. In die Mitte jeweils 1 Teelöffel Powidl geben, die Teigtaschen an den Enden mit Eiklar bestreichen und zusammenfalten.

4 Reichlich Salzwasser in einem großen Topf zum Kochen bringen. Powidltascherl hineingeben und bei mittlerer Hitze ca. 5 Minuten ziehen lassen.

5 Restliche Butter in einer großen Pfanne zerlassen. Powidltascherl aus dem Topf nehmen, gut abtropfen lassen, in die Pfanne geben und in der Butter schwenken. Auf Tellern anrichten, mit Staubzucker bestäuben und heiß servieren.

DER GUTE RAT

125 Gramm Weinberl in Rum einlegen und zum Powidl geben – dann schmeckt's noch mal so gut!

DER GUTE RAT

Wer kein Powidl mag, füllt die Tascherl gern auch mit Marillenmus – oder wie wäre es mit Apfelmus?

> Powidltascherl werden auch gern als süße **HAUPTSPEISE** gereicht, dann einfach die doppelte Menge des Rezeptes verwenden.

> In Vanillesoße mit **ZIMTZUCKER** schmecken sie doppelt so gut.

FÜR 4 PERSONEN

ZUBEREITUNGSZEIT: 25 Min.

AUFWAND: ✪✪

JAHRESZEIT:
Fr/So/He/Wi

Salzburger Nockerln

Von einer Maitresse im 17. Jahrhundert erfunden, stellen sie die verschneiten Berge Salzburgs dar.

- 4 Eier
- 60 g Staubzucker + etwas Staubzucker zum Bestäuben
- 20 g Mehl
- 4 EL Butter

DER GUTE RAT

Wie bei jedem anderen Soufflé müssen auch die Salzburger Nockerln sofort serviert werden, damit sie nicht vor dem Verzehr zusammenfallen!

1 Eier trennen. Eiklar sehr steif schlagen, Staubzucker löffelweise dazusieben und so lange schlagen, bis der Schnee glänzend und schnittfest ist. Eidotter und Mehl verschlagen und vorsichtig unter den Schnee ziehen.

2 Backofen auf 200 °C (Umluft 180 °C) vorheizen. Butter in einer ovalen feuerfesten Form schmelzen. Die Schaummasse als drei große Berge in die Form geben und ca. 5–10 Minuten backen. Achtung: Die Nockerln müssen außen goldbraun, innen aber noch weich sein! Aus dem Backofen nehmen, mit Staubzucker bestäuben und sofort servieren.

> **SALZBURGER NOCKERLN** schmecken auch gut mit Himbeer- oder Vanillesoße, am besten aber pur.

HISTORISCHES SCHMANKERL

Der Salzburger Erzbischof Wolf Dietrich von Raitenau hatte zwei Schwächen: eine für die aristokratische Küche und eine für bürgerliche Mädchen. Mit seiner „Mesalliance" Salome Alt konnte er zum ersten Mal beiden Schwächen nachgeben. Als kreative Köchin umgarnte sie ihren Liebhaber, sodass bei einem ihrer nächtlichen Zusammenkünfte Salzburger Nockerln aufgetischt wurden!

FÜR 4 PERSONEN

ZUBEREITUNGSZEIT: 20 Min.

AUFWAND: ✪

JAHRESZEIT: Fr/So/He/Wi

Oberösterreichische Pofesen

Pofesen alias „Arme Ritter" stammen ursprünglich aus Pavia, wurden später aber zu Klassikern der österreichischen und bayrischen Bauernküche, wo es oft nicht viel gab außer altem Brot, Eiern und Milch.

- 4 Eier
- 3 EL Zucker
- 1 TL Zimt
- 1 Prise Salz
- 1 Schuss Obers
- 250 ml Milch
- Butter zum Ausbacken
- 8 Scheiben Toast oder Weißbrot
- etwas Staubzucker zum Bestäuben
- Powidl oder Preiselbeermarmelade

1 Eier, Zucker, Zimt, Salz, Obers und Milch mit den Quirlen des Handrührgeräts verrühren.

2 Butter in einer Pfanne erhitzen. Brotscheiben in der Eiermilch tränken und in der Pfanne von beiden Seiten goldbraun anbraten. Auf Tellern verteilen, mit Staubzucker bestäuben und einen Klacks Powidl oder Preiselbeermarmelade dazu servieren.

> In den USA als „French Toast" bekannt, wird hier **AHORNSIRUP** dazu gereicht.

> **FRISCHES OBST** oder Apfelröster passt ebenfalls hervorragend zu dieser einfachen, aber umso leckereren Süßspeise.

DER GUTE RAT

Wer keinen matschigen Kern mag, sollte das Weißbrot nicht zu lange in der Eiermilch tränken!

FÜR 4 PERSONEN

ZUBEREITUNGSZEIT: 1 Std.

AUFWAND: ✪

JAHRESZEIT: Fr/So/He/Wi

- 650 ml Milch
- 175 g Polenta
- 100 g Zucker
- 1 Prise Salz
- abgeriebene Schale von ½ unbehandelten Zitrone
- 500 g Äpfel
- 2 EL + etwas Butter für die Form
- 3 EL Weinberl
- 1 EL Zucker
- 1 Päckchen Vanillezucker
- 1 EL Zitronensaft
- Staubzucker zum Bestäuben

Türkentommerl

Türkentommerl sind in der Steiermark sehr beliebt und bekannt.

1 Milch in einem Topf aufsetzen. Grieß, Zucker, Salz und Zitronenschale in die kochende Milch einrühren, vom Herd nehmen und quellen lassen.

2 Äpfel entkernen und in feine Scheiben schneiden. 2 Esslöffel Butter in einer Pfanne erhitzen und Äpfel darin kurz anbraten. Mit Weinberl, Zucker, Vanillezucker und Zitronensaft ca. 2–3 Minuten schmoren.

3 Backofen auf 175 °C (Umluft 155 °C) vorheizen. Auflaufform einbuttern und die Hälfte vom Grieß in die Form geben, darauf die Äpfel verteilen und mit restlichem Grieß bedecken. Im Backofen ca. 25 Minuten ausbacken.

4 Türkentommerln mit zwei Gabeln in große Stücke zerteilen und weitere ca. 5 Minuten goldbraun backen. Auf Tellern anrichten und mit Staubzucker bestäuben.

> **VANILLESOSSE** oder Eis schmecken wunderbar zu den Türkentommerln.

> Wer es lieber etwas fruchtiger mag, reicht **ZWETSCHKENRÖSTER**, Apfelmus oder Marillenröster dazu.

FÜR 4 PERSONEN

ZUBEREITUNGSZEIT: 1,5 Std.

AUFWAND: ✪

JAHRESZEIT:
Fr/So/He/Wi

Montafoner Brösel

Auch als „Riebl" im Gaißau-Hohenwiler oder „Stopfer" im Vorarlberg bekannt, war diese leckere Mehlspeise bis weit nach dem Zweiten Weltkrieg ein typisches Bauernessen.

- 1 l Milch
- 1 TL Salz
- 300 g Weizengrieß
- 1 kg Äpfel
- 125 ml Apfelsaft
- 1 EL Zucker
- 2 Zimtstangen
- 125 g Butter
- Staubzucker zum Bestäuben

1 Milch und Salz aufkochen, Grieß einrühren, kurz noch einmal aufkochen lassen, vom Herd nehmen und zugedeckt ca. 1 Stunde quellen lassen.

2 Äpfel entkernen und in grobe Spalten schneiden. Spalten mit Saft, Zucker und Zimt aufkochen und bei mittlerer Hitze ca. 10 Minuten köcheln lassen, bis die Äpfel zerfallen. Zimtstange herausnehmen und abkühlen lassen.

3 In einer großen Pfanne die Hälfte der Butter erhitzen. Grieß zugeben und bei mittlerer Hitze ca. 25 Minuten goldbraun braten. Dabei unter Wenden nach und nach die restliche Butter zugeben. Brösel auf Tellern anrichten, Apfelmus zugeben und mit Staubzucker bestäuben.

> Mit **MARILLEN**- oder Zwetschkenröster sind die Brösel ebenfalls lecker.

DER GUTE RAT

Wer es etwas rahmiger mag, ersetzt 100 Milliliter Milch durch Obers.

FÜR 4 PERSONEN

ZUBEREITUNGSZEIT: 2 Std.

AUFWAND: ✪✪

JAHRESZEIT:
He/Wi

Topfenpalatschinken

Palatschinken sind eine beliebte Wiener Süßspeise. Oft nur mit Marmelade verfeinert, sind sie mit Topfenfüllung ein Hochgenuss.

- 5 Eier
- 130 g Zucker
- 2 Päckchen Vanillezucker
- 1 Prise Salz
- 150 g Mehl
- 425 ml Milch
- Butter zum Ausbacken + 50 g Butter + etwas Butter für die Auflaufform
- 1 Prise Salz
- abgeriebene Schale von 1 unbehandelten Zitrone
- 200 g Topfen
- 100 g Sauerrahm
- 50 g Weinberl
- Staubzucker zum Garnieren

1 2 Eier mit 40 Gramm Zucker, 1 Päckchen Vanillezucker und Salz mit den Quirlen des Handrührgeräts verrühren. Mit Mehl und 300 Milliliter Milch zu einem glatten Palatschinkenteig verarbeiten. Ca. 30 Minuten ruhen lassen.

2 In einer heißen Pfanne mit Butter 4–5 Palatschinken von beiden Seiten gelb ausbacken.

3 Für die Füllung 2 Eier trennen. Eidotter mit 50 Gramm Butter, 50 Gramm Zucker, restlichen Vanillezucker, Salz und Zitronenschale schaumig rühren. Topfen und Sauerrahm untermischen. Eiklar steif schlagen und mit den Weinberl unter die Topfenmasse heben.

4 Jeweils einen Palatschinken mit etwas Topfenmasse bestreichen, aufrollen und in eine gebutterte Auflaufform schichten. Backofen auf 180 °C (Umluft 160 °C) vorheizen.

5 125 Milliliter Milch, 1 Ei und 40 Gramm Zucker verrühren und über die Topfenpalatschinken gießen. Im vorgeheizten Backofen ca. 45 Minuten auf der unteren Schiene goldbraun backen. Nach dem Backen sofort auf Teller geben und mit Staubzucker servieren.

> Frische **ERDBEEREN** und ein Schlag Obers sind beliebte Genuss-Steigerer.

> Noch feiner wird's mit **RUMWEINBERL**. Dafür die Weinberl vorher einfach in Rum einlegen.

DER GUTE RAT

Wer mag, übergießt die Topfenpalatschinken noch mit Amaretto oder einem Orangenlikör und flambiert sie.

FÜR 4 PERSONEN

ZUBEREITUNGSZEIT: 7 Std.

AUFWAND: ✪✪✪

JAHRESZEIT:
He/Wi

Schlosserbuben mit Orangensoße

Schlosserbuben – auch „Zwetschkenbuam" genannt – sind das kulinarische Äquivalent zu den Wiener Wäschermädeln. Warum sie so heißen, weiß man nicht so genau…

- 16 getrocknete Zwetschken
- 16 ganze geschälte Mandeln
- 4 EL Zwetschkenschnaps
- 150 g Mehl
- 3 Eier
- 120 ml helles Bier
- etwas Salz
- 2 EL Pflanzenöl + etwas Pflanzenöl zum Frittieren
- 2 EL Zimt-Zucker

Für die Soße:

- 2 unbehandelte Orangen
- 120 g Zucker
- 150 g Crème fraîche

1 Zwetschken in lauwarmem Wasser einweichen, mit Mandeln befüllen und in dem Schnaps ca. 6 Stunden einlegen.

2 Für den Ausbackteig Mehl mit Eiern, Bier, einer Prise Salz und 2 Esslöffeln Öl verrühren und ca. 20 Minuten quellen lassen.

3 Für die Orangensoße Orangen heiß waschen, trocken tupfen, von einer Orange die Schale abreiben und beide Orangen auspressen. In einem Topf Zucker mit 2 Esslöffeln Wasser karamellisieren lassen und mit dem Orangensaft ablöschen. Sirupartig einkochen lassen, vom Herd ziehen, abkühlen lassen und mit der Orangenschale und der Crème fraîche verrühren.

4 Reichlich Öl in einem weiten Topf zum Frittieren erhitzen (es ist heiß genug, wenn an einem hineingestellten Holzkochlöffelstiel kleine Blasen aufsteigen): Zwetschken durch den Teig ziehen und im Öl rundherum goldbraun ausbacken. Mit einem Schaumlöffel herausnehmen, auf Küchenkrepp abtropfen lassen, auf Tellern anrichten und mit Zimt-Zucker bestreuen. Mit der Orangensoße servieren.

> Statt mit Zimt-Zucker kann man sie auch in einer Mischung aus Staubzucker und **GERIEBENER SCHOKOLADE** wälzen.

DER GUTE RAT

Man kann die Dörrzwetschken nach Belieben auch in Rotwein mit Nelken und Zimt aufkochen – so wird das Aroma noch kräftiger. Danach in Maizena wenden, so hält der Backteig besser.

Brauchtum trifft Kulinarik

Jedem Fest sein Schmankerl

Brauchtum und Tradition sind im Land der Berge fest verankert. Das fängt bei der Kleidung, der Tracht, an und zieht sich bis hin zur Volksmusik und zum Gesang. Doch was wäre ein Fest ohne gutes Essen und Trinken? Auch hier stößt man auf Selbstgebackenes, -gebrautes, -geselchtes oder -gekochtes.

Adventmärkte in Salzburg und Umgebung

- *Bauernadventmarkt Glanegg: Dieser Markt im Gutshof des Schlosses Glanegg ist ein absoluter Geheimtipp (Wildprodukte)*
- *Adventmarkt Hellbrunn: Er glänzt besonders durch die Fischprodukte aus dem Hause Grüll und den weihnachtlichen Streichelzoo.*
- *Wolfgangseer Advent in St. Wolfgang, St. Gilgen und Strobl: malerische Kulisse vor eindrucksvollem See*
- *Salzburger Christkindlmarkt: Er verläuft vom Domplatz bis hin zum Residenzplatz. Weihnachtlicher Chorgesang vor dem Dom*
- *Adventmarkt in St. Peter in Salzburg: klein, aber fein. Besinnlicher, kleiner Markt in historischem Ambiente im Herzen der Altstadt*

Schmackhaftes zur Osterzeit

Besonders zur Osterzeit ist Österreich an Kultur, Kulinarik und Brauchtum nicht zu überbieten. Als typisches Ostergeschenk versteckt man beispielsweise ein Osterlamm aus Biskuitteig im heimischen Garten und während der Osterfestspielzeit lassen sich die Gastronomen die eine oder andere Raffinesse einfallen, um ihren Gästen einen gelungenen Abend zu bereiten.

Kulinarische Adventmärkte

Auf den andächtigen, zauberhaften Adventmärkten findet man neben Maroni und gebrannten Nüssen oft auch traditionelle Bauernkrapfen. Man genießt sie süß mit Puderzucker oder Marmelade oder pikant mit Sauerkraut. Die deftigen Germteigscheiben bilden beim Frittieren eine Kuhle, während der Rand dicker wird. Die entstandene Einbuchtung füllt man dann oder man führt sich den Krapfen „natur“ (ohne alles) zu Leibe. Einige Adventmärkte bieten auch Fleischspezialitäten vom gutseigenen Jäger und Metzger an. Besonders zur Adventszeit ergattert man das Beste vom Wild.

Traditionelle Raunacht

Krampusse und Perchten treiben die bösen Geister und Dämonen des vergangenen Jahres aus. Die schelmischen Gesellen kommen traditionell in die Häuser, um dort ihre Dienste anzubieten. In dieser Form gibt es den Brauch nur auf dem Land, da sich hier meist die Krampusse und die Familien untereinander kennen. Bei den Hausbesuchen treten Perchten als Begleiter des Nikolaus' auf. Nachdem jedes Kind gelobt und/oder gerügt wurde, bekommt es einen kleinen Jutesack, gefüllt mit Nüssen, Mandarinen und Schokolade. Meist kehren die Männer nach vollzogener Aufgabe ohne Fell und Maske bei der Familie oder den Wirten im Ort ein. Klassischerweise gibt es dann Bier und eine Jause.

Rund um den Kirtag

Eine beliebte Tradition in Österreich ist der Kirtag. Beim St. Leonharder Kirtag, bei Grödig in Salzburg, etwa ist es Brauch, dass alle Wirte der Gemeinde ihre Kochkünste zum Besten geben. Das passiert im Laufe des Bauernherbstes. Um den Sommer zu verabschieden und für die ertragreiche Ernte zu danken, findet hier eine Art Jahrmarkt statt – mit Spiel und Spaß für Kinder und so manch einer süßen Sünde, die sich zwischen Karussells und Autodromen versteckt: Türkischer Honig, Liebesäpfel, gebrannte Mandeln und Schaumrollen ziehen ihren verführerischen Duft durch die Straßen. Währenddessen bieten den ganzen Tag über Grödiger Wirte ihre Spezialitäten im Bierzelt an. Dort hat man Zeit und Platz, um sich durch die vielen Stände zu probieren. Von Blunzengröstl mit Sauerkraut über Schnitzel mit Kartoffelsalat bis hin zu Tafelspitz und Grillhenderl ist alles vertreten, was das Herz begehrt.

FÜR 4 PERSONEN

ZUBEREITUNGSZEIT: 1 Std.

AUFWAND: ✪✪

JAHRESZEIT: Fr/So/He/Wi

Topfenstrudel

Beinahe genauso heiß begehrt und weltweit beliebt wie sein Verwandter, der Apfelstrudel, ist dieses kulinarische Wahrzeichen Österreichs, der Topfenstrudel.

- 60 g Weinberl
- etwas Rum
- 1 Vanilleschote
- 100 g +2 EL Butter zum Bestreichen
- 60 g Staubzucker
- 1 Prise Salz
- abgeriebene Schale von ½ unbehandelten Zitrone
- 6 Eier
- 1 EL Vanillepuddingpulver
- 500 g Topfen
- 100 g Sauerrahm
- 60 g Zucker
- etwas Zitronensaft
- Fertig-Strudelteig oder Blätterteig
- 1 Eidotter zum Bestreichen

1 Weinberl im Rum einweichen. Vanilleschote aufschlitzen und Mark auskratzen.

2 Für die Topfenfüllung 100 Gramm warme Butter mit Staubzucker, Salz, Zitronenschale und Vanillemark cremig rühren. Eier trennen. Eidotter und Puddingpulver unter die Buttermasse rühren. Topfen, Sauerrahm, Zucker, Zitronensaft und Rumweinberl ebenfalls einmengen. Eiklar steif schlagen und locker unter die Topfenmasse ziehen.

3 Restliche Butter in einer Pfanne zerlassen. Strudelteig ausziehen und die Topfenmasse auf zwei Drittel des Teiges streichen. Restlichen Teig mit flüssiger Butter bestreichen und von der gebutterten Seite her einrollen. Enden gut einschlagen.

4 Mit der Teignaht nach unten auf ein mit Backpapier ausgelegtes Blech legen. Backofen auf 175 °C (Umluft 155 °C) vorheizen. Oberfläche vom Topfenstrudel mit Eidotter bestreichen und im Backofen zunächst ca. 20 Minuten bei 175 °C backen, danach die Hitze auf 120 °C (Umluft 100 °C) reduzieren und noch nochmals ca. 10 Minuten backen, bis der Strudel an allen Stellen rösch und goldbraun ist. Etwas abkühlen lassen und anrichten.

> **VANILLESOSSE** ist in Österreich der klassische Begleiter des Topfenstrudels.

> Wer mag, kann ihn aber auch auf einen **FRUCHTSPIEGEL** setzen.

DER GUTE RAT

Wer die Möglichkeit hat, bereitet die Füllung aus Bauerntopfen zu, der übrigens – wie auch der Sauerrahm – nicht zu kalt sein darf, da der Butterabtrieb sonst zu fest gerät.

FÜR 4 PERSONEN

ZUBEREITUNGSZEIT: 1,5 Std.

AUFWAND: ✪✪

JAHRESZEIT:
Fr/So/He/Wi

Scheiterhaufen

Ein Klassiker der altbayrischen, österreichischen und tschechischen Küche.

- 100 g Weinberl
- 100 ml Rum
- 7 altbackene Semmeln
- 6 kleine Eier
- 500 ml Milch
- 100 g Zucker
- 1 Prise Salz
- 100 g Mandelblätter
- 750 g Äpfel
- etwas Zimt
- 2 EL Zucker
- Butter für die Form
- Staubzucker für die Schneehaube

1 Weinberl im Rum einweichen. Semmeln blättrig schneiden. Drei Eier trennen. Eidotter mit Milch, Zucker, Salz und den restlichen Eiern verschlagen.

2 Mandelblätter in einer heißen Pfanne anrösten und zur Seite stellen. Äpfel entkernen, vierteln und grob raspeln. Mit Zimt, Zucker, Rumweinberl und Mandelblättern mischen.

3 Eine große Backform mit Butter einfetten. Semmeln in der Eiermilch tränken und abwechselnd mit den Mandeläpfeln in die Backform schichten. Mit restlicher Eiermilch begießen.

4 Falls der Scheiterhaufen zu trocken erscheint, noch etwas Milch nachgießen. Ca. 30 Minuten ruhen lassen.

5 Backofen auf 200 °C (Umluft 180 °C) vorheizen. Scheiterhaufen ca. 40 Minuten rösch backen und einige Minuten auskühlen lassen.

6 Übriges Eiklar mit Staubzucker steif schlagen. Grillfunktion im Backofen aktivieren. Schnee auf den Scheiterhaufen streichen und kurz unterm Grill überbacken.

> **APFELMUS** oder **MARILLENRÖSTER** sind die klassischen Begleiter des Scheiterhaufens.

> Mit **VANILLESOSSE** schmeckt der Scheiterhaufen aber auch sehr fein.

DER GUTE RAT

Mit süßem Gebäck wie altbackenen Milchbrötchen oder Kipferln wird's ein noch leckerer Haufen!

FÜR 4 PERSONEN

ZUBEREITUNGSZEIT: 1,5 Std.

AUFWAND: ✪✪

JAHRESZEIT: Fr/So/He/Wi

Mohr im Hemd

Die dunklen Schokoküchlein „im Hemd" – was die Umhüllung aus Obers bezeichnet – sind der absolute Süßspeisen-Klassiker im Wiener Kaffeehaus.

- Butter für die Förmchen
- gemahlene Nüsse zum Ausstreuen
- 150 g Butterkekse
- 80 g gemahlene Nüsse, z. B. Haselnüsse
- 150 g Zartbitterschokolade
- 4 Eier
- 1 Prise Salz
- 100 g Butter
- 75 g Zucker
- ½ TL Backpulver
- 100 g Obers

1 Backofen auf 180°C Ober- und Unterhitze (Umluft 160 °C) vorheizen. Vier Souffleförmchen ausbuttern und mit Nüssen ausstreuen.

2 Butterkekse fein zerkleinern und mit Nüssen mischen. Schokolade fein reiben. Eier trennen und Eiklar mit dem Salz zu steifem Eischnee schlagen. Butter mit Zucker cremig quirlen und Eidotter unterrühren. Eischnee unterheben und Keks-Nuss-Brösel mit Backpulver daraufstreuen. 100 Gramm Schokolade zugeben und alles mit einem Teigschaber locker unterheben. Teig etwa ¾ hoch in die Förmchen füllen und diese in einen Bräter setzen. So viel heißes Wasser angießen, dass die Förmchen ca. zwei Drittel hoch darin stehen. Im Backofen ca. 45 Minuten backen (Stäbchenprobe).

3 Übrige Schokolade mit Obers im heißen Wasserbad schmelzen lassen.

4 Küchlein noch heiß stürzen und mit der Schokosoße übergießen. Dazu nach Belieben geschlagenen Obers reichen.

> Frische **BEEREN** (Erdbeeren, Himbeeren, Ribisel) schmecken auch wunderbar dazu!

DER GUTE RAT

Nehmen Sie statt der Zartbitterschokolade einmal Mokkascholade für den „Mohr im Hemd". So fühlt man sich gleich wie im Kaffeehaus.

MUSIKALISCHER GENUSS

Musik und leibliches Wohl sind in Österreichs Hauptstadt oft eng miteinander verbunden. Und das nicht nur bei den Würsteln, die alljährlich zu Tausenden auf dem Wiener Opernball verzehrt werden. Kurz nach der Uraufführung von Verdis Oper „Otello" im März 1888 an der Wiener Hofoper fand man den „Mohr im Hemd" auf den Speisekarten zahlreicher Wiener Kaffeehäuser.

Salzburger Mozartknödel

Zu Ehren des musikalischen Genies eine Spezialität aus dem Salzburger Land mit einer unwiderstehlichen Füllung.

- 50 g Weizengrieß
- 50 g Semmelbrösel
- 125 g Zucker
- 1 Päckchen Vanillezucker
- 1 Prise Salz
- 250 g Topfen
- 1 Ei
- 25 g Butter
- 4 Tropfen Rumaroma
- 10 Mozartkugeln
- 100 g Butter
- 100 g Semmelbrösel
- 100 g gemahlene Mandeln
- Staubzucker zum Bestreuen

DER GUTE RAT

Ein Champagnertrüffel in der Mitte ist zwar keine Hommage an ein Musikgenie, schmeckt aber dennoch sehr fein.

1 Grieß, Semmelbrösel, 50 Gramm Zucker, Vanillezucker und Salz in einer großen Schüssel mischen. Topfen, Ei, Butter und Rumaroma zugeben und alles mit den Knethaken des Handrührgeräts zu einem glatten Knödelteig verarbeiten. Teig ca. 30 Minuten ruhen lassen.

2 Knödelteig auf zehn Portionen aufteilen. Teigstücke zu Kugeln formen und zu Kreisen platt drücken. Jeweils eine Mozartkugel mit dem Teig umschließen und mit feuchten Händen einen perfekten Knödel rollen.

3 Einen großen Topf mit reichlich Salzwasser aufsetzen. Kocht das Wasser, Knödel hineingeben und bei mittlerer Hitze ca. 15 Minuten sieden lassen.

4 Butter in einer Pfanne zerlassen und darin Brösel und Mandeln goldbraun rösten. 75 Gramm Zucker zugeben. Achtung: der Zucker soll nicht karamellisieren.

5 Sind die Knödel gar, aus dem Wasser nehmen, gut abtropfen lasen und in den Semmelmandeln wälzen. Auf tiefen Tellern anrichten und mit etwas Staubzucker garnieren.

> Wer will, serviert eine Kugel **VANILLEEIS** dazu. Das kalte Eis ergänzt optimal den heißen Pralinien-Kern des Knödels.

FÜR 4 PERSONEN

ZUBEREITUNGSZEIT: 80 Min. + 12 Std. Ruhezeit

AUFWAND: ✪✪

JAHRESZEIT:
He

Lungauer Rahmkoch

Eine Kalorienbombe, die nur im Lungau von Sennerinnen kurz vor dem Almabtrieb gekocht wird. Fast wie Marzipan – nur noch feiner – wird diese Spezialität zum Kaffee gereicht.

- 500 g Butter
- 250 g Obers
- 500 g Mehl
- 200 g Zucker
- etwas Zimt
- etwas Anis
- etwas Rum
- 50 g Weinberl

1 In einem großen Topf Butter mit Obers zerlassen. Mehl unter ständigem Rühren in den Butter-Obers einrühren. Ca. 45 Minuten auf kleiner Stufe köcheln lassen.

2 Zucker einrühren und ca. 15 Minuten unter ständigem Umrühren kochen lassen. Mit Zimt, Anis und Rum abschmecken. Weinberl untermengen. In eine Rehrückenform geben und im Kühlschrank ca. 12 Stunden abkühlen lassen.

> Wer keine Weinberl mag, kann sie durch GETROCKNETE MARILLEN, Zwetschken oder Datteln ersetzen.

> Wer keine Rehrückenform im Haus hat, nimmt einfach eine KASTENFORM.

DER GUTE RAT

Einfach den Obers durch Milch ersetzen und statt normaler Butter Halbfettbutter verwenden. Vorsicht: Nicht jede Halbfettbutter löst sich beim Kochen auf! Und es ist nicht der gleiche Genuss!

FÜR 4 PERSONEN

ZUBEREITUNGSZEIT: 1,5 Std.

AUFWAND: ✪✪

JAHRESZEIT:
Fr/So/He/Wi

Kipferlkoch

Kipferlkoch ist eine österreichische Spezialität, bei der aus altem Gebäck eine neue Köstlichkeit entsteht.

- 150 g altbackene Kipferl
- 10 getrocknete Marillen
- 3 Eier
- 375 g Obers
- 2 Äpfel
- 3 EL Zucker
- 1 TL Zimt
- 20 g Butter + Butter für die Form
- Staubzucker zum Bestäuben

1 Kipferl in dünne Scheiben schneiden. Marillen fein würfeln und mit Kipferln in eine Schüssel geben. 1 Ei trennen, Eidotter beiseitestellen. 250 Milliliter Obers mit 2 Eiern und dem Eiklar verschlagen und Marillen-Kipferl damit übergießen. Kipferlteig ca. 20 Minuten ziehen lassen.

2 Äpfel schälen, entkernen und in Scheiben schneiden.

3 Backofen auf 180 °C (Umluft 160 °C) vorheizen. Zucker und Zimt mischen. Auflaufform einfetten. Ein Drittel vom Kipferlteig in die gefettete Auflaufform füllen, die Hälfte der Apfelscheiben darauf verteilen und mit einem Esslöffel Zimtzucker bestreuen. Nochmals wiederholen und restlichen Kipferlteig darübergeben. Restlichen Obers mit dem Eidotter verschlagen und über den Kipferlteig gießen. Mit dem letzten Esslöffel Zimtzucker bestreuen. Butter in Flöckchen daraufsetzen und im Backofen ca. 45 Minuten rösch backen.

4 Kipferlkoch aus dem Backofen nehmen und nach Belieben mit Staubzucker bestäuben.

> Zwetschkenröster, Apfelmus oder **MARILLENRÖSTER** passen hervorragend zu diesem Nachtisch.

> Wer mag, nimmt aber auch frisches Obst und verfeinert zusätzlich mit **VANILLEEIS** oder einem Schlag Obers.

DER GUTE RAT

Statt Obers einfach Milch für das Rezept nehmen und keine Butterflocken auf den Kipferlteig geben.

KIPFERLKOCH MIT WEISSBROT

Wer keine alten Kipferl zu Hause hat, kann dieses Rezept sehr gut auch mit alten Semmeln sowie jeder anderen Form von Weißbrot herstellen.

FÜR 12 STÜCK

ZUBEREITUNGSZEIT: 1 Std.

AUFWAND: ✪✪

JAHRESZEIT: Fr/So/He/Wi

Topfenknödel mit Zwetschkenröster

Topfenknödel sind die Basis aller mit Obst gefüllten Knödelköstlichkeiten – allerdings sind sie auch pur ein richtiger Genuss!

- 600 g Zwetschken
- 500 g Zucker
- 2 Gewürznelken
- 1 Zimtrinde (Ceylon-Zimt)
- etwas Zitronensaft
- 6 Eier
- 200 g Butter
- 1 kg Topfen
- 4 EL Maizena
- 500 g Semmelbrösel
- etwas Salz
- 1 Vanilleschote
- 100 g Walnüsse (gemahlen)
- 1 Prise Zimt

1 Für den Zwetschkenröster Zwetschken waschen, halbieren und entsteinen. Mit 300 Gramm Zucker, Gewürznelken, Zimtrinde, Zitronensaft und etwas Wasser langsam köcheln lassen, bis sich die Zwetschkenhaut etwas löst. Vom Herd nehmen und in heiß ausgespülte Einweggläser füllen.

2 Eier trennen. 180 Gramm Butter, 180 Gramm Zucker und Eidotter mit den Quirlen des Handrührgeräts schaumig schlagen. Topfen über einem Sieb abtropfen lassen, durchpassieren und unterrühren.

3 Eiklar zu Schnee schlagen und Maizena unterheben. Schnee abwechselnd mit 400 Gramm Semmelbrösel unter die Masse heben. Knödel im Salzwasser aufkochen und ca. 10 Minuten ziehen lassen.

4 Restliche Butter in einer heißen Pfanne zerlaufen lassen. Vanilleschote längs aufschlitzen und Mark herauskratzen. Walnüsse, restliche Semmelbrösel, restlichen Zucker, Zimt und Vanillemark in der Butter anbraten. Fertige Knödel vorsichtig darin wälzen und auf einem Bett aus Zwetschgenröster servieren.

> Dazu passen auch ein **VANILLEEIS** oder Holler- bzw. Heidelbeerröster hervorragend.

> Schmecken auch gut, wenn man sie in einer Mischung aus Zucker und **GRAUMOHN** wälzt.

DER GUTE RAT

Den Topfen immer gut abtropfen lassen und durchpassieren. So werden die Knödel fluffiger!

Süßes Gebäck, Kuchen und Torten

KLETZEN – LECKERER WINTERVORRAT

Heute eine eher selten gewordene Leckerei, gehörten zu Hause als Wintervorrat getrocknete Birnen bis ins 20. Jahrhundert zum festen Speiseplan der Landbevölkerung.

SCHOKOGLASUR – FÜR GEBÄCK UNVERZICHTBAR

Was wäre die weltberühmte Sachertorte ohne ihre Schokoglasur? Aber auch andere traditionelle Kuchen- und Tortenrezepte kommen nicht ohne Schokolade aus.

RIBISEL – EINE WAHRE VITAMINBOMBE

Ob weiß, rot oder schwarz – Ende Juni bis Ende August werden in Österreich jährlich weit über tausend Tonnen gesunde Ribisel geerntet, vor allem in der Steiermark.

HASELNÜSSE – NICHT NUR ZUR WINTERZEIT

Haselnüsse sind hierzulande nicht nur in der Winterbackstube beliebt. Wegen der geringen heimischen Erträge werden sie heute jedoch überwiegend importiert.

FÜR 20 STÜCKE

ZUBEREITUNGSZEIT: 3,5 Std.

AUFWAND: ✪✪

JAHRESZEIT:
Fr/So/He/Wi

Kardinalschnitte

Den klerikalen Namen trägt die Kardinalschnitte aufgrund der Farben des Vatikans bzw. der katholischen Kirche: gelb und weiß.

Für den Baiser:

- 4 Eiklar
- 1 EL Zitronensaft
- 250 g Staubzucker

Für den Biskuit:

- 4 Eidotter
- 1 Ei
- 75 g Staubzucker
- 1 EL Vanillezucker
- 75 g Mehl
- 1 EL Speisestärke

Für die Füllung:

- 600 g Obers
- 2 Päckchen Sahnesteif
- 2 EL Zucker
- 3–4 EL lösliches Kaffeepulver
- 2 cl Kaffeelikör

DER GUTE RAT

Wer es etwas fruchtiger mag, kann zusätzlich noch etwas Marmelade auf den Biskuitteig auftragen.

1 Den Backofen auf 160 °C (Umluft 140 °C) vorheizen. Ein Backblech mit Backpapier belegen.

2 Für die Baisermasse Eiklar mit Zitronensaft zu steifem Eischnee schlagen. Fein gesiebten Staubzucker dazurieseln lassen und weiterschlagen, bis eine glänzende, schnittfeste Masse entstanden ist. Die Masse in einen Spritzbeutel mit runder Tülle (ca. 1,5 Zentimeter Durchmesser) füllen.

3 Für den Biskuit Eidotter mit dem Ei schaumig quirlen. Staubzucker und Vanillezucker dazurieseln lassen und zu einer luftigen Masse schlagen. Mehl mit Stärke dazusieben und unterheben. Teig ebenso in eine Spritztülle füllen.

4 Den Baiser längs in Streifen auf das Backblech spritzen, dabei zwischen den Streifen ca. 2 Zentimeter frei lassen. In die Zwischenräume den Biskuitteig spritzen. Im Backofen ca. 25 Minuten backen. Herausnehmen und erkalten lassen.

5 Für die Füllung Obers mit Sahnesteif und Zucker steif schlagen. Kaffeepulver und Likör unterrühren.

6 Kuchenplatte längs in zwei Streifen schneiden. Einen Streifen in einen passenden Backrahmen legen und mit dem Kaffeeobers bedecken. Glatt streichen und übrige Kuchenplatte auflegen. Vor dem Servieren mindestens 2 Stunden in den Kühlschrank stellen. Kuchenrahmen lösen und in Stücke geschnitten servieren.

> Versuchen Sie zu dieser frommen Schnitte doch einen **HEISSEN KAPUZINER**.

FÜR 4 PERSONEN

ZUBEREITUNGSZEIT: 30 Min.

AUFWAND: ✪

JAHRESZEIT:
He/Wi

Gebackene Apfelradln

Ein klassischer Nachtisch der Kärntner Küche, der schnell und leicht zubereitet ist.

- 150 g Mehl
- 200 ml Milch
- 2 Eier
- 2 EL Zucker
- 1 Prise Salz
- 1 Schuss Weißwein
- 4 Äpfel
- 3 EL Zucker
- 1 TL Zimt
- Butterschmalz zum Ausbacken

1 Mehl, Milch, Eier, Zucker, Salz und Wein zu einem glatten Teig verrühren.

2 Äpfel waschen, schälen, entkernen und in „Radln" schneiden. Zucker und Zimt mischen. Reichlich Butterschmalz in einer Fritteuse oder großen Pfanne erhitzen. Radln mit einer Gabel durch den Teig ziehen und im heißen Fett von beiden Seiten goldbraun ausbacken. In Küchenkrepp abtropfen lassen, auf Tellern anrichten, mit Zimtzucker bestreuen und heiß servieren.

> **MARILLENRÖSTER** ist der klassische Begleiter der Apfelradln.

> **VANILLEEIS** oder ein Schlag Obers sind vorzügliche Genussverstärker.

DER GUTE RAT

Es sind dann zwar keine Apflradln mehr, aber mit Ananas, Banane und Mango schmeckt dieses Gericht ebenfalls sehr fein.

FÜR 4 PERSONEN

ZUBEREITUNGSZEIT: 1,5 Std.

AUFWAND: ✪✪✪

JAHRESZEIT:
Fr/So/He/Wi

Böhmische Kolatsche

Kolatschen sind in Mähren und Böhmen weit verbreitet. Sie machen viel Arbeit, aber es lohnt sich. Hier ein böhmisches Rezept.

- 60 g Butter
- 300 ml Milch
- 220 g Mehl + etwas Mehl für die Arbeitsfläche
- 1 Päckchen Trockengerm
- 70 g Zucker
- etwas Salz
- 1 Prise Muskat
- 1 Ei +1 Eidotter
- 120 g gemahlener Mohn
- 2 EL Rum
- 2 Päckchen Vanillezucker
- 1 TL Zimt
- 250 g Topfen
- Saft von ½ Zitrone
- 40 g Staubzucker
- 1 Eidotter
- Powidl nach Belieben
- Mandelblätter

1 Für den Germteig Butter in 100 Milliliter Milch auflösen. Mehl, Trockengerm, 40 Gramm Zucker, 1 Prise Salz und Muskat gut mischen. Buttermilch und Ei zufügen und alles mit den Knethaken des Handrührgeräts zu einem glatten Germteig verkneten. Germteig zugedeckt an einem warmen Ort ca. 30 Minuten ruhen lassen, bis er sein Volumen verdoppelt hat.

2 Für die Mohnfüllung 200 Milliliter Milch mit gemahlenem Mohn, 30 Gramm Zucker, Rum, 1 Päckchen Vanillezucker und Zimt aufkochen und ca. 5 Minuten unter ständigem Rühren köcheln lassen, bis sich alle Zutaten gut vermischt haben. Vom Herd nehmen und abkühlen lassen.

3 Für die Topfenfüllung Topfen mit Zitronensaft, Staubzucker, Eidotter, 1 Prise Salz und 1 Päckchen Vanillezucker gut mit den Quirlen des Handrührgeräts verrühren.

4 Backofen auf 175 °C (Umluft 155 °C) vorheizen. Germteig auf einem gut bemehlten Brett ausrollen und mit einem bemehlten Glas Kreise ausstechen. Teigkreise nochmals ausrollen und in gebutterte Tarte-Förmchen von 11,5 Zentimeter Durchmesser geben. Nach Belieben mit Powidl, Topfen- und Mohnfüllung füllen, mit Mandelblättern bestreuen und ca. 25 Minuten backen.

> Nicht traditionell, aber statt Powidl kann man auch mal **WEICHSELN** ausprobieren oder Marillenröster.

DER GUTE RAT

Wer keine Tarte-Förmchen im Haus hat, kann auch eine Springform mit 28 cm Durchmesser verwenden.

KUNSTVOLL FÜLLEN!

Einweg-Spritzbeutel helfen, um die Füllungen kunstvoll in Kreisen oder als Schneckenformen auf den Germteig zu geben.

FÜR 15 STÜCKE

ZUBEREITUNGSZEIT: 2,5 Std. + 2 Std. Ruhezeit

AUFWAND: ✪✪

JAHRESZEIT: Wi

Ischler Törtchen

Die Ischler Törtchen kreierte ein dafür international ausgezeichneter Konditor in Bad Ischl. Als ein Meisterwerk der Confiserie fehlt das Rezept in keinem guten Backbuch.

- 140 g Butter
- 140 g Mehl
- 70 g Zucker
- 70 g Mandeln (gemahlen)
- 1 Msp. Zimt
- 1 Prise Salz
- 1 Eidotter
- 150 g Butter
- 2 EL Staubzucker
- 60 g Schokolade
- 1 Schuss Rum
- Ribiselmarmelade zum Bestreichen
- Schokoladenglasur
- gehackte Pistazien oder Mandeln zum Bestreuen

1 In Flöckchen geschnittene Butter und Mehl mit den Knethaken des Handrührgeräts zu einer feinkrümeligen Masse vermengen. Zucker, Mandeln, Zimt, Salz und Eidotter zugeben und kräftig durchkneten. Teig im Kühlschrank ca. 2 Stunden ruhen lassen.

2 Erkalteten Teig ca. 3 Millimeter dick ausrollen und mit einer runden Ausstechform Teigkreise mit einem Durchmesser von 6 Zentimeter ausstechen. Backofen auf 200 °C (Umluft 180 °C) vorheizen.

3 Plätzchen im vorgeheizten Backofen ca. 10 Minuten goldbraun backen.

4 Für die Füllung Butter und Staubzucker cremig rühren, Schokolade im Wasserbad erhitzen und alles mit Rum zu einer zähflüssigen Creme verarbeiten.

5 Eine Hälfte der erkalteten Plätzchen zunächst mit der Ribiselmarmelade, dann mit der Schokoladencreme bestreichen.

6 Übrige Plätzchen daraufsetzen. Schokoladenglasur im Wasserbad oder nach Packungsanweisung erwärmen und Plätzchen damit vollständig überziehen.

7 Mit gehackten Pistazien oder Mandeln bestreuen und auf einem Kuchengitter aushärten lassen.

DER GUTE RAT

In einer luftdichten Dose bleibt das Gebäck eine Woche weich. Im Kühlschrank oder an einem kühlen Ort aufbewahrt, hält es sich noch länger.

FÜR 30 STÜCKE

ZUBEREITUNGSZEIT: 1,5 Std. + 1 Std. Ruhezeit

AUFWAND: ✪

JAHRESZEIT: Wi

Husarenkrapfen

Husarenkrapfen – oder auch Engelsaugen – sind die fruchtige Variante von zahlreichen Abwandlungen des beliebten Mürbteigrezepts.

- 2 Eier
- 150 g Butter
- 80 g Zucker
- 15 g Vanillezucker
- 160 g Mehl
- 1 Prise Salz
- 100 g Mandeln (gemahlen)
- 120 g Ribiselgelee

1 Eidotter, Butter, Zucker und Vanillezucker schaumig rühren. Mehl und Salz mischen und über die flüssige Teigmasse sieben.

2 Mandeln zugeben und auf einer bemehlten Arbeitsfläche zügig zu einem glatten Teig verkneten.

3 Eine Teigkugel formen, in Klarsichtfolie wickeln, etwas flach drücken und im Kühlschrank ca. 1 Stunde ruhen lassen.

4 Backofen auf 150 °C (Umluft 130 °C) vorheizen. Aus dem gekühlten Teig etwa 30 walnussgroße Kugeln formen und auf ein mit Backpapier ausgelegtes Backblech setzen. Mit einem Kochlöffelstiel vorsichtig eine kleine Mulde in jede Teigkugel drücken.

5 Ribiselgelee erwärmen und glatt rühren. Mit einem Teelöffel die Mulden mit dem Gelee randvoll machen, da beim Backen noch Flüssigkeit verdampft. Im vorgeheizten Backofen die Plätzchen ca. 10 Minuten goldgelb backen.

6 Fertiges Gebäck auf einem Gitter abkühlen lassen.

DER GUTE RAT

Bei Zugabe von Stärke (zwei Drittel Mehl und ein Drittel Stärke) werden die Plätzchen besonders mürbe.

> In einer fest schließenden **KEKSDOSE** bleiben die Husarenkrapfen 4 Wochen weich.

FÜR 40 STÜCK

ZUBEREITUNGSZEIT: 1,5 Std. + 1 Nacht Ruhezeit

AUFWAND: ✪

JAHRESZEIT:
Wi

- 50 g Zartbitterschokolade
- 150 g Butter
- 150 g Mehl
- 50 g Zucker
- 1 Prise Salz
- 50 g gemahlene Mandeln
- 125 g rotes Ribiselgelee
- 300 g Halbbitterkuvertüre
- 100 g halbierte Mandeln

Brabanzerl

Brabanzerl sind feine Mandelschokoladentaler, die Österreichern die Weihnachtszeit versüßen.

1 Schokolade in einer Pfanne mit der Butter auf kleinster Stufe schmelzen. Mehl, Zucker, Salz, Mandeln und geschmolzene Schokoladenbutter schnell zu einem glatten Teig verkneten und über Nacht kalt stellen.

2 Teig 3 Millimeter dick ausrollen und für ein Brabanzerl jeweils zwei Plätzchen ausstechen (gewellte Ausstechformen mit 5 Zentimeter und 4 Zentimeter Durchmesser). Auf ein mit Backpapier ausgelegtes Backblech legen und nochmals ca. 30 Minuten kalt stellen.

3 Im vorgeheizten Backofen bei 175–200 °C (Umluft 160 °C–180 °C) ca. 7 Minuten backen. Vom Backblech nehmen und abkühlen lassen.

4 Gelee erwärmen. Große Plätzchen in der Mitte dünn bestreichen und ein kleines Plätzchen darauflegen. Kuvertüre in einer Pfanne auf der niedrigsten Stufe schmelzen. Plätzchen mit Kuvertüre überziehen und je eine Mandelhälfte darauflegen.

FÜR 4 PERSONEN

ZUBEREITUNGSZEIT: 70 Min.

AUFWAND: ✪✪

JAHRESZEIT:
He/Wi

Hasenöhrl oder Polsterzipf

Ein ganz einfaches Rezept mit großer Wirkung, wenn Sie Gäste haben.

- 40 g Butter
- 200 ml Milch
- 400 g Mehl + etwas Mehl für Arbeitsfläche
- 1 EL Zucker
- 2 Eidotter
- 1 EL Obstler
- etwas Salz
- Öl oder Butterschmalz zum Ausbacken
- Puder-, Zimt- oder Nusszucker zum Bestreuen

1 Butter und Milch in einem Topf erwärmen. Mehl in eine Schüssel sieben.

2 Zucker und Eidotter mit den Quirlen des Handrührgeräts schaumig rühren. Obstler, eine Prise Salz sowie zerlassene Butter und Milch einrühren. Mehl unterkneten und zügig einen glatten Teig herstellen.

3 Teig bei Zimmertemperatur ca. 45 Minuten ruhen lassen. Kräftig durchkneten.

4 Arbeitsfläche mit Mehl bestäuben und Teig messerrückendick ausrollen. Mit einem Teigroller beliebig große rautenförmige Stücke formen.

5 Die Teigflecken in heißem Öl oder Butterschmalz ausbacken, auf einem Gitter oder Küchenkrepp abtropfen lassen und mit Puder-, Zimt- oder Nusszucker bestreuen.

> Dazu schmeckt Apfelmus oder **HOLLERMANDL** (Holundermarmelade), ohne Zugabe von Zucker passt auch Sauerkraut oder Salat dazu.

DER GUTE RAT

Weniger fettreich und bekömmlicher sind Polsterzipf aus Topfenteig (200 g Topfen, 200 g Butter, 200 g Mehl): Einen glatten Teig wie oben beschrieben herstellen und bearbeiten. Die Teigteilchen im vorgeheizten Backofen bei 190 °C ca. 15–20 Minuten goldbraun backen.

WIENER ART

In Wien werden die Polsterzipf mit Ribisel- oder Marillenmarmelade gefüllt. In die ca. 4 Zentimeter großen Teigflecken wird ein halber Teelöffel Marmelade gesetzt, die Teigränder mit Ei bestrichen, zur Hälfte umgeklappt, festgedrückt und in heißem Fett ausgebacken.

FÜR 50 STÜCK

ZUBEREITUNGSZEIT: 1 Std. + 1 Std. Ruhezeit

AUFWAND: ✪

JAHRESZEIT: He/Wi

Mostkekse mit Marmelade

Mostkekse sind ein beliebtes Traditionsgebäck aus dem Mostviertel. Beliebt in ganz Österreich, werden die Mostkekse auch zur Weihnachtszeit gebacken.

- 400 g Mehl + etwas Mehl für die Arbeitsfläche
- 30 g Backpulver
- 400 g Butter
- 9 EL Most
- 5 TL Marillenmarmelade
- 1 Eiklar
- 8 EL Staubzucker

1 Mehl und Backpulver sieben. Butter in kleine Stückchen schneiden, über dem Mehl verteilen und den Most zugeben.

2 Alles mit den Knethaken des Handrührgeräts rasch zu einem glatten Teig verarbeiten, in Klarsichtfolie wickeln und mindestens 1 Stunde im Kühlschrank ruhen lassen. Backofen auf 180 °C (Umluft 160 °C) vorheizen.

3 Erkalteten Teig auf einer bemehlten Arbeitsfläche ca. 3 Millimeter dick ausrollen und mit runden Formen mit einem Durchmesser von 4–5 Zentimetern Kekse ausstechen. In die Mitte Marillenmarmelade setzen, Ränder mit Eiklar bestreichen, zusammenklappen und andrücken.

4 Die halbmondförmigen Mostkekse auf ein mit Backpapier ausgelegtes Blech geben und im vorheizten Backofen bei 180 °C (Umluft 160 °C) ca. 12 Minuten goldbraun backen. Die noch warmen Kekse mit Staubzucker bestäuben.

> Als Alternative zur Marillenmarmelade kann man auch Orangen- oder **QUITTENMARMELADE** verwenden.

DER GUTE RAT

Most kurz aufkochen und erkalten lassen. Sein Geschmack wird dadurch intensiver.

DER GUTE RAT

Wenn kein Most vorrätig ist, können auch 4 Esslöffel Branntweinessig oder 4 Esslöffel Weißwein verwendet werden.

FÜR 30 STÜCK

ZUBEREITUNGSZEIT: 1 Std.

AUFWAND: ✪✪

JAHRESZEIT: Fr/So/He/Wi

Mozartkugeln

Mozartkugeln sind wohl die berühmtesten Pralinen der Welt. Die Familie des Salzburger Konditors Fürst, der sie 1890 kreierte, hütet noch heute das Originalrezept. Leider kam der Namensgeber nicht in den Genuss der Spezialität, da er knapp 100 Jahre zuvor verstorben war.

- 150 g Nuss-Nugat-Masse
- 125 g Staubzucker
- 200 g Marzipanrohmasse
- 1 EL Rosenwasser
- 1 TL Pistazien (gemahlen)
- 150 g Vollmilchkuvertüre
- 30 Pralinenförmchen

1 Kalte Nuss-Nugat-Masse in 1 x 1 Zentimeter große Würfel schneiden, mit kühlen Händen rasch zu 30 Kugeln mit 1 Zentimeter Durchmesser formen und im Kühlschrank aufbewahren.

2 Staubzucker fein sieben. Marzipanrohmasse mit Rosenwasser, Staubzucker und fein gemahlenen Pistazien gründlich verkneten. Daraus 30 kleine Marzipankugeln formen und rund ausrollen. Damit jeweils eine Nugatkugel umhüllen, dicht verschließen und ca. 30 Minuten in den Kühlschrank stellen.

3 Vollmilchkuvertüre in kleine Stücke zerhacken und im Wasserbad schmelzen. Marzipankugeln mit Pralinengabel in die flüssige Kuvertüre tauchen und abklopfen.

4 Auf einer vorbereiteten Plattform die Pralinen senkrecht aufstellen, damit überschüssige Kuvertüre ablaufen kann, und trocknen lassen. Pralinen in Förmchen setzen und kühl aufbewahren.

> **SELBST GEMACHTE MOZARTKUGELN** sind die perfekte Füllung für die Mozartknödel.

DER GUTE RAT

Freunde von Alkoholpralinen ersetzen das Rosenwasser mit etwas Obstler.

ZUBEREITUNGSTIPP

2 Holzspieße in die Marzipankugeln stechen, in die Kuvertüre tauchen und auf einem Kuchengitter senkrecht fixieren. So bleibt die Praline wie das Original kugelrund. Die Einstichlöcher später mit Kuvertüre verschließen.

FÜR 1 LAIB

ZUBEREITUNGSZEIT: 3 Std.

AUFWAND: ✪✪

JAHRESZEIT:
Wi

Kletzenbrot

Das Kletzenbrot verdankt seinen Namen getrockneten Birnen, den Kletzen, wie sie im bayrisch-österreichischen Raum heißen und die dem weihnachtlichen Früchtebrot den besonderen Geschmack verleihen.

- 1,7 kg Roggenmehl + etwas Mehl zum Bestäuben
- 20 g Salz
- 60 g Trockengerm
- 1,7 kg Weinberl
- 300 g Kletzen
- 200 g ganze Haselnüsse
- 10 g Nelken (gemahlen)
- 20 g Zimt
- 125 ml Rum
- etwas Fett für das Blech

1 Mehl, Salz und Germ in einer Rührmaschine mit 1,25 Liter warmem Wasser vermengen und mindestens 10 Minuten zu einem glatten Teig verarbeiten. Mit etwas Mehl bestäuben und abgedeckt ca. 2 Stunden an einem warmen Ort ruhen lassen.

2 In der Zwischenzeit Weinberl, Kletzen und Nüsse mit Nelkenpulver und Zimt in Rum sowie 500 Milliliter Wasser einlegen. Die Mischung ebenfalls ca. 2 Stunden ziehen lassen und gelegentlich umrühren.

3 Das „Bladl", eine Brotrinde, die verhindert, dass die Früchte außen anbrennen, wird aus 6 Handvoll vom aufgegangenen Brotteig hergestellt; daraus eine große Teigplatte auf einer bemehlten Arbeitsfläche ausrollen. Ein Sechstel von der Teigplatte abtrennen und darin die aufgequollene Fruchtfüllung einwickeln. Kräftig durchkneten und einen Wecken daraus formen, mit den restlichen fünf Sechsteln der Teigplatte fest umhüllen.

4 Backofen auf 150 °C (Umluft 130 °C) vorheizen. Kletzenbrot großzügig mit Wasser bestreichen und mit einer Gabel einstechen, um zu verhindern, dass die Brotrinde aufreißt.

5 Kletzenbrot auf einem eingefetteten Backblech im vorgeheizten Backofen ca. 1 Stunde backen lassen.

DER GUTE RAT

Ein Klopfen auf den Brotlaib verrät, wenn es hohl klingt, dass das Brot fertiggebacken ist.

> Auch viele andere Trockenfrüchte wie **FEIGEN** und **MARILLEN** kann man im Kletzenbrot verarbeiten.

FÜR 10 STÜCK

ZUBEREITUNGSZEIT: 50 Min.

AUFWAND: ✪

JAHRESZEIT: Fr/So/He/Wi

- 350 g Blätterteig (Kühlregal)
- etwas Mehl für die Arbeitsfläche
- 2 Eier
- etwas Milch zum Bestreichen
- 50 g Staubzucker
- 2 EL Zitronensaft

DER GUTE RAT

Das Zuckerwasser stabilisiert den Eischnee und verhindert ein Durchweichen. Die Zugabe ist nicht nötig, wenn die Schaumrollen frisch serviert werden.

Schaumrollen

Den leckeren Schaumrollen aus luftig-leichtem Blätterteig kann man nur schwer widerstehen. Sie dürfen auf keiner Kaffeetafel fehlen und gelingen auch ungeübten Köchen.

1 Backofen auf 200 °C (Umluft 180 °C) vorheizen. Blätterteig aus dem Kühlschrank nehmen, auf bemehlter Arbeitsfläche ca. 3 Millimeter dünn ausrollen und der Länge nach in 1 Zentimeter breite Streifen schneiden. Mehl von den Teigstreifen pinseln und diese auf die Rollenformen wickeln.

2 Eier trennen. Eidotter mit Milch verrühren und damit die Schaumrollenoberfläche bestreichen.

3 Backblech mit Backpapier auslegen. Schaumrollen mit genügend Abstand daraufsetzen und im vorgeheizten Backofen ca. 15 Minuten backen. Temperatur des Backofens abstellen und die Rollen noch wenige Minuten nachziehen lassen. Backofentür nicht zu früh öffnen, sonst fällt der Teig zusammen oder geht nicht richtig auf. Fertige Schaumrollen ca. 10 Minuten abkühlen lassen.

4 Eiklar mit 30 Gramm Staubzucker und Zitronensaft steif schlagen. In 5 Esslöffel heißem Wasser den restlichen Staubzucker auflösen, kurz aufkochen lassen und sogleich unter den Eischnee mischen.

5 Schaummasse in einen Dressiersack füllen und mit sternförmigem Aufsatz in die Blätterteigrollen spritzen. Schaumrollen vor dem Servieren mit dem restlichen Staubzucker bestreuen.

> Probieren Sie die Schaumrollen doch einmal mit frischen **ERDBEEREN** oder Ribisel.

FÜRS BUFFET

Für das Partybuffet eignen sich Schaumrollen mit pikanter Fülle, z. B. mit Lachs: 200 Gramm Räucherlachs mit 200 Gramm Crème fraîche fein pürieren und unter den Eischnee heben.

FÜR 4 PERSONEN

ZUBEREITUNGSZEIT: 2 Std.

AUFWAND: ✪✪

JAHRESZEIT:
Wi

Kärntner Faschingskrapfen

Ob Berliner oder Krapfen oder Ballen, der in Fett ausgebackene Germteig mit Staubzucker ist im ganzen deutschsprachigen Raum bekannt. In Kärnten wird er zum „Fasching, Lei, Lei!" original ohne Marmelade gegessen.

- 500 g Mehl + etwas Mehl für die Arbeitsfläche
- 30 g Trockengerm
- 60 g Zucker
- 1 TL Salz
- 250 ml Milch
- 2 EL Rum
- 1 Ei + 1 Eidotter
- 60 g Butter
- Butterschmalz
- Staubzucker zum Bestäuben

1 Alle Zutaten auf Zimmertemperatur bringen und zu einem weichen Germteig verkneten. Dabei Mehl, Trockengerm, Zucker und Salz mischen. Milch, Rum, Ei, Eidotter und Butter zugeben und verkneten. Ist der Teig zu flüssig, einfach etwas mehr Mehl zugeben. Germteig zugedeckt ca. 30 Minuten an einen warmen Ort stellen, bis er sich verdoppelt hat.

2 Teig auf einem angewärmten, gut bemehlten Brett gut fingerdick ausrollen. Mit einem Wasserglas ca. 6–8 Zentimeter große Kreise ausstechen und wiederum zugedeckt an einen warmen Ort stellen. Während des Aufgehens einmal wenden.

3 Butterschmalz in einer großen Pfanne oder Fritteuse erhitzen. Krapfen zuerst von der oberen Seite ins heiße Fett legen. Wenn sie goldbraun gebacken sind, wenden und auf der anderen Seite goldbraun ausbacken. In der Mitte soll noch ein schöner weißer Rand bleiben. Herausnehmen und auf Küchenkrepp gut abtropfen lassen. Noch warm mit Staubzucker bestäuben.

> Wer mag, füllt die Krapfen vor dem Bestäuben mithilfe einer Spritze mit MARMELADE. Original Kärntner Krapfen werden jedoch ungefüllt gegessen.

DER GUTE RAT

Das Fett ist heiß genug, wenn Sie den Stiel eines Holzlöffels hineinhalten und sich am Stiel kleine Blasen bilden.

FÜR 4 STÜCK

ZUBEREITUNGSZEIT: 40 Min.

AUFWAND: ✪✪

JAHRESZEIT:
Fr/So/He/Wi

- 3 Eier (Größe M)
- 1 Prise Salz
- 200 g Mehl
- 250 ml Milch
- 20 g flüssige Butter
- 1 Schuss Schnaps (oder Rum)
- ca. 1 l Pflanzenöl zum Ausbacken
- Staubzucker

Straubén

Strauben sind eine Tiroler und Südtiroler Spezialität, die beim Almabtrieb und Volksfesten das ganze Jahr über angeboten werden. Das Backen der süßen Köstlichkeit ist eine Kunst, zu der Profis einen speziellen Straubentrichter verwenden.

1 Eier trennen. Eiklar mit einer Prise Salz zu einem festen Eischnee schlagen. Mehl in eine große Schüssel sieben und die zimmerwarme Milch zugießen. Mit den Quirlen des Handrührgeräts zu einem glatten Teig verrühren.

2 Butter, Eidotter und Schnaps oder Rum zugeben und alles noch einmal gut durchrühren. Eischnee vorsichtig unter den Teig heben. Die Masse sollte schön dickflüssig sein.

3 Öl (so viel, dass die Strauben richtig darin schwimmen) in einem flachen Topf erhitzen. Sobald das Öl heiß ist, den Straubentrichter über den Topf halten und den Teig mithilfe einer Suppenkelle in den Trichter füllen. Teig spiralförmig von der Mitte nach außen in das heiße Öl fließen lassen und Strauben so lange backen, bis sie goldgelb sind.

4 Strauben mit einem Schaumlöffel vorsichtig aus dem heißen Fett heben und auf einem mit Küchenpapier ausgelegten Teller abtropfen lassen. Strauben noch warm mit Staubzucker bestäuben und sofort servieren.

> Einen Klecks **PREISELBEEREN** zu den Strauben geben.

DER GUTE RAT

Um festzustellen, ob das Öl oder Fett die richtige Temperatur zum Backen erreicht hat, genügt es, ein paar Spritzer Wasser zuzugeben. Verzischt es sofort, kann mit dem Backen begonnen werden.

STRAUBENTRICHTER

Ein Straubentrichter ist für diese Art der Straubenzubereitung absolut essenziell. Der lange Stiel sorgt dafür, dass man möglichst keine Spritzer vom heißen Öl abbekommt. Will man nicht extra nach Südtirol fahren, kann man auch versuchen, im Internet einen Straubentrichter zu erstehen.

FÜR 4 PERSONEN

ZUBEREITUNGSZEIT: 1,5 Std.

AUFWAND: ✪✪

JAHRESZEIT:
Fr

- 30 g Germ
- 500 g Mehl
- 1 Prise Salz
- 30 g Zucker
- 100 g Butter
- 125 ml Milch
- 10 g Vanillezucker
- 1 Eidotter

DER GUTE RAT

In die Pinzen mit einer Schere das Kreuz einschneiden. So erhält das Gebäckstück seine traditionelle Form.

DER GUTE RAT

Sehr dekorativ: Vor dem letzten Backvorgang ein gefärbtes Osterei in die Mitte des Teigballens setzen.

Osterpinzen

Ein flaumiges Germgebäck, das ursprünglich im Veneto und Friaul zur Weihnachtszeit gereicht wurde. Heute sind Pinzen in Niederösterreich, Slowenien und Kroatien ein traditionelles Ostergebäck, das an den Feiertagen mit dem Osterfleisch verzehrt wird.

1 Germ, Mehl und Salz in einer Schüssel vermengen. Zucker, kalte Butterflocken, Milch und Vanillezucker zugeben und mit den Knethaken des Handrührgeräts rasch einen glatten Teig verarbeiten. Teig abgedeckt an einem warmen Ort ca. 20 Minuten gehen lassen, bis sich das Volumen des Teigs verdoppelt hat. Kräftig durchkneten und nochmals ca. 20 Minuten gehen lassen.

2 Backofen auf 180 °C (Umluft 160 °C) vorheizen. Teig in vier gleich große Teile schneiden, diese nochmals durchkneten und zu Kugeln formen. Ein Backblech mit Backpapier auslegen und Osterpinzen daraufsetzen, mit einem Küchentuch zudecken und ca. 5 Minuten ruhen lassen. So werden sie besonders flaumig.

3 Die Pinzen mit Eidotter bestreichen und im vorgeheizten Backofen ca. 20 Minuten hell backen. In jedes Gebäckstück ein Kreuz schneiden und nochmals ca. 15 Minuten im Backofen goldbraun backen.

> Die Osterpinzen schmecken auch köstlich mit **WEINBERL**, die man einfach zum Teig geben kann.

FÜR 16 STÜCK

ZUBEREITUNGSZEIT: 1,5 Std.

AUFWAND: ✪✪

JAHRESZEIT:
Fr/So/He/Wi

- 1 Ei
- 250 g Butter
- 3 EL Sauerrahm
- 1 Prise Salz
- 250 g Mehl
- 10 g Backpulver
- 150 g gemahlene Nüsse (Haselnüsse, Walnüsse, Mandeln)
- 60 g Zucker
- 1 Päckchen Vanillezucker
- 1 EL Rum
- 7 EL Milch
- Staubzucker zum Bestäuben

Rahmkipferl mit Nussfülle

Rahmkipferl, ein süßer Gruß aus Kärnten. Das Rezept ist heute in den meisten mitteleuropäischen Backbüchern zu finden.

1 Ei trennen. Kalte Butter in Flocken schneiden und mit Sauerrahm, Eidotter, Salz, Mehl und Backpulver rasch mit den Knethaken des Handrührgeräts zu einem glatten Teig kneten. Diesen im Kühlschrank ca. 30 Minuten ruhen lassen.

2 Backofen auf 180 °C (Umluft 160 °C) vorheizen. Für die Fülle Nüsse, Zucker, Vanillezucker, Eiklar, Rum und Milch gut miteinander vermengen.

3 Erkalteten Teig halbieren. Jede Hälfte dünn zu einem Kreis ausrollen und diesen in jeweils 8 Teile (wie Tortenstücke) schneiden. Fülle daraufgeben, zu Kipferln formen und im vorgeheizten Backofen ca. 25 Minuten backen.

4 Mit einem Teelöffel die vorbereitete Fülle in die Dreiecke setzen, zu Kipferln formen und im vorgeheizten Backofen ca. 25 Minuten goldgelb backen. Die heißen Kipferl in gesiebtem Staubzucker wenden.

> Überraschen Sie Ihre Liebsten am besten **ZUM FRÜHSTÜCK** mit frischen Rahmkipferln!

FÜLLUNG MAL ANDERS!

In diese Kipferl passt auch wunderbar eine Mohn-Füllung: 175 Milliliter Milch, 60 Gramm Zucker, 5 Gramm Vanillezucker, 1 Prise Zimt, ¼ abgeriebene Schale einer unbehandelten Zitrone, 100 Gramm gemahlener Mohn und 25 Gramm Grieß miteinander verrühren.

FÜR 18 STÜCKE

ZUBEREITUNGSZEIT: 3,5 Std.

AUFWAND: ✪✪✪

JAHRESZEIT:
Fr/So/He/Wi

Esterházy-Torte

Während des „Fin de Siècle" in der Donaumonarchie von Budapester Konditoren kreiert, erfreut sich die Esterházy-Torte heute vorwiegend in Österreich, Deutschland und Ungarn großer Beliebtheit.

- 7 Eiklar
- 1 Prise Salz
- 280 g Staubzucker
- 40 g Mehl
- 200 g gemahlene Mandeln
- 1 Päckchen Vanillezucker
- 500 ml Milch
- 4 EL Zucker
- 1 Päckchen Vanillepuddingpulver
- 275 g Butter (zimmerwarm)
- 2 EL Kirschwasser
- 100 g Mandelblätter
- etwas Zitronensaft
- 1 gestrichener TL Kakaopulver

1 Backofen auf 180 °C (Umluft auf 160 °C) vorheizen. Eiklar mit Salz steif schlagen. 160 Gramm Staubzucker und Mehl nach und nach auf den Schnee sieben und unterschlagen. Mandeln und Vanillezucker vorsichtig unterheben. Auf Backpapier 5 Böden à 23 Zentimeter Durchmesser aufzeichnen und Teig in fünf Portionen aufstreichen. Böden einzeln jeweils ca. 10 Minuten backen.

2 Für die Buttercreme 5 Esslöffel Milch mit 2 Esslöffeln Zucker und Puddingpulver verrühren. Restliche Milch zum Kochen bringen. Kocht die Milch, Puddingzuckermilch einrühren und unter ständigem Rühren noch einmal aufkochen lassen. Pudding abkühlen lassen. Ist der Pudding erkaltet, 250 Gramm Butter und Kirschwasser unterschlagen.

3 Jeden Boden, auch den obersten, mit Buttercreme bestreichen und alle Böden aufeinandersetzen. Torte ca. 1 Stunde kalt stellen.

4 Für die Krokantblätter 2 Esslöffel Zucker in 25 Gramm Butter karamellisieren und Mandelblätter unter ständigem Rühren zugeben. Sind die Krokantblätter braun, sofort vom Herd nehmen, damit sie nicht nachdunkeln, und abkühlen lassen.

5 Restlichen Staubzucker mit Zitronensaft dickflüssig anrühren. Einen Teelöffel abnehmen und mit Kakao einfärben.

6 Wenn die Esterházy-Torte ausgekühlt ist, mit der weißen Glasur einen Spiegel aufstreichen und mit der Schokoglasur Kreise im Abstand von zwei Zentimetern aufspritzen. Sofort mit einem Messer wechselseitig zueinander Querstreifen ziehen. Am Rand das Blätterkrokant andrücken.

FÜR 16 STÜCKE

ZUBEREITUNGSZEIT: 1,5 Std.

AUFWAND: ✪

JAHRESZEIT: He/Wi

Steirischer Kernöl-Gugelhupf

Kernöl im Kuchen? Richtig – das schwarze Gold der Steiermark wird hier einmal in einer süßen Variante präsentiert!

- 5 Eier
- 200 g Staubzucker + nach Belieben etwas Staubzucker zum Bestäuben
- 1 Päckchen Vanillezucker
- 120 ml Kürbiskernöl
- etwas Fett für die Form
- etwas Mehl oder Semmelbrösel für die Form
- 50 g feiner Zucker
- 250 g Mehl
- ¾ Päckchen Backpulver
- 100 g Kürbiskerne (fein gemahlen) + einige ganze Kürbiskerne nach Belieben

1 Eier trennen. Staubzucker sieben. Eidotter mit Staubzucker, Vanillezucker und einer Mischung aus Kürbiskernöl und 120 Millilitern Wasser mit den Quirlen des Handrührgeräts schaumig schlagen.

2 Backofen auf 180 °C (Umluft 160 °C) vorheizen. Gugelhupfform (20–24 Zentimeter Durchmesser) einfetten und mit Mehl oder Semmelbröseln auskleiden.

3 Eiklar zu festem Schnee schlagen, Zucker nach und nach einrieseln lassen. Mehl und Backpulver sieben, mit gemahlenen Kürbiskernen mischen und in die Teigmasse einrühren. Eischnee vorsichtig mit dem Schneebesen unterheben.

4 Teig in die Gugelhupfform einfüllen und im vorgeheizten Backofen ca. 50–60 Minuten backen (ggf. Stäbchenprobe machen, um Gargrad zu prüfen).

5 Gugelhupf aus dem Backofen nehmen und noch in der Form auf ein Kuchengitter stellen und etwas auskühlen lassen. Nach ca. 5–10 Minuten aus der Form stürzen und fertig auskühlen lassen. Nach Belieben mit Staubzucker bestäuben und mit ganzen Kürbiskernen garnieren.

> Dazu schmeckt ein **KERNÖL-SCHLAGOBERS**.

DER GUTE RAT

Besonders knackig wird der Gugelhupf, wenn man ganze Kürbiskerne im Teig verwendet.

KERNÖL-SCHLAGOBERS

1 Becher Obers mit den Quirlen des Handrührgeräts steif schlagen (ggf. Sahnesteif unterrühren) und mit etwas Staubzucker sowie einem Schuss Kürbiskernöl verrühren – mehr Kernöl geht nicht!

Wiener Kaffeehauskultur

„Im Kaffeehaus sitzen Leute, die allein sein wollen, aber dazu Gesellschaft brauchen“, schrieb einst Alfred Polgar, Schriftsteller aus Wien und passionierter Kaffeehausbesucher. Ob um Ruhe zu finden, das Mittagessen abzuschließen oder um das Neueste aus der Umgebung zu erfahren – jeder Gast filtert aus einem Besuch in einem der gemütlichen Etablissements das Beste für sich heraus. Aber egal zu welcher Zeit und aus welchem Grund man eines der vielen Cafés aufsucht – mit jedem Besuch nimmt man ein Stück Wien für sich mit.

Süß und sauer

Bei aller Lust auf Süßes steht einem doch irgendwann der Sinn nach etwas Pikantem. Neben der Vielfalt an Heißgetränken und Süßspeisen bietet ein typisches Wiener Kaffeehaus auch diverse Erfrischungen und Jausen (Snacks) an. Ein Paar Frankfurter mit Senf und Kren und ein schmackhafter Schinken-Käse-Toast stehen in jedem Café auf der Karte. Ab und an findet man auch eine Suppe. Passend dazu: Bier, Wein und klassische Spirituosen, um die üppigen Völlereien gebührend abzuschließen.

Kaffeehaus-Frühstück

Besonders ausgiebig lässt es sich im Kaffeehaus auch frühstücken – manchmal bis in die Mittagsstunden. Ein klassisches Wiener Frühstück besteht aus:

- *einem Kaffee,*
- *einer Kaisersemmel,*
- *Butter und Marmelade.*

So schmeckt Wien

Seit 2011 gehört die Wiener Kaffeehauskultur zum immateriellen Weltkulturerbe der Menschheit. Diese Wiener Kaffeehäuser versprühen ein besonderes Flair:

- Café Central – Alfred Polgars Stammlokal
- Café & Konditorei Demel – seines Zeichens ehemaliger „K.u.K. Hofzuckerbäcker“
- Café & Konditorei Gerstner – kandierte Veilchen à la Kaiserin Sissi gibt es beim einstigen „K.u.K. Hofzuckerbäcker“
- Café Hawelka – vom Liedermacher Georg Danzer in „Jö schau“ besungen
- Café Sacher – hier gibt es die „Original Sacher Torte“.
- Café Sperl – vom Ambiente der Inbegriff eines typisch wienerischen Kaffeehauses der vorletzten Jahrhundertwende

Wiener Kaffeehausspezialitäten

Im Kaffeehaus gibt's Kaffee? So einfach ist die Sache nicht! Hier ein kleiner Auszug aus der Kaffeekarte eines Wiener Kaffeehauses:

- *Wiener Melange: beliebter Klassiker – Kaffee und Milch im Verhältnis 1:1, mit einer Haube aus Milchschaum*
- *Franziskaner: Melange mit geschlagenem Obers als Haube, Farbe erinnert an die Kutte der Franziskanermönche*
- *Kleiner Brauner: einfacher Mokka, der mit Milch oder Obers in einem extra Kännchen serviert wird*
- *Großer Brauner: doppelter Mokka, der mit Kaffeeobers in einer großen Schale serviert wird*
- *Kapuziner: kleiner Mokka mit ein paar Tropfen Obers. Die Farbe erinnert an die Kutte der Kapuzinermönche. In Italien entstand daraus der Cappuccino.*
- *Einspänner: kleiner Mokka, im Glas serviert, mit sehr viel kaltem Schlagobers als Haube (wodurch der Kaffee heiß bleibt), dazu Staubzucker. Kaffee der Wiener Kutschfahrer, die sich daran die Hände wärmten.*
- *Verlängerter: kleiner Brauner, der mit der doppelten Menge Wasser hergestellt wird*
- *Fiaker: Verlängerter mit Rum, Zucker und Schlagobers. Der Name leitet sich von den Wiener Fiakerfahrern ab, die ihn wahrscheinlich gerne tranken.*
- *Schale Gold: mit heißer Milch aufgegossener Mokka mit Milchschaumhaube, in einer kleinen Schale serviert*

Zum Kaffee

Krönen Sie Ihren Nachmittagskaffee mit …

- *… einem saftigen Stück schokoladiger Sachertorte,*
- *… zimtig-fruchtigem Apfelstrudel,*
- *… zart-flaumigen Buchteln an warmer Vanillesoße.*

Besonders üppig nascht man …

- *… cremige Esterházyschnitten,*
- *… ein Stück Malakoff-Torte*
- *… oder einen Mohr im Hemd.*

FÜR 12 STÜCKE

ZUBEREITUNGSZEIT: 2,5 Std.

AUFWAND: ✪✪

JAHRESZEIT:
He/Wi

Linzer Torte

Die Linzer Torte ist eine oberösterreichische Kuchenspezialität, die ihren Namen und ihre Popularität einem Linzer Zuckerbäcker verdankt, der sie in großer Zahl herstellte und vertrieb. Angeblich war das Nussmürbteig-Rezept bereits in der Antike bekannt.

- 150 g Butter + etwas Butter für die Form
- 150 g Staubzucker
- 250 g Mehl + etwas Mehl für die Arbeitsfläche
- 10 g Backpulver
- 50 g gehobelte Mandeln
- 100 g geröstete Haselnüsse
- 1 Ei + 1 Eidotter
- 1 Prise Vanillezucker
- 1 Prise Zimt
- 1 Prise Nelken (gemahlen)
- abgeriebene Schale von 1 unbehandelten Zitrone
- Ribiselmarmelade für die Füllung
- Staubzucker zum Bestäuben

1 Butter und Staubzucker verrühren. Mehl sieben und mit Backpulver vermengen. Mandeln, Haselnüsse, Ei, Vanillezucker, Zimt, Nelkenpulver und Zitronenschale zugeben. Das Ganze am besten mit den Knethaken des Rührgeräts zu einem homogenen Teig verarbeiten und kurz im Kühlschrank abkühlen lassen.

2 Eine Springform (26 Zentimeter Durchmesser) mit Butter ausstreichen. Erkalteten Teig aus dem Kühlschrank nehmen, ca. drei Viertel davon auf einer bemehlten Arbeitsfläche ca. 1,5 Zentimeter dick ausrollen und in die Form legen. Die Ribiselmarmelade – nicht zu dick – auftragen und dabei einen ca. 1 Zentimeter breiten Rand lassen.

3 Backofen auf 210 °C (Umluft 190 °C Umluft) vorheizen. Den Rest des Mürbteigs zu einem Teigkreis mit ca. 26 Zentimeter Durchmesser ausrollen und mit einem Teigrädchen ca. 1 Zentimeter breite Streifen ausschneiden. Alternativ dünne Teigrollen daraus formen. Teigstreifen gitterförmig auf den Marmeladenspiegel aufbringen. Auch um den Rand eine Teigrolle legen und leicht andrücken.

4 Das Teiggitter mit verschlagenem Eidotter bestreichen und Rand mit gehobelten Mandeln bestreuen.

5 Linzer Torte im vorgeheizten Backofen ca. 45 Minuten backen. Dem Backofen entnehmen und in der Form völlig erkalten lassen, denn noch warm könnte sie auseinanderbrechen. Mithilfe eines Messers die Torte schließlich aus der Form lösen und leicht mit Staubzucker bestäuben.

DER GUTE RAT

Die Linzer Torte schmeckt am besten, wenn man sie mit Klarsichtfolie bedeckt, mindestens einen Tag im Kühlschrank ziehen lässt und dann erst mit Zucker bestreut.

FÜR 12 STÜCKE

ZUBEREITUNGSZEIT: 2 Std.

AUFWAND: ✪✪

JAHRESZEIT: Fr/So/He/Wi

Topfentorte Wiener Art

Ein sehr feiner Käsekuchen mit Schokoladenglasur, der jede Kaffeetafel ziert.

- 150g Weinberl
- 1 Schuss Rum
- 250 g Butter
- 250 g Zucker + 1 EL Zucker
- 8 Eier
- 1 Vanilleschote
- abgeriebene Schale von ½ unbehandelten Zitrone
- einige Tropfen Bittermandelöl
- 1 kg Topfen
- 6 EL Dinkelgrieß
- 1 Prise Salz
- 150 g Obers
- 175 g Zartbitterschokolade

1 Weinberl in Rum einlegen. 175 Gramm Butter und Zucker mit den Quirlen des Handrührgeräts schaumig schlagen. Eier trennen. Eidotter nach und nach zur Butter-Zucker-Creme zufügen und schlagen, bis eine luftige Masse entsteht.

2 Vanilleschote längs aufschlitzen. Mit einem Messer das Mark aus der Schote kratzen. Vanillemark, Zitronenschale, Bittermandelöl und Weinberl in die luftige Buttermasse einrühren. Topfen und Grieß nach und nach behutsam unterheben. Eiklar mit einer Prise Salz steif schlagen und unterheben.

3 Backofen auf 160 °C (Umluft 140 °C) vorheizen. Topfenteig in eine runde Form (28 Zentimeter Durchmesser) einfüllen und ca. 1 Stunde backen. Mit einem Zahnstocher testen, ob der Topfenteig durchgebacken ist. Wenn nichts am Zahnstocher kleben bleibt, ist die Topfentorte fertig. Ca. 15 Minuten im ausgeschalteten Backofen ruhen lassen. Aus dem Backofen nehmen und in der Form auskühlen lassen. Nicht erschrecken, die Torte fällt immer etwas zusammen.

4 Für die Glasur Obers und 1 Esslöffel Zucker in einem kleinen Topf zum Sieden bringen. Topf vom Herd nehmen und Schokolade sowie 75 Gramm Butter einrühren, bis eine homogene – aber noch flüssige – Glasur entstanden ist. Noch warm über die Topfentorte geben. Abkühlen lassen und auftischen.

>Topfentorte Wiener Art kann mit oder ohne **WEINBERL** gemacht werden.

DER GUTE RAT

Statt Weinberl schmecken auch frische Feigen sehr fein in der Torte.

FÜR 10 STÜCKE

ZUBEREITUNGSZEIT: 2 Std.

AUFWAND: ✪✪

JAHRESZEIT:
He/Wi

Rehrücken

Der Rehrücken, ein saftiger Schokoladenkuchen aus Rührteig, der in einer besonderen Form, die einem Rehrücken gleicht, gebacken wird.

- 3 Eier
- 150 g Bitterschokolade
- 100 g Staubzucker
- 150 g Butter + etwas Butter für die Form
- 50 g Mehl + etwas Mehl für die Form
- 2 TL Backpulver
- 30 g Semmelbrösel
- 2 EL Rum
- 1 Prise Salz
- 100 g Haselnüsse (gemahlen)

1 Eier trennen. 100 Gramm Schokolade zerkleinern und im Wasserbad schmelzen. Staubzucker sieben und mit 100 Gramm Butter, Eidotter und weicher Bitterschokolade mit den Quirlen des Handrührgeräts schaumig rühren. Mehl und Backpulver fein sieben und unterrühren.

2 Semmelbrösel in Rum einweichen. Eiklar mit Salz zu steifem Schnee schlagen. Backofen auf 160 °C (Umluft 140 °C) vorheizen.

3 Haselnüsse mit Semmelbröseln mischen. Ein Drittel des Eischnees in die Teigmasse rühren. Die restlichen zwei Drittel des Eischnees und die Haselnuss-Semmelbrösel-Mischung vorsichtig mit dem Kochlöffel unterheben, damit die Teigmasse nicht an Volumen verliert.

4 Die Rehrückenform mit Butter ausstreichen und bemehlen. Teig einfüllen und die Oberfläche glatt streichen. Im vorgeheizten Backofen ca. 55 Minuten backen.

5 50 Gramm Schokolade und 50 Gramm Butter im Wasserbad schmelzen und abgekühlten Rehrücken damit bestreichen.

> Der Rehrücken schmeckt hervorragend mit frischem SCHLAGOBERS.

FÜLLUNG MAL ANDERS!

Mit Schokoladenguss wird der Kuchen dekorativer, saftiger und haltbarer: Rehrücken auf ein Kuchengitter stürzen, mit heißer Marillenmarmelade bestreichen und erkalten lassen. Für die Schokoladenglasur 50 Gramm Schokolade im Wasserbad schmelzen, 50 Gramm warme Butter unter Rühren zugeben und Rehrücken damit überziehen. Anschließend mit Mandelstiften (Pignoli) spicken.

FÜR 16 STÜCKE

ZUBEREITUNGSZEIT: 1 Std.

AUFWAND: ✪

JAHRESZEIT:
So

- 300 g rote Ribisel
- 3 Eier
- 150 g Staubzucker
- 50 g Butter
- 250 g Mehl
- 1 TL Backpulver
- 250 ml Milch
- 200 g Zucker
- 40 g Vanillezucker

DER GUTE RAT

Ribiselschnitten schmecken am besten, wenn sie noch lauwarm sind.

Ribiselschnitten

Ribiselschnitten, ein österreichischer Kuchenklassiker aus saftigem Rührteig mit Baiserbelag – so schmecken die sauren Früchtchen auch Kindern!

1 Ribisel von Rispen befreien, waschen und verlesen. Backofen auf 190 °C (Umluft 170 °C) vorheizen.

2 Eier trennen. Staubzucker sieben. Eidotter mit Butter, 3 Esslöffeln Wasser und Staubzucker mit den Quirlen des Handrührgeräts schaumig rühren. Mehl und Backpulver mischen, fein sieben und abwechselnd mit der Milch unter den Teig rühren.

3 Ein Backblech mit Backpapier auslegen und den Teig gleichmäßig darüber verteilen. Im vorgeheizten Backofen ca. 15 Minuten nicht ganz fertig backen.

4 Eiklar für den Belag cremig schlagen. Zucker und Vanillezucker einrieseln lassen und steif schlagen.

5 Ribisel vorsichtig unterheben. Die Masse auf dem angebackenen Rührteig verteilen und im noch heißen Backofen ca. 5–10 Minuten fertig backen.

>Versuchen Sie dieses Rezept doch auch einmal mit **SCHWARZEN RIBISELN**!

FÜR 12 STÜCKE

ZUBEREITUNGSZEIT: 2 Std.

AUFWAND: ✪✪✪

JAHRESZEIT:
Fr/So/He/Wi

Sachertorte

Im Jahre 1832 kreierte der Hofbäckerlehrling Franz Sacher eine Schokoladentorte, die Fürst Metternich in Auftrag gab. Sohn Eduard Sacher vollendete die köstliche Torte während seiner Ausbildung beim K.u.K.-Hofzuckerbäcker Demel.

- 125 g Schokolade (70 % Kakaoanteil)
- 130 g Butter + etwas Fett für die Form
- 7 Eidotter (Größe L)
- 2 EL Rum
- 50 g Staubzucker
- 70 g Mehl (glatt)
- 40 g Stärkemehl
- 10 g Kakaopulver
- 1 Prise Backpulver
- 80 g Zucker
- 7 Eiklar (Größe L)

Ganache-Glasur:

- 180 g Obers
- 180 g Schokolade (55 % Kakaoanteil)
- 1½ Blätter Gelatine
- 50 g Butter

Tränken der Torte:

- 2 EL Rum, Läuterzucker
- 300 g Marillenmarmelade

1 Schokolade fein raspeln. 130 Gramm Butter erwärmen und ca. 2 Minuten mit den Schokoraspeln verrühren, bis die Schokolade mit der Butter verschmolzen ist. Eidotter, Rum und Staubzucker unterrühren. Teigmasse im kalten Wasserbad weiterverarbeiten, dazu Schüssel in ein Waschbecken mit kaltem Wasser setzen. Schneebesen und kein Rührgerät verwenden. Backofen auf 180 °C (Umluft 160 °C) vorheizen.

2 Mehl, Stärkemehl, Kakaopulver und Backpulver mischen und in eine Schüssel sieben. Aus Zucker und Eiklar keinen steifen, sondern einen eher zähflüssigen Eischnee herstellen, der sich gut mit der Teigmasse vereint. Abwechselnd ein Drittel vom Eischnee und der Mehlmischung in die Buttermasse einarbeiten. Bei Verwendung eines Kochlöffels wird die Teigmasse luftiger, und es vergrößert sich das Teigvolumen. Teig in eine gefettete Springform mit 24 Zentimeter Durchmesser füllen und im vorgeheizten Backofen ca. 60 Minuten backen.

3 Für die Ganache-Glasur Obers nur kurz aufkochen, über die zerriebene Schokolade gießen und so lange rühren, bis sich die Schokolade aufgelöst hat. Die eingeweichte Gelatine gut ausdrücken und gründlich untermengen. Kalte Butter zerkleinern und nach ca. 4–5 Minuten in Flocken nach und nach zugeben. Die Masse im kalten Wasserbad mit einem Teigspachtel bearbeiten, bis sie zähflüssig wird. Die Glasur sollte einen Löffelrücken dick überziehen und daran haften bleiben.

4 Die erkaltete Sacherteigmasse einmal waagrecht durchschneiden und den unteren Boden mit Rum oder nach Belieben mit Läuterzucker tränken. Mit heißer, passierter Marillenmarmelade dünn überziehen; den anderen Teigboden daraufsetzen.

5 Kuchengitter auf ein tiefes Backblech legen. Darauf die Torte setzen und schwungvoll die kochend heiße Marmelade darübergeben. Sie verläuft von selbst und bildet einen spiegelglatten Belag. Nachdem die Marillenglasur eingetrocknet ist, kann die Ganache-Glasur aufgetragen werden.

DER GUTE RAT

Eine saftige Sachertorte sollte mindestens einen Tag kühl und trocken ruhen.

FÜR 12 STÜCKE

ZUBEREITUNGSZEIT: 3 Std.

AUFWAND: ✪✪

JAHRESZEIT:
So

- 240 g Himbeeren (TK-Produkt)
- 100 g Mehl
- 1 TL abgeriebene Schale von 1 unbehandelten Zitrone
- 5 Eier
- 110 g Zucker
- 1 Packung Zitronencremepulver
- 4 EL Himbeergelee
- 400 g Obers

DER GUTE RAT

Ein Tortenguss aus Zitronensaft und eine Dekoration aus Obers, Zitronenmelisse oder Marzipan macht die Zitronentorte zum Blickfang.

Meidlinger Zitronentorte

Die Zitronentorte wird nicht nur in der Heimat der berühmten Zitrusfrucht hergestellt; schon Mitte des 18. Jahrhunderts wurden zahlreiche Rezeptvarianten in ganz Europa niedergeschrieben.

1 Backofen auf 175 °C (Umluft 155 °C) vorheizen. Himbeeren nach Packungsanweisung auftauen und aufgetaute Himbeeren in ein Sieb schütten, Saft in einer Schüssel auffangen. Eine Springform mit 26 Zentimeter Durchmesser mit Backpapier versehen.

2 Mehl in die Rührschüssel sieben und mit der Zitronenschale vermengen. Eier trennen, Eiklar zu steifem Schnee schlagen. Drei Viertel des Zuckers nach und nach einrieseln lassen. Dotter verrühren und unterheben.

3 Mehlmischung zugeben und Teig in die Form füllen. Biskuitteig im vorgeheizten Backofen auf mittlerer Schiene ca. 30 Minuten backen. Fertiges Gebäck herausnehmen und abkühlen lassen.

4 Zitronencremepulver in eine Schüssel mit 200 Milliliter kaltem Wasser einrühren und nach Packungsanleitung zubereiten. Steife Creme mindestens 2 Stunden im Kühlschrank erkalten lassen.

5 Biskuit durchschneiden und den unteren Teil in einen Tortenring setzen. In einem Topf den Himbeersaft mit dem Himbeergelee kräftig rühren und zum Kochen bringen. So lange rühren, bis sich ein Sirup bildet. Topf vom Herd nehmen und Himbeeren unterheben. Die zähflüssige Fruchtmasse gleichmäßig auf dem Biskuitboden verteilen und abkühlen lassen.

6 Schlagobers mit dem restlichen Zucker verrühren, bis es streichfähig ist. Ein Drittel des Schlagobers über die Himbeeren im Tortenboden streichen. Den anderen Biskuitboden daraufsetzen und mit restlichem Schlagobers bestreichen. Abschließend die Zitronencreme auftragen oder mit einer Spritztüte Kugeln, Eier etc. formen.

FÜR 12 STÜCKE

ZUBEREITUNGSZEIT: 1,5 Std.

AUFWAND: ✪✪

JAHRESZEIT:
So

- 600 g Marillen
- 4 Eier
- 120 g Staubzucker
- 1 EL Vanillezucker
- 40 ml Marillenbrand
- 180 ml neutrales Öl + etwas Öl für die Form und zum Anbraten
- 80 g Zucker
- 1 EL Speisestärke
- 150 g Mehl
- 1 gestrichener TL Backpulver
- 60 g Mandeln (gemahlen)
- Semmelbrösel für die Form
- 5–6 kleine frische Minzeblätter
- 100 g Marillenmarmelade
- 50 g Mandelblättchen

DER GUTE RAT

Mit Tortengelee überzogen, bleibt der Kuchen 1–2 Tage länger haltbar.

Wachauer Marillenkuchen

Dieser beliebte Marillenkuchen ist ein saftiger Obstkuchen, der schnell hergestellt ist und sich auf keinem Kuchenbuffet verstecken muss.

1 Marillen verlesen, waschen, halbieren und entkernen.

2 Eier trennen. Eidotter, Staub- und Vanillezucker mit den Quirlen des Handrührgeräts schaumig rühren. 20 Milliliter Marillenbrand und Öl nach und nach zugießen. Eiklar steif schlagen und langsam den Zucker einrieseln lassen. Wenn der Eischnee schnittfest und glänzend ist, Speisestärke unterrühren.

3 Backofen auf 180 °C (Umluft 160 °C) vorheizen. Zu der Eidottermasse ein Drittel des Eischnees, Mehl, Backpulver und Mandeln geben und gründlich verrühren. Die restlichen zwei Drittel des Eischnees vorsichtig mit einem Kochlöffel unterheben.

4 Eine Springform (26 Zentimeter Durchmesser) einfetten und mit Semmelbröseln ausstreuen. Teig gleichmäßig einfüllen und glatt streichen.

5 Die Marillenhälften mit der Schnittfläche nach unten im Teig verteilen. Im vorgeheizten Backofen auf der mittleren Schiene ca. 45–50 Minuten goldbraun backen.

6 Minzeblätter waschen und trocken schütteln. Passierte Marillenmarmelade mit restlichem Marillenbrand erhitzen und alle Seiten des noch warmen Kuchens damit glasieren. Nur wenige Tropfen Öl in einer Pfanne erhitzen und Mandelblättchen darin goldbraun rösten. Kuchenrand damit dekorieren und Kuchenoberfläche mit übrigen Mandelblättchen und Minzeblättern verzieren.

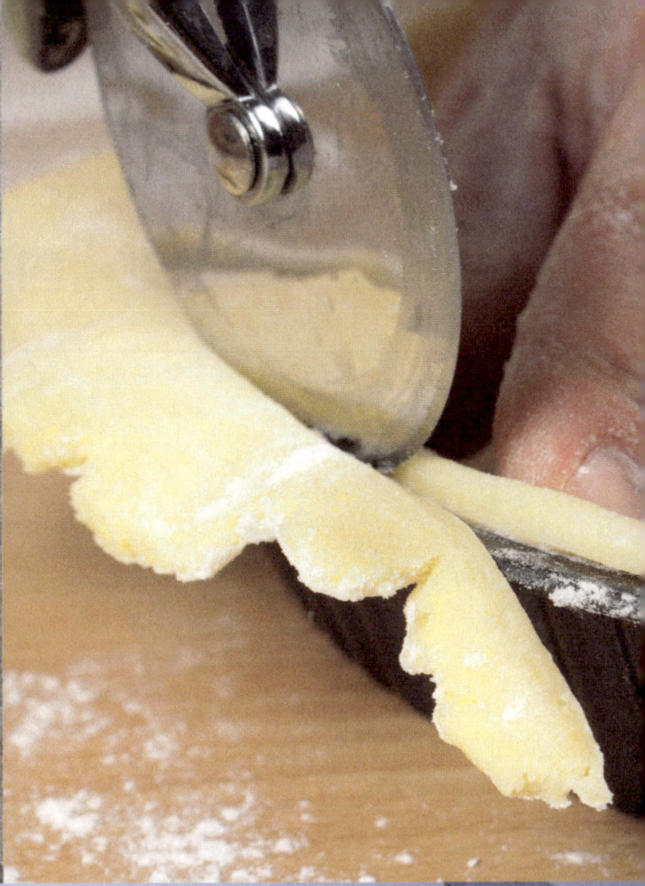

Austria

FÜR 1 KUCHEN

ZUBEREITUNGSZEIT: 1,5 Std.

AUFWAND: ✪✪

JAHRESZEIT:
Fr

Kärntner Reindling

Der original Kärntner Reindling ist ein traditioneller Kuchen aus Germteig, der in einer Rein, einer flachen, runden Kasserolle, gebacken wird.

- 500 ml Milch
- 200 g + 100 g zerlassene Butter + Butter für die Form
- 350 g Zucker + etwas Zucker für die Füllung und für die Form
- 1 Prise Salz
- 1 Päckchen Vanillezucker
- abgeriebene Schale von ½ unbehandelten Zitrone
- 5 Eier
- 1,2 kg Mehl (glatt)
- 60 g Trockengerm
- ½ TL Zimt (gemahlen)
- ca. 200 g Weinberl (in Rum eingelegt)
- ca. 200 g Walnüsse (grob gehackt)

1 Milch, 200 Gramm Butter und 200 Gramm Zucker kurz erhitzen. Abgekühltes Milch-, Butter- und Zuckergemisch mit Salz, Vanillezucker, Zitronenschale und Eiern mit den Quirlen des Handrührgeräts verrühren.

2 Mehl und Trockengerm zugeben und mit den Knethaken des Handrührgerätes den Teig bearbeiten, bis er sich vom Schüsselrand löst.

3 Teig zugedeckt an einem warmen Ort ca. 1 Stunde ruhen lassen, bis er sein Volumen verdoppelt hat.

4 Teig auf einer bemehlten Arbeitsfläche zu einem Rechteck ausrollen. Zimt, 150 Gramm Zucker, Weinberl und Walnüsse darauf verteilen und etwas zerlassene Butter darüberträufeln, dabei einen 2 Zentimeter breiten Rand frei lassen.

5 Teig der Länge nach straff einrollen und den Rand festdrücken. Backofen auf 180 °C (Umluft 160 °C) vorheizen.

6 Eine Rein oder eine Gugelhupfform mit Butter und Zucker bestreichen. Teig schneckenförmig in die Form einlegen, leicht andrücken und mit zerlassener Butter bepinseln.

7 Reindling im vorgeheizten Backofen ca. 45 Minuten backen. Warmen Kuchen auf ein Kuchengitter stürzen und nach Belieben mit Butter bestreichen.

ALS BEILAGE ZUR JAUSE

Der Kärntner Festtagskuchen gehört nicht nur auf eine Kaffeetafel, sondern eignet sich mit einer weniger süßen Füllung auch als Beilage zu einer deftigen Jause mit Schinken und hart gekochten Eiern, zum Beispiel zum Osterfrühstück.

FÜR 16 STÜCKE

ZUBEREITUNGSZEIT: 2,5 Std.

AUFWAND: ✪✪✪

JAHRESZEIT:
Fr/So/He/Wi

Dobostorte

Mit sechs Schichten Biskuit, Schokoladencreme und einer Karamell-Glasur ist die Dobostorte eines der köstlichsten kulinarischen Vermächtnisse der Monarchie Österreich-Ungarn.

- 475 g Butter
- 250 g + 1 EL Zucker
- 3 Päckchen Vanillezucker
- 8 Eier
- 150 g Mehl
- 1 Prise Salz
- 400 ml Milch
- 1 EL Rum
- 60g Vanillepuddingpulver
- 100 g Obers
- 100 g Zartbitterschokolade
- Öl zum Bestreichen der Arbeitsplatte
- Mandelblätter zum Dekorieren

1 Für den Teig 225 Gramm Butter mit 150 Gramm Zucker und Vanillezucker mit den Quirlen des Handrührgeräts schaumig schlagen. Eier trennen. Eidotter nach und nach unter die Butter-Zucker-Masse schlagen. Mehl in den Teig einrühren. Eiklar mit Salz steif schlagen und vorsichtig unter den Teig heben.

2 Backofen auf 220 °C (Umluft 200 °C) vorheizen. Auf Backpapier mit einem Tortenreifen (26–28 Zentimeter Durchmesser) sieben Kreise zeichnen. Teigmasse gleichmäßig auf die Kreise aufstreichen. Blätter einzeln ca. 6 Minuten backen und abkühlen lassen. Mit dem Tortenring nochmals die Kreise ausstechen und vom Papier lösen. Das schönste Blatt zum Karamellisieren aufheben.

3 Für die Füllung zwei Drittel der Milch mit 1 Esslöffel Zucker und Rum aufkochen. Restliche Milch mit Puddingpulver anrühren und in die kochende Milch gießen. Unter ständigem Rühren nochmals aufkochen lassen und Pudding abkühlen lassen. 250 Gramm Butter aus dem Kühlschrank nehmen, damit sie zimmerwarm wird.

4 Für die Pariser Creme Obers aufkochen, zerkleinerte Schokolade einrühren, ca. 5 Minuten köcheln lassen und kalt stellen. Handwarme Butter schaumig schlagen. Pudding und Pariser Creme zugeben und cremig aufschlagen. Die sieben Kuchenblätter mit Buttercreme bestreichen und übereinanderschichten. Torte bis auf einen kleinen Rest für die Garnitur mit restlicher Buttercreme seitlich und oben glatt bestreichen. Mit dem Rest der Buttercreme am äußeren Rand 16 Cremekrönchen setzen.

5 Das schönste Kuchenblatt auf eine eingeölte Arbeitsfläche legen. Ein langes dünnes Messer ebenfalls einölen. Für die Glasur restlichen Zucker hellbraun zu Karamell schmelzen. Kuchenblatt damit glasieren, mit geöltem Messer glatt streichen und sofort in 16 Stücke schneiden und abkühlen lassen.

6 Mandelblätter anrösten und an den Rand der Torte geben. Karamellecken auf die Cremekronen aufsetzen und nochmals ca. 1 Stunde kalt stellen.

DER GUTE RAT

Die Teigblätter lassen sich einfacher lösen, wenn Sie sie auf die Küchenplatte mit dem Papier nach oben legen und das Papier abziehen.

FÜR 2 STRIEZEL

ZUBEREITUNGSZEIT: 2 Std.

AUFWAND: ✪✪

JAHRESZEIT:
He

Allerheiligenstriezel

Mit dem Allerheiligenstriezel, einem Germgebäck in Zopfform, beschenkten früher Tauf- und Firmpaten zu Allerheiligen ihre Patenkinder. Bereits in der Antike symbolisierten die Germzöpfe das abgeschnittene Haar der trauernden Witwen.

- 50 g Germ
- 400 ml Milch
- 1 kg Mehl
- 100 g Zucker
- 150 g Butter oder Öl + etwas Öl zum Bestreichen des Backblechs
- 3 Eidotter
- 1 EL Salz
- 1 Päckchen Vanillezucker
- etwas abgeriebene Schale von 1 unbehandelten Zitrone
- 100 g Weinberl

1 Für den Germteig ein „Dampfl“ zubereiten: Germ in lauwarmer Milch auflösen und mit etwas Mehl und 1 Esslöffel Zucker verrühren. Mehl in eine große Schüssel sieben, in die Mitte eine Mulde drücken und das Germgemisch hineingeben. Mit etwas Mehl bestäuben. Nach ca. 15 Minuten bilden sich Risse.

2 Restlichen Zucker, Butter oder Öl, 2 Eidotter, Salz, Vanillezucker, Zitronenschale und Weinberl mit dem Mehl-Germ-Gemisch rasch zu einem geschmeidigen Teig verarbeiten und an einem warmen Ort ca. 30 Minuten ruhen lassen, bis der Teig doppelt so groß ist. Teig nochmals durchkneten und kurz beiseitestellen.

3 Striezelteig in 2 Hälften teilen und jede in 4 gleich große Stücke schneiden. Soll ein Zopf mit 6 Strängen entstehen, sind 6 gleich große Stücke nötig.

4 Die Teigstücke zu länglichen und glatten Strängen ausrollen. Daraus die Zöpfe flechten. Ein Backblech einfetten und Striezel nebeneinandersetzen, mit einem Geschirrtuch zudecken und ca. 30 Minuten ruhen lassen. Backofen auf 170 °C (Umluft 150 °C) vorheizen.

5 Geflochtene Zöpfe mit restlichem Eidotter bestreichen und im vorgeheizten Backofen ca. 35 Minuten goldbraun backen.

DER GUTE RAT

Striezel schmecken gleichermaßen zum Frühstück und zum Kaffeekränzchen.

ZUBEREITUNGSTIPP

Nach dem Bestreichen mit Eidotter können sie den Zopf vor dem Backen auch mit mit Hagelzucker oder Mandelblättchen bestreuen.

FÜR 8 STÜCK

ZUBEREITUNGSZEIT: 1,5 Std.

AUFWAND: ✪✪

JAHRESZEIT:
Fr/So/He/Wi

Topfengolatschen

Topfengolatschen sind mit Topfen gefülltes Gebäck aus Plunder- oder Blätterteig, beliebt im süd- und osteuropäischen Raum, wo es in unterschiedlichen Varianten hergestellt wird.

- 330 g Blätterteig
- 120 g Topfen
- 50 g Staubzucker + etwas Staubzucker zum Bestäuben
- 40 g Vanillezucker
- 1 Prise Salz
- 1 Ei
- 1 EL Puddingpulver
- 1 TL abgeriebene Schale von 1 unbehandelten Zitrone
- 1 EL Weinberl
- etwas Mehl für die Arbeitsfläche
- 1 Eidotter

1 Blätterteig ca. 10 Minuten vor der Zubereitung aus dem Kühlschrank nehmen. Backofen auf 200 °C (Umluft 180 °C) vorheizen. Backblech mit Backpapier auslegen.

2 Topfen mit Staubzucker, Vanillezucker, Salz, Ei, Puddingpulver und Zitronenschale mit den Quirlen des Handrührgeräts verrühren. Zuletzt die Weinberl untermengen.

3 Angetauten Blätterteig auf einer bemehlten Arbeitsfläche ca. 3 Millimeter dick ausrollen. Idealerweise entsteht ein Rechteck mit den Maßen 44 x 22 Zentimeter. Daraus ergeben sich 8 ca. 11 x 11 Zentimeter große Quadrate, deren Ecken mit verquirltem Eidotter bestrichen werden.

4 Topfenfülle in kleinen Portionen in die Mitte der Teigstücke setzen. Die Ecken der Teigquadrate über die Fülle in die Mitte etwas übereinanderziehen und festdrücken. Aus den Teigresten kleine Quadrate schneiden und als Verschluss in die Mitte der Teigstücke setzen.

5 Golatschen in ausreichenden Abständen auf das Backblech legen, mit einem Geschirrtuch bedeckt an einem warmen Ort ca. 30 Minuten ruhen lassen. Anschließend die Golatschen mit verquirltem Dotter bestreichen und im vorgeheizten Backofen auf der mittleren Schiene ca. 10 Minuten anbacken. Für die letzten ca. 10 Minuten Backzeit die Temperatur auf 170 °C (Umluft 150 °C) reduzieren. Die goldbraun gebackenen Golatschen abkühlen lassen und mit gesiebtem Staubzucker bestäuben.

GOLATSCHEN MIT ZUCKERGUSS

250 Staubzucker, 1 steif geschlagenes Eiklar und 2 Teelöffel Wasser zu einer zähflüssigen weißen Masse verrühren und die noch warmen Golatschen damit bestreichen und trocknen lassen.

FÜR 16 STÜCKE

ZUBEREITUNGSZEIT: 1 Std.

AUFWAND: ✪✪

JAHRESZEIT:
He/Wi

Golser Weingugelhupf

Der Weingugelhupf, ein pannonisches Schmankerl, verdankt seinen Namen dem kleinen Ort Gols am Neusiedler See im Burgenland, wo ausgezeichneter Wein gedeiht und nicht nur getrunken wird.

- 6 Eier
- 300 g Zucker + 6 EL Zucker
- 200 g Semmelbrösel
- etwas Butter für die Form
- 1,5 l Weißwein
- 1 Zimtstange (Ceylon-Zimt)
- einige Gewürznelken
- 1 EL abgeriebene Schale von 1 unbehandelten Orange oder Zitrone

1 Backofen auf 180 °C (Umluft 160 °C) vorheizen. Eier trennen, Eidotter und 300 Gramm Zucker mit den Quirlen des Handrührgeräts schaumig rühren. Eiklar mit einer Prise Zucker steif schlagen und ein Drittel des Schnees mit der Eidottermasse verrühren. Restlichen Eischnee und fein gesiebte Semmelbrösel unterheben.

2 Gugelhupfform einfetten, mit Brösel ausstreuen und Teig einfüllen. Im vorgeheizten Backofen ca. 30 Minuten goldbraun backen.

3 Glühwein zubereiten: Wein, 500 Milliliter Wasser und 6 Esslöffel Zucker mit Zimtstange, Gewürznelken und Orangen- oder Zitronenschale aufkochen.

4 Warmen Gugelhupf in eine größere Schüssel setzen und heißen Glühwein vorsichtig durch ein feines Sieb darübergießen. Kuchen in der Schüssel kalt stellen und gut durchziehen lassen.

> Ein **HALBTROCKENER** Weißwein eignet sich besonders für diese Köstlichkeit.

DER GUTE RAT

Kalten Kuchen in Stücke schneiden und in der Schüssel mit Wein servieren.

FÜR 4 PERSONEN

ZUBEREITUNGSZEIT: 2,5 Std.

AUFWAND: ✪✪

JAHRESZEIT:
He/Wi

Kirchweihnudeln

Ursprünglich wurden Kirchweihnudeln, wie es der Name schon sagt, am 3. Oktober zur Kirchweihe gebacken. In Bayern kennt man sie als Auszogne, weil sie zum Ausformen früher über das Knie gezogen wurden.

- 50 ml Milch
- 30 g Germ
- 60 g + 3 EL Zucker
- 500 g Mehl
- 60 g Butter
- 2 Eier
- 1 Prise Salz
- abgeriebene Schale von 1 unbehandelten Zitrone nach Belieben
- 1 TL Zimt
- Fett zum Frittieren

1 Milch erwärmen. Germ mit 1 TL Zucker in der lauwarmen Milch auflösen. Mehl in eine große Schüssel geben, eine Mulde hineindrücken und Germmilch dort hineingeben. Alles verrühren und für ca. 20 Minuten zugedeckt an einem warmen Ort gehen lassen.

2 In der Zwischenzeit Butter und 60 Gramm Zucker schaumig schlagen. Eier trennen und Eidotter sowie Salz und Zitronenschale unter die Butter-Zucker-Masse schlagen. Mit dem Germteig verkneten. Nochmals zugedeckt an einem warmen Ort ca. 30 Minuten ruhen lassen, bis er sein Volumen verdoppelt hat.

3 Auf einem Backbrett dünn auswellen, mit einem Glas Kreise von ca. 8 Zentimetern Durchmesser ausstechen und erneut ca. 30 Minuten gehen lassen.

4 Zimt und restlichen Zucker mischen. Fett in einer Fritteuse oder großen Pfanne erhitzen. Teiglinge in der Mitte dünn ausziehen, ohne dass ein Loch entsteht und so, dass außen ein zwei Zentimeter breiter Rand bleibt. Jetzt im heißen Fett von beiden Seiten ca. 1 Minute schwimmend goldgelb ausbacken. Dabei mit einem Esslöffel heißes Fett über die Mitte gießen, damit sie nicht einfallen. Auf einem Teller mit Küchenkrepp abtropfen lassen. Noch warm mit Zimtzucker bestreuen.

> Wer keinen Zimtzucker mag, nimmt einfach **STAUBZUCKER**.

> Klassisch werden sie pur genossen, aber eine Kugel Vanilleeis, Zwetschkenröster oder **HEISSE KIRSCHEN** schmecken auch sehr gut dazu.

DER GUTE RAT

Kirchweihnudeln werden in manchen Teilen Österreichs noch mit Weinberl verfeinert – vielleicht mögen Sie ja sogar Rum-Weinberl?

FÜR 30 STÜCK

ZUBEREITUNGSZEIT: 4,5 Std.

AUFWAND: ✪✪

JAHRESZEIT:
Fr/So/He/Wi

Punschkrapferl

Punschkrapferl, die österreichischen Petit Fours, sind ein würfelförmiges Biskuitteiggebäck mit einer rosafarbenen Punsch- oder Rumglasur. Die Süßspeise dient auch der Resteverwertung altbackener Biskuitteigprodukte, die mit Rumtränke und süßer Glasur versehen wieder hervorragend schmecken.

- 4 Eier
- 80 g Vanillezucker
- 120 g Zucker
- 120 g Mehl
- 150 g Schokolade
- 90 ml Rum
- 60 ml Kaffee
- 100 g Nüsse (gehackt)
- 50 g Marmelade
- 1 Becher Punschglasur

1 Backofen auf 200 °C (Umluft 180 °C) vorheizen. Eier, Vanillezucker und Zucker mit den Quirlen des Handrührgeräts schaumig rühren. Mehl sieben, zugeben und alles zu einem feinen Teig verarbeiten.

2 Backblech mit Backpapier belegen und den Teig darauf gleichmäßig verstreichen. Im vorgeheizten Backofen ca. 15 Minuten goldbraun backen und abkühlen lassen.

3 Schokolade zerkleinern und im Wasserbad schmelzen. Mit Rum, Kaffee, Nüssen und Marmelade gründlich verrühren. Die Hälfte des Biskuitbodens zerkrümeln und mit der Schokoladenmasse vermengen. Masse ca. 1–2 Stunden in den Kühlschrank stellen.

4 Die erkaltete Schokoladenmasse auf dem hellen Biskuitboden gleichmäßig verteilen und mit einem angefeuchteten Messer in 2 x 2 Zentimeter große Würfel schneiden.

5 Die Punschglasur nach Packungsanweisung herstellen, über die Krapferl gießen und auf einem Kuchengitter abkühlen lassen.

> Verwenden Sie nach Weihnachten zerkleinerte **PLÄTZCHENRESTE** für die Schokoladenmasse.

DER GUTE RAT

Für alkoholfreie Krapferl ist der Rum durch Fruchtsaft oder Wasser zu ersetzen.

KURZE HALTBARKEIT

Punschkrapferl sind nicht lange haltbar und deshalb erst kurz vor dem Kaffeekränzchen zu backen.

FÜR 16 STÜCKE

ZUBEREITUNGSZEIT: 1,5 Std.

AUFWAND: ✪✪

JAHRESZEIT:
Fr/So/He/Wi

Waldviertler Mohntorte

Das Besondere an dieser saftigen Torte ist, dass sie ohne Mehl hergestellt wird. Der Blaumohn oder der „Mogn", wie er in seiner österreichischen Heimat im Waldviertel genannt wird, bestimmt den Geschmack vieler weiterer Spezialitäten aus der Gegend.

- 5 Eier
- 140 g Butter + etwas Fett für den Tortenring
- 180 g Staubzucker
- 180 g Mohn (geschrotet)
- 70 g Mandeln (gemahlen)
- 40 g Vanillezucker
- 1 Prise Zimt
- 1 EL Rum
- Semmelbrösel für den Tortenring
- etwas Ribiselmarmelade
- 1 Packung Schokoglasur

1 Eier trennen. Eidotter, Butter und Staubzucker mit den Quirlen des Handrührgeräts cremig rühren.

2 Mohn, Mandeln, Vanillezucker und Zimt gut verrühren. Eiklar zu steifem Schnee schlagen und langsam Rum einträufeln. Mohngemisch und Eischnee im Wechsel unter die Eiercreme ziehen.

3 Backofen auf 200 °C (Umluft 180 °C) vorheizen.

4 Tortenring einfetten und mit Semmelbröseln bestreuen. Teigmasse einfüllen und glatt streichen. Im vorgeheizten Backofen ca. 40 Minuten backen und abkühlen lassen.

5 Die erkaltete Torte halbieren und mit Ribiselmarmelade füllen. Torte zusammensetzen, rundherum mit Marmelade bestreichen und einziehen lassen. Schokoglasur nach Packungsanweisung erhitzen und Torte damit einstreichen.

6 Zum Abkühlen die Torte im Kühlschrank ruhen lassen.

DER GUTE RAT

Frischen Mohn verwenden, da er schnell ranzig wird und das Gebäck dadurch ungenießbar.

ZUBEREITUNGSTIPP

Damit die Mohntorte schön hoch wird, den Teig halbieren, und jede Hälfte einzeln backen. Statt mit Schokoglasur können Sie die Torte auch mit Zuckerguss glasieren.

FÜR 10 STÜCK

ZUBEREITUNGSZEIT: 1,5 Std.

AUFWAND: ✪✪

JAHRESZEIT:
He

Waldviertler Mohnzelten

Die köstlichen Mohnzelten werden aus einem feinen Erdäpfelteig mit Mohnfülle zubereitet. Ein ausgefallenes Rezept mit den landestypischen Anbauprodukten des Waldviertels.

- 350 g Erdäpfel
- etwas Salz
- 280 g Butter
- 500 g Mohn
- 330 g Staubzucker + etwas Staubzucker zum Bestreuen
- 3 EL Honig
- 40 g Vanillezucker
- 1 Prise Zimt
- 1 Schuss Rum
- 2 EL Milch
- 500 g Mehl
- 1 EL Backpulver
- 2–3 EL Obers
- 3 Eier

1 Erdäpfel in reichlich Salzwasser mit Schale bereits am Vortag kochen, erst am Backtag schälen.

2 150 Gramm Butter zerlassen und mit Mohn, 200 Gramm Staubzucker, Honig, Vanillezucker, Zimt, Rum und Milch eine geschmeidige Füllmasse herstellen. Daraus kleine Knödel formen. Backofen auf 200 °C (Umluft 180 °C) vorheizen.

3 Mehl und Backpulver vermengen und in eine große Schüssel sieben. Erdäpfel schälen und mit einem Stampfer zu Püree verarbeiten. Erdäpfel und 130 Gramm Zucker zum Mehl geben und restlicher zerlassener Butter, Obers und 2 Eiern einen glatten Teig herstellen. In 10 Portionen teilen, mit den vorbereiteten Mohnknödeln füllen und flach drücken.

4 Mohnzelten auf ein mit Backpapier ausgelegtes Backblech legen, mit verquirltem Ei bestreichen und im vorgeheizten Backofen ca. 20 Minuten goldbraun backen, nach der Hälfte der Zeit Gebäckstücke wenden. Mohnzelten abkühlen lassen und mit Staubzucker bestreuen.

ZUBEREITUNGSTIPP

Besonders saftig geraten die Waldviertler Mohnzelten, wenn der Fülle statt des Honigs das beliebte Pflaumenmus Powidl beigemischt wird.

FÜR 12 STÜCKE

ZUBEREITUNGSZEIT: 1,5 Std.

AUFWAND: ✪✪

JAHRESZEIT: Fr/So/He/Wi

Cremeschnitten

In Wiener Konditoreien kann man sich durch viele Varianten der Cremeschnitte kosten. Hier findet sich eine Version, die so ähnlich im Hause Sacher angeboten wird.

- 6 Blatt Gelatine
- 1 Vanilleschote
- 3 Eier + 5 Eidotter
- 80 g Zucker
- 1 EL Vanillezucker
- 4 cl Rum
- 1 Prise Salz
- 500 g Obers
- 400 g Blätterteig (selbst gemacht oder fertig)
- etwas Mehl für die Arbeitsfläche
- 1 Glas Marillenmarmelade
- 1 Packung Backfondant für die Glasur

1 Gelatine in kaltem Wasser einweichen. Vanilleschote längs aufschlitzen, Mark herauskratzen und mit Eiern, Eidotter, Zucker und Vanillezucker, Rum sowie Salz im heißen Wasserbad mit einem Schneebesen schaumig rühren.

2 Gelatine ausdrücken, in etwa 50 Milliliter Wasser erhitzen und zum Teig geben. Obers steif schlagen und vorsichtig unterrühren. Fertige Creme in eine rechteckige Kuchenform (30 x 20 Zentimeter) füllen, glatt streichen und kalt stellen.

3 Backofen auf 180 °C (Umluft 160 °C) vorheizen. Blätterteig auf einer bemehlten Arbeitsfläche messerrückendick ausrollen und in 2 Teigblätter (jeweils 30 x 20 Zentimeter) schneiden. Auf ein mit Backpapier ausgelegtes Backblech legen, mit einer Gabel mehrmals einstechen und ruhen lassen.

4 Teigblätter im vorgeheizten Backofen jeweils ca. 15–20 Minuten backen. Auskühlen lassen. Marillenmarmelade in einem Topf erwärmen und ausgekühlte Teigblätter auf der glatten Seite damit bestreichen. Fondant auf etwa 40 °C erwärmen und ein Teigblatt damit dünn glasieren. Bei etwa 60 °C im Backofen trocknen lassen.

5 Creme aus der Form direkt auf das unglasierte Teigblatt stürzen, glasiertes Oberteil auflegen und in Schnitten teilen.

> Schmeckt auch mit frischen **HIMBEEREN UND MINZE** garniert.

FÜR 60 STÜCK

ZUBEREITUNGSZEIT: 1,5 Std. + 1 Nacht Ruhezeit

AUFWAND: ✪✪

JAHRESZEIT: Wi

Österreichische Spitzbuben

Spitzbuben sind der Klassiker in der Weihnachtsbäckerei. Runde Ausstechformen mit drei kleinen Löchern geben dem beliebten Mürbteiggebäck seinen Namen.

- 400 g Mehl + etwas Mehl für die Arbeitsfläche
- 200 g Staubzucker
- 125 g Mandeln (gemahlen)
- 250 g Butter
- 1 Ei + 1 Eidotter
- 150 g Staubzucker zum Bestäuben
- 1 Glas Himbeermarmelade
- 2 Päckchen Vanillezucker

1 Teig bereits am Vortag zubereiten und über Nacht kalt stellen. Mehl und Staubzucker auf eine bemehlte Arbeitsfläche sieben und mit Mandeln vermischen. In das Mehl-Mandel-Gemisch eine Mulde drücken. Kalte Butter in Flocken zerkleinert am Mehlrand anbringen. Ei und Eidotter in die Mulde geben. Die Zutaten mit einem großen Messer bearbeiten, bis ein krümeliger Teig entsteht. Diesen mit den Händen rasch zu einem glatten Teig kneten. Eine Kugel formen und in einem Gefrierbeutel über Nacht im Kühlschrank ruhen lassen.

2 Backofen auf 150 °C (Umluft 130 °C) vorheizen. Eine Hälfte des Teigs auf einer bemehlten Arbeitsfläche ca. 2 Millimeter dünn ausrollen. Mit einer runden Ausstechform (ca. 8 Zentimeter Durchmesser) runde Plätzchen ausstechen und auf einem mit Backpapier ausgelegten Backblech im vorgeheizten Backofen ca. 10 Minuten hell backen.

3 Die andere Hälfte des Teigs ausrollen und mit einer Spitzbubenform (rund mit 3 kleinen Löchern oder mit einem anderen Motivausstecher) die „Spitzbuben-Gesichter" ausstechen und ebenfalls ca. 10 Minuten hell backen. Noch warm mit Staubzucker bestreuen. Die vollen Plätzchenkreise mit Himbeermarmelade (ggf. vorher erwärmen) bestreichen und die gezuckerten „Spitzbubengesichter" daraufsetzen.

DER GUTE RAT

Die klassische Spitzbubenform hat drei Löcher, aber figürliche Formen sind ebenso dekorativ. Groß genug, lassen sich auch mit einem Fingerhut Löcher ausstechen.

AUFBEWAHRUNGSTIPP

Die Spitzbuben in einer luftdichten Keksdose aufbewahren, dabei Pergamentpapier zwischen die Plätzchen legen. Erst nach 2 Tagen hat das Mürbteiggebäck sein besonderes Aroma entfaltet.

FÜR 50 STÜCK

ZUBEREITUNGSZEIT: 40 Min.

AUFWAND: ✪

JAHRESZEIT:
Wi

- 450 g Staubzucker
- 320 g Mehl
- 40 g Backpulver
- 2 Eier
- 6 EL Kaffee-/Mokkapulver
- 12 EL Milch
- 1 Msp. Zimt
- 250 g Kokosfett
- 7 EL Rum
- 20 g Kakaopulver
- 250 g Kokosraspel

DER GUTE RAT

Weinfreunde geben in die Glasur statt Rum einen gehaltvollen Rotwein oder Portwein. So werden die Leckerl noch leckerer!

Rauhwurzeln

Rauhwurzeln werden auch „Rauhnigeln" genannt. Das oberösterreichische Weihnachtsgebäck ist eigentlich ein Blechkuchen, der überzogen und aufgeschnitten in beliebte Plätzchen zerteilt wird.

1 Backofen auf 180 °C (Umluft 160 °C) vorheizen. 200 Gramm Staubzucker, Mehl, Backpulver, Eier, Kaffee- oder Mokkapulver, 6 Esslöffel Milch und Zimt gründlich mit den Quirlen des Handrührgeräts verrühren. Teig auf einem gefetteten oder mit Backpapier ausgelegten Backblech gleichmäßig verteilen und im vorgeheizten Backofen ca. 15–20 Minuten backen. Blechkuchen abkühlen lassen und in handliche Würfel schneiden.

2 Für die Glasur Kokosfett erwärmen. Restlichen Staubzucker sieben, mit Rum, 6 Esslöffeln Milch und Kakaopulver mischen und in das flüssige Kokosfett einrühren. Eine Schüssel mit Kokosraspeln vorbereiten.

3 Kuchenwürfel in die zähflüssige Glasur tauchen und in den Kokosraspeln wenden. Auf einem Kuchengitter oder auf Backpapier trocknen lassen.

> Wer Kokos nicht mag, kann die **RAUHWURZELN** auch in frisch gemahlenen Nüssen wälzen.

FÜR 1 MILCHBROT

ZUBEREITUNGSZEIT: 1 Std. + 2 Std. Ruhezeit

AUFWAND: ✪

JAHRESZEIT: Fr

- 30 g Germ
- 0,7–1 l Milch + etwas Milch zum Bestreichen
- 100 g Zucker + etwas Zucker zum Bestreuen
- 1,5 kg Mehl
- 1 EL abgeriebene Schale von 1 unbehandelten Zitrone
- 1 Prise Salz
- 1 Ei
- Butter für das Backblech

Wiener Milchbrot

Das Wiener Milchbrot ist ein süßes Germgebäck, das beim Kaffeekränzchen genauso willkommen ist wie auf dem Frühstückstisch oder an Feiertagen wie Ostern und Muttertag.

1 In einer Rührschüssel den frischen Germ in lauwarmer Milch auflösen. Nach und nach alle Zutaten beimengen und mit den Knethaken des Handrührgeräts so lange bearbeiten, bis sich der glatte Teig vom Schüsselrand löst.

2 Germteig zugedeckt an einem warmen Ort mindestens 2 Stunden ruhen lassen, bis er sein Volumen verdoppelt hat.

3 Backofen auf 180 °C (Umluft 160 °C)vorheizen. Teig kräftig durchkneten, in drei gleich große Teile schneiden, daraus Rollen drehen und einen Zopf flechten. Die Zopfenden verschließen.

4 Zopf auf ein eingefettetes Backblech setzen, in die Flechtrillen etwas Zucker streuen (das verhindert, dass der Teig beim Backen reißt), mit Milch bestreichen. Im vorgeheizten Backofen ca. 30 Minuten goldbraun backen und mit einem Geschirrtuch zugedeckt abkühlen lassen.

> Wiener Milchbrot schmeckt hervorragend mit Butter und **ERDBEERMARMELADE** bestrichen.

KRANZFORM

Ein dekorativer Kranz entsteht aus einem langen, dünnen Teigzopf: Aus dem Teig drei lange, dünne Rollen formen und flechten, am besten von der Mitte aus beginnen und zu einem Kranz schließen, ruhen lassen, mit einem Ei bestreichen und in einer gut gebutterten Ringform goldbraun backen.

FÜR 12–15 STÜCK

ZUBEREITUNGSZEIT: 1,5 Std.

AUFWAND: ✪✪

JAHRESZEIT: Fr/So/He/Wi

Wiener Tascherl

Wiener Tascherl, ein beliebtes Mürbteiggebäck, das in verschiedenen Varianten, süß oder herzhaft, das ganze Jahr über beliebt ist und zu vielen Gelegenheiten angeboten werden kann.

- 260 g Mehl + etwas Mehl für die Arbeitsfläche
- 1 TL Backpulver
- 150 g Butter
- 195 g Staubzucker
- 1 Ei
- 1 EL abgeriebene Schale von 1 unbehandelten Zitrone
- 1 Glas Marmelade nach Belieben oder Wildpreiselbeeren
- 125 g Staubzucker
- etwas Amaretto oder Rum
- einige Schokostreusel

1 Mehl mit Backpulver vermengen und in eine Schüssel sieben. Kalte Butter in kleinen Stückchen, 70 Gramm Staubzucker, Ei und Zitronenschale zugeben und rasch mit den Knethaken des Handrührgeräts zu einem glatten Teig kneten. Teig ca. 20 Minuten im Kühlschrank kalt stellen. Backofen auf 180 °C (Umluft 160 °C) vorheizen.

2 Den erkalteten Mürbteig auf einer bemehlten Arbeitsfläche ca. 3 Millimeter dick ausrollen. Quadrate mit einem Durchmesser von ca. 10 Zentimetern ausradeln oder schneiden. Mit einem Teelöffel etwas feste Marmelade in die Mitte der Quadrate setzen und zu Dreiecken zusammenlegen. Die Ränder mit den Fingern oder einer Gabel fest andrücken.

3 Backblech mit Backpapier auslegen, die Teigteilchen mit ausreichend Abstand daraufsetzen und im vorgeheizten Backofen ca. 15 Minuten backen.

4 Für die Glasur restlichen Staubzucker sieben und mit so viel Amaretto oder Rum verrühren, dass eine feine, streichfähige Glasur entsteht.

5 Die erkalteten Mürbteigdreiecke an zwei Seiten mit Glasur bestreichen und Schokostreusel darüberstreuen.

>Wenn Kinder mitessen, kann man statt Amaretto oder Rum auch **ZITRONENSAFT** für die Glasur nehmen.

HERZHAFTE WIENER TASCHERL MIT FETA-FÜLLE

450 g Feta mit 150 g Joghurt, 2 EL Petersilie, etwas Pfeffer, Paprikapulver und Knoblauch zu einer Creme verrühren und in den Mürbteigtaschen (ohne Zucker) goldgelb backen.

FÜR 30 STÜCK

ZUBEREITUNGSZEIT: 40 Min.

AUFWAND: ✪

JAHRESZEIT:
Wi

- 150 g Mehl
- 70 g Butter
- 1 Eidotter
- 70 g Zucker
- 70 g Mandeln (gemahlen)
- 1 TL Zimt
- abgeriebene Schale von ½ unbehandelten Zitrone
- 200 g Zimtzucker

Wiener Zimtringerl

In der Weihnachtszeit dürfen die beliebten Wiener Zimtringerl auf keinem Plätzchenteller fehlen. Schon beim Backen verbreitet der Zimtduft diese besonders weihnachtliche Stimmung, der keiner widerstehen kann.

1 Mehl auf die Arbeitsfläche sieben. Kalte Butter in kleinen Stücken, Eidotter, Zucker, Mandeln, Zimt und Zitronenschale mit dem Mehl vermengen. Mehlgemisch rasch zu einem glatten Teig verkneten, in Folie gewickelt ca. 30 Minuten kalt stellen.

2 Backofen auf 180 °C (Umluft 160 °C) vorheizen. Aus dem erkalteten Teig bleistiftdicke Rollen formen, davon ca. 10 Zentimeter lange Stücke abschneiden und zu Ringen schließen.

3 Ein Backblech mit Backpapier auslegen, die Zimtringe mit ausreichend Abstand daraufsetzen und im vorgeheizten Backofen ca. 10–15 Minuten backen.

4 Zimtzucker in eine flache Schüssel geben und darin die noch heißen Ringerl behutsam wenden. Abkühlen lassen.

> **CEYLON-ZIMT** nehmen, der ist wesentlich gesünder als der günstigere Cassia-Zimt.

AUFBEWAHRUNGSTIPP

In einer luftdichten Keksdose aufbewahrt, werden die Zimtringerl mürber und behalten mindestens für 2–3 Wochen ihren feinen Zimtgeschmack.

FÜR 12 STÜCKE

ZUBEREITUNGSZEIT: 1 Std. + 5 Std. Ruhezeit

AUFWAND: ✪✪

JAHRESZEIT: So

Malakoff-Torte

Die Malakoff-Torte, ein süßer Traum aus Biskotten und Schlagoberscreme, trägt den Namen der russischen Bastion Malachov, eingenommen von einem französischen Feldherrn, der dafür mit dieser eigens für ihn kreierten Torte belohnt wurde.

- 180 g Butter
- 200 g Staubzucker
- 4 Eidotter
- 180 g Mandeln (gemahlen)
- 400 g Obers
- etwas Milch
- etwas Rum
- 50–60 Biskotten
- 40 g Mandelsplitter
- 12 Cocktailkirschen

DER GUTE RAT

Für die Tränkflüssigkeit eignet sich ebenso Orangenlikör, der Creme dann unbehandelte Orangenschalen zugeben.

1 Weiche Butter, Staubzucker und Eidotter mit den Quirlen des Handrührgeräts schaumig rühren. Mandeln und 150 Gramm Obers zugeben. Mit dem Rührgerät so lange bearbeiten, bis eine steife Creme entsteht.

2 Eine Torten- oder Springform (26 Zentimeter Durchmesser) mit Backpapier auslegen. Milch und Rum in einer Schüssel vermengen. Biskotten darin wenden und Boden der Springform damit auslegen. Mit halbierten Biskotten den Rand der Springform auskleiden.

3 Biskotten mit der Creme bestreichen, wieder getränkte Biskotten auflegen und Creme darübergeben. So fortfahren, bis die Creme aufgebraucht ist. Den Abschluss bilden Biskotten.

4 Torte mit Frischhaltefolie überzogen mindestens 5 Stunden kalt stellen.

5 250 Gramm Obers steif schlagen und bereitstellen. Torte vorsichtig aus der Form lösen und großzügig mit dem steif geschlagenen Obers rundherum bestreichen.

6 Mit Mandelsplittern den Rand der Malakoff-Torte bestreuen. Die Oberfläche mit halbierten Biskotten und Cocktailkirschen verzieren. Nach Belieben Schlagobers aufspritzen.

> Die Biskotten kann man auch in **KAFFEE** tränken.

FÜR 20 STÜCK

ZUBEREITUNGSZEIT: 2 Std.

AUFWAND: ✪✪

JAHRESZEIT:
Fr/So/He/Wi

Donauwellen

„An der schönen blauen Donau..." lässt es sich wunderbar genießen! Dieser raffinierte Kuchen-Klassiker ist in den Donauländern Deutschland und Österreich sehr beliebt.

- 230 g Staubzucker
- 750 g Butter
- 1 Päckchen Vanillezucker
- 1 Prise Salz, 8 Eier
- 200 g Zucker
- 270 g Mehl (glatt) + etwas Mehl für die Weichseln
- ½ TL Backpulver
- 2 EL Kakao
- 500 g Weichseln (eingelegt, entsteint)
- 500 ml Milch
- 1 Päckchen Vanillepudding (Fertigprodukt)
- 1 Schuss Rum
- 100 g dunkle Kuvertüre
- 5–10 g Kokosfett (oder Butter)

1 160 Gramm Staubzucker fein sieben und mit 250 Gramm weicher Butter, Vanillezucker und Salz mit den Quirlen des Handrührgeräts schaumig rühren. Eier trennen, Eidotter nach und nach unterrühren. Den erkalteten Mürbteig auf einer bemehlten Arbeitsfläche ca. 3 Millimeter dick ausrollen. Quadrate mit einem Durchmesser von ca. 10 Zentimeter ausradeln oder schneiden. Mit einem Teelöffel etwas feste Marmelade in die Mitte der Quadrate setzen und zu Dreiecken zusammenlegen. Die Ränder mit den Fingern oder einer Gabel fest andrücken.

2 Backofen auf 200 °C (Umluft 180 °C) vorheizen. Eiklar steif schlagen, nach und nach 140 Gramm Zucker einrieseln lassen. Mehl und Backpulver vermischen, sieben und unter das Butter-Ei-Gemisch rühren. Zuletzt den Eischnee vorsichtig unterheben.

3 Hälfte der Teigmasse auf ein mit Backpapier ausgelegtes Backblech streichen. Andere Teighälfte mit Kakao vermischen und über dem hellen Teig verteilen, glatt streichen. Weichseln abseihen, in etwas Mehl wälzen und gleichmäßig auf dem Teig verteilen, leicht andrücken. Im vorgeheizten Backofen ca. 25 Minuten backen und anschließend auf einem Kuchengitter auskühlen lassen.

4 Für die Creme Milch aufkochen, Vanillepuddingpulver und restlichen Zucker einrieseln lassen und nach Packungsanweisung zu einem Pudding einkochen. Anschließend auskühlen lassen. Restlichen Staubzucker fein sieben und mit restlicher weicher Butter und Rum glatt rühren. Kalten Pudding esslöffelweise untermengen und mit den Quirlen des Handrührgeräts cremig rühren. Creme auf den ausgekühlten Kuchen auftragen. Kuvertüre fein hacken und in einer Schüssel im heißen Wasserbad schmelzen, die Kuvertüre selbst soll nur leicht erwärmt sein. Kokosfett darin auflösen und unterrühren. Glasur auf den Kuchen auftragen und mit einer Gabel Wellenmuster ziehen. Vor dem Servieren auskühlen lassen.

> Dazu passt frisch geschlagener **OBERS**.

DER GUTE RAT

Weichseln immer in Mehl, Semmelbröseln oder gemahlenen Nüssen wälzen, bevor man sie weiterverarbeitet. So geben sie keinen Saft ab und sinken beim Backen nicht ein.

Glossar österreichischer Küchenbegriffe

Bei Küchenbegriffen gibt es teilweise große regionale Unterschiede. Dieses Glossar soll Ihnen einen Überblick über die in Österreich zum Teil auch in Umgangssprache und Dialekten verwendeten Bezeichnungen und ihre Bedeutung geben. Die Begriffe sind nicht selten durch die Sprachen der angrenzenden Länder geprägt und heute in einigen Fällen nicht mehr im allgemeinen Sprachgebrauch geläufig.

Gemüse

Blaukraut	Rotkohl
Bohnscharl	Grüne Bohnen
Bohnschoten	Grüne Bohnen
Brein	Rollgerste
Bummerlsalat	Eisbergsalat
Eierschwammerl	Pfifferlinge
Erdäpfel	Kartoffeln
Fisolen	Grüne Bohnen, Gartenbohnen
Häuptelsalat	Kopfsalat
Heidenbrein	Buchweizen
Herrenpilz	Steinpilz
Käferbohnen	Feuerbohnen, Prunkbohnen – große braun-violett-schwarz gefleckte Bohnensorte
Karfiol	Blumenkohl
Karotten	Möhren
Kastanien	Maroni, Edelkastanien
Kohl	Wirsing, Krauskohl
Kohlsprossen	Rosenkohl
Kraut	Weißkohl
Kren	Meerrettich
Kukuruz	Mais
Letscho	Geschmortes Paprikagemüse (ungarischen Ursprungs)
Maroni	Esskastanie
Melanzani	Auberginen
Paradeiser	Tomaten
Radi	(Bier-)Rettich
Recherl	Pfifferlinge
Rohnen	Rote Bete
Röhrlsalat	Löwenzahnsalat

Rote Rübe	Rote Bete
Schwammerl	Pilze
Umurke	Gurke
Vogerlsalat	Feldsalat, Rapunzel
Weißkraut	Weißkohl
Wurzelwerk	Suppengrün (besteht aus Selleriewurzel, Petersilienwurzel, Karotten)

Obst

Dirndl	Kornelkirsche
Holler	Holunder
Kletzen	gedörrte Birnen bzw. allgemein für gedörrtes Obst
Kletzenbrot	Früchtebrot aus Roggenmehl mit Dörrobst, vor allem Birnen und Zwetschken
Kriacherl	Mirabelle, gelbe Zwetschke
Marille	Aprikose
Powidl	Pflaumenmus
Ribisel	Johannisbeere
Röster	Kompott bzw. Mus (mit Fruchtstücken) aus gedünstetem Obst
Schwarzbeeren	Heidelbeeren
Weichsel	Sauerkirsche
Weinber	Weintraube
Weinberl	Rosine
Zwetschke	Pflaume

Fleisch & Fisch

Beiried	Roastbeef, Rippenstück
Beuschel	Innereien
Blunzen	Blutwürste
Bratlfett	gelierter Schweinsbratensaft vermischt mit dem Bratenfett (Schmalz), Brotaufstrich
Breinwurst	Wurst mit Schweinefleisch (Kopffleisch und Schwarten) und Brein gefüllt
Faschierte Laibchen	Buletten, Fleischpflanzerl, Fleischküchlein
Faschiertes	Hackfleisch
Fledermaus	Rindfleisch vom Kreuzbein
Fleischlaberl	Frikadelle
Frankfurter Würstchen	Wiener Würstchen
Geselchtes	Geräuchertes (Fleisch)
Göderl	Schweinskinn

Grammelknödel	ein mit Grieben gefüllter Kartoffelkloß
Grammeln	Grieben
Grammelschmalz	Griebenschmalz
Gröstl	Angebratenes
Gulasch	Fleischeintopf/Fleischragout (ungarischen Ursprungs)
Haschee	Hackfleisch(gericht)
Hendl	Hühnchen
Hühnerbeugel	Hühnerkeule mit Schenkel
Kalbsbackerl	Kalbswangen
Kalbsvögerl	Kalbsroulade
Klacheln	Schweinsfüße, -stelze, -schwarte und -kopf
Kronfleisch	Gericht aus dem Zwerchfell des Rinds
Kutteln	Kaldaunen, in Streifen geschnittener Rindermagen für die steirische Flecksuppe
Laibchen	Frikadelle, Bulette
Lendenbratl	kaltgeräuchertes Schweinskarree
Lungenbraten	Filet
Züngerl	Lunge
Pörkölt	Eintopf, Ragout (ungarischen Ursprungs)
Ripperl	Schweinerippen
Ritschert	Eintopf aus Bohnen, Selchripperln und Rollgerste/Graupen
Schmalz	ausgelassenes Schweinefett
Schöpsernes	Hammelfleisch
Schultersterzel	Bugspitz, Schulterstück vom Rind
Schweineschmalz	ausgelassenes Schweinefett
selchen	räuchern
Selchfleisch	Räucherfleisch, geräuchertes Schweinefleisch
Selchripperln	Kasseler
Selchspeck	geräucherter Speck
Sulz	aus Schweineschwarten hergestellte Gallerte, mit Gemüsen- oder Fleischstückchen versetzt
Tafelspitz	Rinderhüftspitze
Verhackert	klein gehackter, luftgetrockneter Schweinespeck, in einem Tongefäß aufbewahrt
Wadschinken	Rinds- oder Kalbshaxe
Waller	Wels (Fisch)

Nudel- & Eierspeisen

Fleckerl	Kleine Nudelsorte in Rauten- bzw. Quadratform
Frittaten	In Streifen geschnittene Pfannkuchen (Suppeneinlage)
Spatzen	Spätzle
Eierspeis	Rührei
Eistich	Suppeneinlage aus gestocktem Ei

Süßspeisen

Biskotten	Löffelbiskuit
Buchteln	Rohrnudeln
Dalken	kleine Pfannkuchen
Golatsche (auch Kolatsche)	Teigtasche (Hefegebäck)
Grießkoch	Grießbrei
Gugelhupf	Napfkuchen
Hollerkrapfen	durch einen Backteig gezogene und im Fett schwimmend herausgebackene Holunderblüten
Kipferl	Croissant, Hörnchen
Kolatsche	siehe Golatsche
Krapfen	Berliner, Pfannkuchen bzw. allgemein Fettgebäck aus Hefe
Lebkuchen	Honigkuchen
Liwanzen	siehe Dalken
Mehlspeise	Süßspeisen, wie süßer Kuchen oder süßes Kleingebäck, die als Haupt- oder Nachspeise serviert werden können
Nidei	Kartoffelteigstücke (ähnlich Gnocchi), auch: kleine Pfannkuchen
Palatschinken	Pfannkuchen, Eierkuchen
Paunzen	Kartoffelteigstücke (auch siehe Nidei)
Pofesen	Arme Ritter, French Toast
Potize	gerolltes Hefegebäck mit Nüssen oder Mohn
Prügelkrapfen	Baumkuchen
Schlutzkrapfen	gefüllte Nudeln (auch Schlutzer, Schlipfkrapfen)
Schmarrn	Omelettteig, in kleine Stücke zerteilt und mit Zucker und Zimt bestreut
Steirerkrapfen	dünner Fladen aus Roggenmehl, in Schmalz gebacken
Strauben	Teiggebäck, das durch einen Trichter spiralenförmig in eine Pfanne mit siedendem in Schmalz eingelassen und herausgebacken wird
Striezel	Hefezopf
Strudel	gefüllter Blätter- oder Strudelteig, gebacken
Tommerl	dünner Mehlteig mit Milch und Eiern, im Ofenrohr gebacken
Türkentommerl	Auflauf aus Maisgrieß und Äpfeln

Weckerl	Brötchen
Zwetschkenfleck	flacher Kuchen mit Zwetschken belegt

Milch, Ei & Käse

Bröseltopfen	Quark, der aufgrund des geringeren Wassergehalts eine bröselige Konsistenz aufweist (nur in Österreich erhältlich)
Butterschmalz	geklärte Butter (kann stärker erhitzt werden als normale Butter)
Eidotter	Eigelb
Eiklar	Eiweiß
Milli	Milch
Obers	Schlagsahne, süße Sahne, Rahm
Sauerrahm	saure Sahne
Steirerkas	bröckeliger Käse aus Sauermilch
Topfen	Quark

Getränke

Almdudler	typisch österreichische Limonade
Apfelmost	gegorener Apfelsaft, leicht alkoholischer Apfelwein
Doppler	Österreichische Weinflasche mit 2 Liter Fassungsvermögen
Gespritzter	Schorle
Heckenklescher	minderwertiger, saurer Wein
Heuriger	junger Wein bzw. auch Weinwirtschaft
Jagatee	Schwarztee mit Schnaps
Mischung	Weinschorle
Most	Frischer durch Keltern gewonnener Traubensaft
Obstler	Obstschnaps – meist aus zwei Obstsorten (Zwetschken und Birnen) gebrannter Schnaps
Rote Mischung	Rote Weinschorle
Saurer Most	gegorener Apfelsaft
Spritzer	Weinschorle
Sturm	junger, noch nicht ganz vergorener Traubenmost
Süßer Most	frisch gepresster Apfelsaft
Uhudler	Wein, der im Südburgenland aus Direktträgerreben erzeugt wird
Weiße Mischung	Weiße Weinschorle

Weitere Begriffe rund ums Kochen & Backen

abschmalzen	in heißem Schmalz schwenken
Brösel	gemahlene Semmelkrümel

Dampfl	Vorteig (bei Hefeteig)
Einbrenn	Dunkle Mehlschwitze
faschieren	mit dem Fleischwolf zerkleinern
Germ	Hefe
Häuptel	Kopf (z. B. vom Kohl)
Heidenmehl	Buchweizenmehl
Kanarimilch	Vanillesoße
Knödel	Kloß
Maizena	Maisstärke (Markenname)
Nockerl	Nocken, ovale Klößchen
Panier	Panade
Polenta	Maisgrieß
Reindl	kleiner Topf, in dem oft Speisen serviert werden
resch	knusprig, kross
Semmel	Brötchen (aus Weizenmehl)
Semmelbrösel	Paniermehl
Semmelbrot	Knödelbrot
Staubzucker	Puderzucker

Was Sie sonst noch kennen sollten

Beisl	Kneipe
Brettljause	Brotzeit – kalte Zwischenmahlzeit
Buschenschank	Gaststube, die Wein und kalte Speisen anbietet

Rezeptregister von A bis Z

Bildnachweis

2: Elena Demyanko/Shutterstock.com; 4 v. l. n. r.: gorillaimages/Shutterstock.com; sarsmis/Shutterstock.com; ChristophTT/Shutterstock.com; Dar1930; 5 v. l. n. r.: Mi.Ti. /Shutterstock.com; Karl Allgaeuer/Shutterstock.com; Marysckin/Shutterstock.com; A_Lein/Shutterstock.com; 6: Scorpp/Shutterstock.com; 8: AlenaKogotkova/Shutterstock.com; 10 o. li.: Tupungato/Shutterstock.com; 10 o. re.: Anton_Ivanov/Shutterstock.com; 10 u. li.: Capricorn Studio/Shutterstock.com; 10 u. re.: anweber/Shutterstock.com; 13 o. li.: Karl Allgaeuer/Shutterstock.com; 13 o. re.: HLPhoto/Shutterstock.com; 13 u. li.: Michael Thaler/Shutterstock.com; 13 u. re.: igor.stevanovic/Shutterstock.com; 14: Creativemarc/Shutterstock.com; 15: Angelina Dimitrova/Shutterstock.com; 17 o. li.: unpict; 17 o. re.: FooTToo/Shutterstock.com; 17 u. li.: unpict/Shutterstock.com; 17 u. re.: JimmyL/Shutterstock.com; 19: Radiokafka/Shutterstock.com; 20 o. li.: Lukas Gojda/Shutterstock.com; 20 o. re.: grafvision/Shutterstock.com; 20 u. li.: JimmyL/Shutterstock.com; 20 u. re.: Sea Wave/Shutterstock.com; 23: casanisa/Shutterstock.com; 24 o.: Ekaterina Pokrovsky/Shutterstock.com; 24 u. li.: Simone Andress/Shutterstock.com; 24 u. re.: Alena Ozerova/Shutterstock.com; 25 o. li.: Anton_Ivanov/Shutterstock.com; 25 o. re.: Agnes Kantaruk/Shutterstock.com; 25 u.: canadastock/Shutterstock.com; 26 o. li.: matka_Wariatka/Shutterstock.com; 26 o. re.: TunedIn by Westend61/Shutterstock.com; 26 u. li.: RossHelen/Shutterstock.com; 26 u. re.: gorillaimages/Shutterstock.com; 28 o.: RossHelen/Shutterstock.com; 28 u.: Marko Poplasen/Shutterstock.com; 29 o. Olha Afanasieva/Shutterstock.com; 28 u.: unpict/Shutterstock.com; 31: unpict/Shutterstock.com; 32: unpict/Shutterstock.com; 33: Karl Allgaeuer/Shutterstock.com; 35: gorillaimages/Shutterstock.com; 36: Marysckin/Shutterstock.com; 37: D. Pimborough/Shutterstock.com; 39 o. li.: Sea Wave/Shutterstock.com; 39 o. re.: bonchan/Shutterstock.com; 39 u. li.: 13Smile/Shutterstock.com; 39 u. re.: Maram/Shutterstock.com; 40: Fanfo/Shutterstock.com; 41: Olha Afanasieva/Shutterstock.com; 43 o. li.: RossHelen/Shutterstock.com; 43 o. re.: RossHelen/Shutterstock.com; 43 u. li.: Tomislav Zvonaric/Shutterstock.com; 44 u. re.: Tomislav Zvonaric/Shutterstock.com; 47: StockFood/Westermann, Jan-Peter; 48 o. li.: Razumovskaya Marina Nikolaevna/Shutterstock.com; 48 o. re.: Elena Schweitzer/Shutterstock.com; 48 u. li.: Magdalena Kucova/Shutterstock.com; 48 u. re.: Irina Mos/Shutterstock.com; 51: StockFood/Cimbal, Walter; 53: Sergey Sarychev; 54 o. li.: Jorg Hackemann/Shutterstock.com; 54 o. re.: Dmytro Gilitukha/Shutterstock.com; 54 u.: DeepGreen/Shutterstock.com; 55 o. li.: Kiev.Victor/Shutterstock.com; 55 o. re.: Peter Gudella/Shutterstock.com; 55 u. li.: Rrrainbow/Shutterstock.com; 55 u. re.: Zvonimir Atletic/Shutterstock.com; 57: matka_Wariatka/Shutterstock.com; 59: nelea33/Shutterstock.com; 61: TunedIn by Westend61/Shutterstock.com; 63: Keddy/Shutterstock.com; 65 o. li.: Jacques PALUT/Shutterstock.com; 65 o. re.: Shulevskyy Volodymyr; 65 u. li.: Marko Poplasen; 65 u. re.: Photoanatomy; 66 o. li.: Karl Allgaeuer/Shutterstock.com; 66 o. re.: ChristophTT/Shutterstock.com; 66 u. li.: DUSAN ZIDAR/Shutterstock.com; 66 u. re.: Julie208/Shutterstock.com; 68 o.: photobobs/Shutterstock.com; 68 u.: Simone Andress/Shutterstock.com; 69 o.: Olga Pink/Shutterstock.com; 69 u.: Bernd Juergens/Shutterstock.com; 70: photobobs/Shutterstock.com; 71: Julie208/Shutterstock.com; 73: Simone Andress/Shutterstock.com; 75: StockFood/Lehmann, Herbert; 76 o. li.: Aneta_Gu; 76 o. re.: ffolas/Shutterstock.com; 76 u. li.: ffolas/Shutterstock.com; 76 u. re.: Dar1930/Shutterstock.com; 79: StockFood/Koeb, Ulrike; 80: Katarzyna Sieradz/Shutterstock.com; 81: Natalia Klenova/Shutterstock.com; 83: Karl Allgaeuer/Shutterstock.com; 87 o. li.: Bernd Juergens/Shutterstock.com; 87 o. re.: Jan Mika/Shutterstock.com; 87 u. li.: AnjelikaGr/Shutterstock.com; 87 u. re.: Karl Allgaeuer/Shutterstock.com; 89: DUSAN ZIDAR/Shutterstock.com; 91: Olga Pink/Shutterstock.com; 93: StockFood/Gerlach, Hans; 94 o. li.: Karl Allgaeuer/Shutterstock.com; 94 o. re.: Dar1930/Shutterstock.com; 94 u. li.: Anna Shepulova/Shutterstock.com; 94 u. re.: MaraZe/Shutterstock.com; 97: ChristophTT/Shutterstock.com; 98: Olha Afanasieva/Shutterstock.com; 99: Jag_cz/Shutterstock.com; 100 o.: Zvonimir Atletic/Shutterstock.com; 100 u. li.: Rrrainbow/Shutterstock.com; 100 u. re.: mythja/Shutterstock.com; 101 o. li.: Rahmo/Shutterstock.com; 101 o. re.: Karl Allgaeuer/Shutterstock.com; 101 u. mRGB/Shutterstock.com; 103: StockFood/Gräfe & Unzer Verlag/Schardt, Wolfgang; 104: dashkin14/Shutterstock.com; 105: HLPhoto/Shutterstock.com; 107: Karl Allgaeuer/Shutterstock.com; 108: yukibockle/Shutterstock.com; 110 o. li.: arfo/Shutterstock.com; 110 o. re.: Tim UR/Shutterstock.com; 110 u. li.: HandmadePictures/Shutterstock.com; 110 u. re.: Ingrid Balabanova; 113: StockFood/Ellert, Luzia; 114: Kuttelvaserova Stuchelova/Shutterstock.com; 117 o. li.: Bernd Juergens/Shutterstock.com; 117 o. re.: Agnes Kantaruk/Shutterstock.com; 117 u. li.: Antonov Roman/Shutterstock.com; 117 u. re.: AnjelikaGr/Shutterstock.com; 119: Fanfo/Shutterstock.com; 120 o. li.: sarsmis/Shutterstock.com; 120 o. re.: B. and E. Dudzinscy/Shutterstock.com; 120 u. li.: Karl Allgaeuer/Shutterstock.com; 120 u. re.: Karl Allgaeuer/Shutterstock.com; 122 o.: Brent Hofacker/Shutterstock.com; 122 u.: Dionisvera/Shutterstock.com; 123 o.: stockcreations/Shutterstock.com; 123 u.: Aneta_Gu/Shutterstock.com; 125: StockFood/Lehmann, Herbert; 126: Jack Frog/Shutterstock.com; 127: Robyn Mackenzie/Shutterstock.com; 129: Karl Allgaeuer/Shutterstock.com; 130: Viktor1/Shutterstock.com; 133 o. li.: Fotokostic/Shutterstock.com; 133 o. re.: carlosdelacalle/Shutterstock.com; 133 u. li.: meaofoto/Shutterstock.com; 133 u. re.: Thomas Klee/Shutterstock.com; 134: Brent Hofacker/Shutterstock.com; 135: joannawnuk/Shutterstock.com; 137 o. li.: sarsmis/Shutterstock.com; 137 o. re.: Moving Moment/Shutterstock.com; 137 u. li.: B. and E. Dudzinscy; 137 u. re.: Ekaterina Kondratova/Shutterstock.com; 139: StockFood/Eising Studio - Food Photo & Video; 140 o. li.: eAlisa/Shutterstock.com; 140 o. re.: Dionisvera/Shutterstock.com; 140 u.li.: wavebreakmedia/Shutterstock.com; 140 u. re.: VICUSCHKA/Shutterstock.com; 143: StockFood/Westermann, Jan-Peter; 146: babsi_w/fotolia.com; 149: Nesterenko Maxym/Shutterstock.com; 151: StockFood/Eising Studio - Food Photo & Video; 153: Alena Haurylik/Shutterstock.com; 155 o. li.: Olena Kaminetska/Shutterstock.com; 155 o. re.: alexpro9500/Shutterstock.com; 155 u. li.: grafvision/Shutterstock.com; 155 u. re.: Aneta_Gu/Shutterstock.com; 157: Knorr; 158: Sea Wave/Shutterstock.com; 161: StockFood/Cimbal, Walter; 162 o. li.: DUSAN ZIDAR/Shutterstock.com; 162 o. re.: pilipphoto/Shutterstock.com; 162 u. li.: TunedIn by Westend61/Shutterstock.com; 162 u. re.: bogumil/Shutterstock.com; 165: Karl Allgaeuer/Shutterstock.com; 166: kuvona/Shutterstock.com; 167: larik_malasha/Shutterstock.com; 168 o.: Anibal Trejo/Shutterstock.com; 168 u. li.: unpict/Shutterstock.com; 168 u. re.: ChristophTT/Shutterstock.com; 169 o. li.: Anna Jedynak/Shutterstock.com; 169 o. re.: TunedIn by Westend61/Shutterstock.com; 169 u.: mRGB/Shutterstock.com; 171: A_Lein/Shutterstock.com; 173 o. li.: Sea Wave/Shutterstock.com; 173 o. re.: Slawomir Fajer/Shutterstock.com; 173 u. li.: Oksana Shufrych/Shutterstock.com; 173 u. re.: 1eyeshut/Shutterstock.com; 175: Karl Allgaeuer/Shutterstock.com; 176: MaraZe/Shutterstock.com; 177: Bruno D'Andrea/Shutterstock.com; 179: A_Lein/fotolia.com; 180 o. li.: Elena Larina/Shutterstock.com; 180 o. re.: stockcreations/Shutterstock.com; 180 u. li.: HandmadePictures/Shutterstock.com; 180 u. re.: Joe Gough/Shutterstock.com; 183: B. and E. Dudzinscy/Shutterstock.com; 184:

Vlad Ageshin/Shutterstock.com; 187: StockFood/Westermann, Jan-Peter; 191: StockFood/Lehmann, Joerg; 192: Lesya Dolyuk/Shutterstock.com; 195: SEAGULL_L/Shutterstock.com; 197: Elena Shashkina/Shutterstock.com; 198: zkruger/Shutterstock.com; 199: ResolutionDigital/Shutterstock.com; 201: StockFood/Lehmann, Joerg; 202: graphia/Shutterstock.com; 204: Shebeko/Shutterstock.com; 205: Natasha Breen/Shutterstock.com; 207: StockFood/Lehmann, Joerg; 208 o. li.: Simone Andress/Shutterstock.com; 208 o. re.: ChristophTT/Shutterstock.com; 208 u. li.: Karl Allgaeuer/Shutterstock.com; 208 u. re.: Dar1930/Shutterstock.com; 210 o.: fredredhat/Shutterstock.com; 210 u.: Melica/Shutterstock.com; 211 o.: Hans Geel/Shutterstock.com; 211 u.: Dirk Ott/Shutterstock.com; 213: Marysckin/Shutterstock.com; 214: Antonova Anna/Shutterstock.com; 215: Ekaterina Kondratova/Shutterstock.com; 217: Lisa Payr/fotolia.com; 218: Dream79/Shutterstock.com; 219: fredredhat/Shutterstock.com; 221 o. li.: Sea Wave/Shutterstock.com; 221 o. re.: Yulia von Eisenstein/Shutterstock.com; 221 u. li.: ChristophTT/Shutterstock.com; 221 u. re.: LENA GABRILOVICH/Shutterstock.com; 223: Dirk Ott/Shutterstock.com; 225: Simone Andress/Shutterstock.com; 228 o. li.: bonchan/Shutterstock.com; 228 o. re.: Anna Shepulova/Shutterstock.com; 228 u. li. ChameleonsEye/Shutterstock.com; 228 u. re.: Ildi Papp/Shutterstock.com; 231: StockFood/Lehmann, Joerg; 233: nito/Shutterstock.com; 235: StockFood/Gerlach, Hans; 237: Shutterstock.com; 239: zoryanchik/Shutterstock.com; 240 o. li.: Solis Images/Shutterstock.com; 240 o. re.: Kiev.Victor/Shutterstock.com; 240 u.: YingHui Liu/Shutterstock.com; 241 o.: Gayvoronskaya_Yana/Shutterstock.com; 241 u. li.: Yuliya Gontar/Shutterstock.com; 241 u. re.: ChristophTT/Shutterstock.com; 242: KAppleyard/Shutterstock.com; 243: Ana Photo/Shutterstock.com; 245: Dar1930/Shutterstock.com; 247: Kitty/fotolia.com; 248: A_Lein/Shutterstock.com; 249: 1eyeshut/Shutterstock.com; 251: ChristophTT/Shutterstock.com; 252 o. li.: Augustino/Shutterstock.com; 252 o. re.: christinaki/Shutterstock.com; 252 u. li.: Sunny Forest/Shutterstock.com; 252 u. re.: Hans Geel/Shutterstock.com; 255: Karl Allgaeuer/Shutterstock.com; 256: HLPhoto/Shutterstock.com; 257: Themalni/Shutterstock.com; 259 o. li.: Lilyana Vynogradova/Shutterstock.com; 259 o. re.: B. and E. Dudzinscy; 259 u. li.: DUSAN ZIDAR/Shutterstock.com; 259 u. re.: Melica/Shutterstock.com; 260 o. li.: Marysckin/Shutterstock.com; 260 o. re.: A_Lein/Shutterstock.com; 260 u. li.: unpict/Shutterstock.com; 260 u. re.: Lesya Dolyuk/Shutterstock.com; 262 o.: Oksana Shufrych/Shutterstock.com; 262 u.: adriaticfoto/Shutterstock.com; 263 o.: matka_Wariatka/Shutterstock.com; 263 u.: Olha Afanasieva/Shutterstock.com; 265: stockcreations/Shutterstock.com; 267: A_Lein/Shutterstock.com; 269: ffolas/Shutterstock.com; 271: Marysckin/Shutterstock.com; 272 o. li.: 5 second Studio/Shutterstock.com; 272 o. re.: Oksana Shufrych/Shutterstock.com; 272 u. li.: Dora Zett/Shutterstock.com; 272 u. re.: Dionisvera/Shutterstock.com; 275: Agnes Kantaruk/Shutterstock.com; 277: matka_Wariatka/Shutterstock.com; 279: StockFood/Gräfe & Unzer Verlag/Schardt, Wolfgang; 281: Malivan_Iuliia/Shutterstock.com; 283: StockFood/Lehmann, Herbert; 284: Lasse Kristensen/Shutterstock.com; 285: Tatiana Vorona/Shutterstock.com; 286: unpict/Shutterstock.com; 288 o.: Rene Pi/Shutterstock.com; 288 u. li.: Elena Demyanko/Shutterstock.com; 288 u. re.: CroMary/Shutterstock.com; 289 o. li.: Natasha Breen/Shutterstock.com; 289 o. re.: Sea Wave/Shutterstock.com; 289 u.: Florin Stana/Shutterstock.com; 291: Wiktory/Shutterstock.com; 292: Ildi Papp/Shutterstock.com; 293: truembie/Shutterstock.com; 295 o. li.: MShev/Shutterstock.com; 295 o. re.: antos777/Shutterstock.com; 295 u. li.: kazoka/Shutterstock.com; 295 u. re.: Elena Veselova/Shutterstock.com; 296: Zigzag Mountain Art/Shutterstock.com; 297: Anna Hoychuk/Shutterstock.com; 298 o. li.: Elena Shashkina/Shutterstock.com; 298 o. re.: Pavel Hlystov/Shutterstock.com; 298 u. li.: margouillat photo/Shutterstock.com; 298 u. re.: Slavica Stajic/Shutterstock.com; 301: StockFood/Gerlach, Hans; 305 o. li.: NatBarth/Shutterstock.com; 305 o. re.: adriaticfoto/Shutterstock.com; 305 u. li.: Africa Studio/Shutterstock.com; 305 u. re.: triocean/Shutterstock.com; 306: Lesya Dolyuk/Shutterstock.com; 309: StockFood/Lehmann, Herbert; 310: Deymos.HR/Shutterstock.com; 311: Quayside/Shutterstock.com; 313 o. li.: Ekaterina Kondratova; 313 o. re.: mythja; 313 u. li.: Katarzyna Zdanowska; 313 u. re. Olha Afanasieva; 314: FFCucina Liz Collet/fotolia.com; 316 o. li.: AnjelikaGr/Shutterstock.com; 316 o. re.: AlenaKogotkova/Shutterstock.com; 316 u. li.: HLPhoto/Shutterstock.com; 316 u. re.: Liliya Kandrashevich/Shutterstock.com; 318 o.: OLEKSANDR SHEVCHENKO/Shutterstock.com; 318 u.: Irina Meliukh/Shutterstock.com; 319 o.: flil/Shutterstock.com; 319 u.: Yevgeniya Shal/Shutterstock.com; 321: StockFood/Sporrer/Skowronek; 322: padu_foto/Shutterstock.com; 325: Imcsike/Shutterstock.com; 326: Dora Zett/Shutterstock.com; 327: Stokkete/Shutterstock.com; 329 o. li.: Igor Normann/Shutterstock.com; 329 o. re.: andiphoto/Shutterstock.com; 329 u. li.: Olaf Speier/Shutterstock.com; 329 u. re.: lidante/Shutterstock.com; 333 o. li.: HLPhoto/Shutterstock.com; 333 o. re.: Marina Onokhina/Shutterstock.com; 333 u. li.: OLEKSANDR SHEVCHENKO/Shutterstock.com; 333 u. re.: Yevgeniya Shal/Shutterstock.com; 335: AnjelikaGr/Shutterstock.com; 336 o. li.: Szabo/Shutterstock.com; 336 o. re.: p.studio66/Shutterstock.com; 336 u. li.: Olga Markova/Shutterstock.com; 336 u. re.: Joanna Dorota/Shutterstock.com; 339: Brent Hofacker/Shutterstock.com; 340: ffolas/Shutterstock.com; 341: zi3000/Shutterstock.com; 343: zoryanchik/Shutterstock.com; 344: StockFood/Cimbal, Walter; 349: Mi.Ti. /Shutterstock.com; 350: Irina Meliukh/Shutterstock.com; 353 o. li.: ffolas/Shutterstock.com; 353 o. re.: flil/Shutterstock.com; 353 u. li.: A_Lein/Shutterstock.com; 353 u. re.: Dar1930/Shutterstock.com; 355: Liliya Kandrashevich/Shutterstock.com; 357: StudioSmart/Shutterstock.com; 358 o. li.: violeta pasat/Shutterstock.com; 358 o. re.: ffolas/Shutterstock.com; 358 u.: by Paul/Shutterstock.com; 359 o.: Dasha Petrenko/Shutterstock.com; 359 u. li.: Africa Studio/Shutterstock.com; 359 u. re.: Marysckin/Shutterstock.com; 361: Simone Andress/Shutterstock.com; 362: AlenaKogotkova/Shutterstock.com; 365: Irina Meliukh/Shutterstock.com; 367: Hadrian/Shutterstock.com; 369 o. li.: Brent Hofacker/Shutterstock.com; 369 o. re.: teleginatania/Shutterstock.com; 369 u. li.: Igor Vkv/Shutterstock.com; 369 u. re.: ben bryant/Shutterstock.com; 371: A_Lein/Shutterstock.com; 373 o. li.: strelka/Shutterstock.com; 373 o. re.: Shulevskyy Volodymyr/Shutterstock.com; 373 u. li.: Sea Wave; 373 u. re.: A_Lein/Shutterstock.com; 374: Alexandra Novitska/Shutterstock.com; 375: Vyaseleva Elena/Shutterstock.com; 377: Jiri Hera/Shutterstock.com; 378 o. li.: ttueni/Shutterstock.com; 378 o. re.: Shaiith/Shutterstock.com; 378 u. li.: Shebeko/Shutterstock.com; 378 u. re.: Elena M. Tarasova/Shutterstock.com; 380: violeta pasat/Shutterstock.com; 382 o. li.: kpatyhka/Shutterstock.com; 382 o. re.: A. Zhuravleva/Shutterstock.com; 382 u. li.: Azdora/Shutterstock.com; 382 u. re.: Sea Wave/Shutterstock.com; 386 o.: Anibal Trejo/Shutterstock.com; 386 u. li.: padu_foto/Shutterstock.com; 386 u. re.: Paolo Gianti/Shutterstock.com; 387 o. li.: A_Lein/Shutterstock.com; 387 o. re.: Radiokafka/Shutterstock.com; 387 u.: Matej Kastelic/Shutterstock.com; Vorsatz/Nachsatz: isak55/Shutterstock.com; Schmuckabbildungen: Inka1/Shutterstock.com.

www.vivo-buch.de

ISBN 978-3-945623-06-0

Komplettproducing: twinbooks, München
Text und Lektorat: Melanie Goldmann, Viktoria Hoffmann, Vanessa Schnöll, Vivianne Schoenen, Viktoria Schuster, Christine Vogelsang für twinbooks, München